ENCYCLOPÉDIE
OU
DICTIONNAIRE RAISONNÉ
DES SCIENCES
DES ARTS ET DES MÉTIERS
2

ENCYCLOPÉDIE

ou

DICTIONNAIRE RAISONNÉ DES SCIENCES DES ARTS ET DES MÉTIERS

(articles choisis)

2

Chronologie, introduction et bibliographie
par Alain Pons

*Publié avec le concours
du Centre national des Lettres*

GF Flammarion

*On trouvera dans le premier volume
une chronologie, une introduction,
une bibliographie.*

© 1986 FLAMMARION, Paris.
ISBN 2-08-070448-6

E

ÉCLECTISME, s. m. (*Hist. de la Philosophie anc. et mod.*). L'éclectique est un philosophe qui foulant aux pieds le préjugé, la tradition, l'ancienneté, le consentement universel, l'autorité, en un mot tout ce qui subjugue la foule des esprits, ose penser de lui-même, remonter aux principes généraux les plus clairs, les examiner, les discuter, n'admettre rien que sur le témoignage de son expérience et de sa raison ; et de toutes les philosophies, qu'il a analysées sans égard et sans partialité, s'en faire une particulière et domestique qui lui appartienne : je dis, *une philosophie particulière et domestique*, parce que l'ambition de l'éclectique est moins d'être le précepteur du genre humain, que son disciple ; de réformer les autres, que de se réformer lui-même ; d'enseigner la vérité que de la connaître. Ce n'est point un homme qui plante ou qui sème ; c'est un homme qui recueille et qui crible. Il jouirait tranquillement de la récolte qu'il aurait faite, il vivrait heureux, et mourrait ignoré, si l'enthousiasme, la vanité, ou peut-être un sentiment plus noble, ne le faisait sortir de son caractère.

Le sectaire est un homme qui a embrassé la doctrine d'un philosophe ; l'éclectique, au contraire, est un homme qui ne reconnaît point de maître : ainsi quand on dit des Eclectiques que ce fut une secte de philosophes, on assemble deux idées contradictoires, à

moins qu'on ne veuille entendre aussi par le terme de
secte, la collection d'un certain nombre d'hommes qui
n'ont qu'un seul principe commun, celui de ne soumettre leurs lumières à personne, de voir par leurs
propres yeux, et de douter plutôt d'une chose vraie que
de s'exposer, faute d'examen, à admettre une chose
fausse.
. . . .
   L'Eclectisme, cette philosophie si raisonnable, qui
avait été pratiquée par les premiers génies longtemps
avant que d'avoir un nom, demeura dans l'oubli
jusqu'à la fin du XVIᵉ siècle. Alors la nature qui était
restée si longtemps engourdie et comme épuisée, fit un
effort, produisit enfin quelques hommes jaloux de la
prérogative la plus belle de l'humanité, la liberté de
penser par soi-même : et l'on vit renaître la philosophie
éclectique sous Jordanus Brunus de Nole, Jérôme
Cardan, François Bacon de Verulam, Thomas Campa-
nella, Thomas Hobbes, René Descartes, Godefroid-
Guillaume Leibniz, Christian Thomasius, Nicolas
Jérôme Gundlingius, François Buddée, André Rudige-
rus, Jean-Jacques Syrbius, Jean Leclerc, Malebranche,
etc.
. . . .
   Le progrès des connaissances humaines est une
route tracée, d'où il est presque impossible à l'esprit
humain de s'écarter. Chaque siècle a son genre et son
espèce de grands hommes. Malheur à ceux qui,
destinés par leurs talents naturels à s'illustrer dans ce
genre, naissent dans le siècle suivant, et sont entraînés
par le torrent des études régnantes à des occupations
littéraires, pour lesquelles ils n'ont point reçu la même
aptitude ; ils auraient travaillé avec succès et facilité ;
ils se seraient fait un nom ; ils travaillent avec peine,
avec peu de fruits, et sans gloire, et meurent obscurs.
S'il arrive à la nature, qui les a mis au monde trop tard,
de les ramener par hasard à ce genre épuisé dans lequel
il n'y a plus de réputation à se faire, on voit par les
choses dont ils viennent à bout, qu'ils auraient égalé les

premiers hommes dans ce genre, s'ils en avaient été les contemporains. Nous n'avons aucun recueil d'Académie qui n'offre en cent endroits la preuve de ce que j'avance. Qu'arriva-t-il donc au renouvellement des lettres parmi nous ? On ne songea point à composer des ouvrages : cela n'était pas naturel, tandis qu'il y en avait tant de composés qu'on n'entendait pas ; aussi les esprits se tournèrent-ils du côté de l'art grammatical, de l'érudition, de la critique, des antiquités, de la littérature. Lorsqu'on fut en état d'entendre les auteurs anciens, on se proposa de les imiter, et l'on écrivit des discours oratoires et des vers de toute espèce. La lecture des Philosophes produisit aussi son genre d'émulation ; on argumenta, on bâtit des systèmes, dont la dispute découvrit bientôt le fort et le faible : ce fut alors qu'on sentit l'impossibilité et d'en admettre et d'en rejeter aucun en entier. Les efforts que l'on fit pour relever celui auquel on s'était attaché, en réparant ce que l'expérience journalière détruisait, donna naissance au Syncrétisme. La nécessité d'abandonner à la fin une place qui tombait en ruine de tout côté, de se jeter dans une autre qui ne tarderait pas à éprouver le même sort, et de passer ensuite de celle-ci dans une troisième, que le temps détruirait encore, détermina enfin d'autres entrepreneurs (pour ne point abandonner ma comparaison) à se transporter en rase campagne, afin d'y construire des matériaux de tant de places ruinées, auxquels on reconnaîtrait quelque solidité, une cité durable, éternelle, et capable de résister aux efforts qui avaient détruit toutes les autres : ces nouveaux entrepreneurs s'appelèrent *éclectiques*. Ils avaient à peine jeté les premiers fondements qu'ils s'aperçurent qu'il leur manquait une infinité de matériaux, qu'ils étaient obligés de rebuter les plus belles pierres, faute de celles qui devaient les lier dans l'ouvrage ; et ils se dirent entre eux : *mais ces matériaux qui nous manquent sont dans la nature, cherchons-les donc ;* ils se mirent à les chercher dans le vague des airs, dans les entrailles de la terre, au fond des eaux, et c'est ce qu'on appela *cultiver la philosophie expérimentale*. Mais avant que d'abandonner le projet de bâtir et que de laisser les matériaux épars sur la terre, comme autant de pierres d'attente, il fallut s'assurer par la combinaison, qu'il était absolument impossible d'en former un édifice solide et régulier, sur le modèle de l'univers qu'ils avaient devant les yeux : car ces hommes ne se proposent rien de moins que de retrouver le portefeuille du grand Architecte et les plans perdus de cet univers ; mais le nombre de ces combinaisons est infini. Ils en ont déjà essayé un grand nombre avec assez peu de succès ; cependant ils continuent toujours de combiner, on peut les appeler *éclectiques systématiques*.

Ceux qui convaincus non seulement qu'il nous manque des matériaux, mais qu'on ne fera jamais rien de bon de ceux que nous avons dans l'état où ils sont, s'occupent sans relâche à en rassembler de nouveaux ; ceux qui pensent au contraire qu'on est en état de commencer quelque partie du grand édifice, ne se lassent point de les combiner, et ils parviennent à force de temps et de travail, à soupçonner les carrières d'où l'on peut tirer quelques-unes des pierres dont ils ont besoin. Voilà l'état où les choses en sont en Philosophie, où elles demeureront encore longtemps, et où le cercle que nous avons tracé les ramènerait nécessairement, si par un événement qu'on ne conçoit guère, la terre venait à se couvrir de longues et épaisses ténèbres, et que les travaux en tout genre fussent suspendus pendant quelques siècles.

D'où l'on voit qu'il y a deux sortes d'*Eclectisme* ; l'un expérimental, qui consiste à rassembler les vérités connues et les faits donnés, et à en augmenter le nombre par l'étude de la nature ; l'autre systématique, qui s'occupe à comparer entre elles les vérités connues et à combiner les faits donnés, pour en tirer ou l'explication d'un phénomène, ou l'idée d'une expérience. L'*Eclectisme* expérimental est le partage des hommes laborieux, l'*Eclectisme* systématique est celui des hommes de génie ; celui qui les réunira, verra son nom placé entre les noms de Démocrite, d'Aristote et de Bacon.

Deux causes ont retardé les progrès de cet *Eclectisme*, l'une nécessaire, inévitable, et fondée dans la nature des choses ; les autres accidentelles et conséquentes à des événements que le temps pouvait ou ne pas amener, ou du moins amener dans des circonstances moins défavorables. Je me conforme dans cette distinction à la manière commune d'envisager les choses, et je fais abstraction d'un système qui n'entraînerait que trop facilement un homme qui réfléchit avec profondeur et précision, à croire que tous les événements dont je vais parler, sont également nécessaires. La première des causes du retardement de l'*Eclectisme* moderne, est la route que suit naturellement l'esprit humain dans ses progrès, et qui l'occupe invinciblement pendant des siècles entiers à des connaissances qui ont été et qui seront dans tous les temps antérieures à l'étude de la Philosophie. L'esprit humain a son enfance et sa virilité ; plût au ciel qu'il n'eût pas aussi son déclin, sa vieillesse et sa caducité. L'érudition, la littérature, les langues, les antiquités, les beaux-arts, sont les occupations de ses premières années et de son adolescence ; la Philosophie ne peut être que l'occupation de sa virilité, et la consolation ou le chagrin de sa vieillesse : cela dépend de l'emploi du temps et du caractère ; or l'espèce humaine a le sien ; et elle aperçoit très bien dans son histoire générale les intervalles vides, et ceux qui sont remplis de transactions qui l'honorent ou qui l'humilient. Quant aux causes du retardement de la Philosophie éclectique, dont nous formons une autre classe, il suffit d'en faire l'énumération. Ce sont les disputes de religion qui occupent tant de bons esprits ; l'intolérance de la superstition qui en persécute et décourage tant d'autres ; l'indigence qui jette un homme de génie du côté opposé à celui où la nature l'appelait ; les récompenses mal placées qui l'indignent et lui font tomber la plume des mains :

l'indifférence du gouvernement qui dans son calcul
politique fait entrer pour infiniment moins qu'il ne
vaut, l'éclat que la nation reçoit des lettres et des arts
d'agrément, et qui négligeant le progrès des arts utiles,
ne sait pas sacrifier une somme aux tentatives d'un
homme de génie qui meurt avec ses projets dans sa
tête, sans qu'on puisse conjecturer si la nature réparera
jamais cette perte. Car dans toute la suite des individus
de l'espèce humaine qui ont existé et qui existeront, il
est impossible qu'il y en ait deux qui se ressemblent
parfaitement ; d'où il s'ensuit pour ceux qui savent
raisonner, que toutes les fois qu'une découverte utile
attachée à la différence spécifique qui distinguait tel
individu de tous les autres, et qui le constituait tel, ou
n'aura point été faite, ou n'aura point été publiée, elle
ne se fera plus ; c'est autant de perdu pour le progrès
des Sciences et des Arts, et pour le bonheur et la gloire
de l'espèce. J'invite ceux qui seront tentés de regarder
cette considération comme trop subtile, d'interroger
là-dessus quelques-uns de nos illustres contemporains ;
je m'en rapporte à leur jugement. Je les invite encore à
jeter les yeux sur les productions originales, tant
anciennes que modernes, en quelque genre que ce soit,
à méditer un moment sur ce que c'est que l'originalité,
et à me dire s'il y a deux originaux qui se ressemblent,
je ne dis pas exactement, mais à de petites différences
près. J'ajouterai enfin la protection mal placée, qui
abandonne les hommes de la nation, ceux qui la
représentent avec dignité parmi les nations subsistantes, ceux à qui elle devra son rang parmi les peuples
à venir, ceux qu'elle révère dans son sein, et dont on
s'entretient avec admiration dans les contrées éloignées, à des malheureux condamnés au personnage
qu'ils sont, ou par la nature qui les a produits
médiocres et méchants, ou par une dépravation de
caractère qu'ils doivent à des circonstances telles que la
mauvaise éducation, la mauvaise compagnie, la
débauche, l'esprit d'intérêt, et la petitesse de certains
hommes pusillanimes qui les redoutent, qui les flat-

tent, qui les irritent peut-être, qui rougissent d'en être les protecteurs déclarés, mais que le public à qui rien n'échappe, finit par compter au nombre de leurs protégés. Il semble que l'on se conduise dans la république littéraire par la même politique cruelle qui régnait dans les démocraties anciennes, où tout citoyen qui devenait trop puissant, était exterminé. Cette comparaison est d'autant plus juste que, quand on eut sacrifié par l'ostracisme quelques honnêtes gens, cette loi commença à déshonorer ceux qu'elle épargnait. J'écrivais ces réflexions, le 11 février 1755, au retour des funérailles d'un de nos plus grands hommes, désolé de la perte que la nation et les lettres faisaient en sa personne, et profondément indigné des persécutions qu'il avait essuyées. La vénération que je portais à sa mémoire, gravait sur son tombeau ces mots que j'avais destinés quelque temps auparavant à servir d'inscription à son grand ouvrage de l'Esprit des lois : *alto quaesivit caelo lucem, ingemuitque reperta.* Puissent-ils passer à la postérité, et lui apprendre qu'alarmé du murmure d'ennemis qu'il redoutait, et sensible à des injures périodiques, qu'il eût méprisées sans doute sans le sceau de l'Autorité dont elles lui paraissaient revêtues, la perte de la tranquillité fut la triste récompense de l'honneur qu'il venait de faire à la France, et du service important qu'il venait de rendre à l'univers !

Jusqu'à présent on n'a guère appliqué l'*Eclectisme* qu'à des matières de Philosophie ; mais il n'est pas difficile de prévoir à la fermentation des esprits, qu'il va devenir plus général. Je ne crois pas, peut-être même n'est-il pas à souhaiter, que ses premiers effets soient rapides ; parce que ceux qui sont versés dans la pratique des Arts ne sont pas assez raisonneurs, et que ceux qui ont l'habitude de raisonner, ne sont ni assez instruits, ni assez disposés à s'instruire de la partie mécanique. Si l'on met de la précipitation dans la réforme, il pourra facilement arriver qu'en voulant tout corriger, on gâtera tout. Le premier mouvement est de se porter aux extrêmes. J'invite les Philosophes à s'en méfier ; s'ils sont prudents, ils se résoudront à devenir disciples en beaucoup de genres, avant que de vouloir être maîtres ; ils hasarderont quelques conjectures, avant que de poser des principes. Qu'ils songent qu'ils ont affaire à des espèces d'automates, auxquels il faut communiquer une impulsion d'autant plus ménagée, que les plus estimables d'entre eux sont les moins capables d'y résister. Ne serait-il pas raisonnable d'étudier d'abord les ressources de l'art, avant que de prétendre agrandir ou resserrer ses limites ? C'est faute de cette initiation, qu'on ne sait ni admirer ni reprendre. Les faux amateurs corrompent les artistes ; les demi-connaisseurs les découragent : je parle des arts libéraux. Mais tandis que la lumière qui fait effort en tout sens, pénétrera de toutes parts, et que l'esprit du siècle avancera la révolution qu'il a commencée, les arts mécaniques s'arrêteront où ils en sont, si le gouvernement dédaigne de s'intéresser à leurs progrès d'une manière plus utile. Ne serait-il pas à souhaiter qu'ils eussent leur académie ? Croit-on que les cinquante mille francs que le gouvernement emploierait par an à la fonder et à la soutenir, fussent mal employés ? Quant à moi, il m'est démontré qu'en vingt ans de temps il en sortirait cinquante volumes in-4° où l'on trouverait à peine cinquante lignes inutiles ; les inventions dont nous sommes en possession, se perfectionneraient ; la communication des lumières en ferait nécessairement naître de nouvelles, et recouvrer d'anciennes qui se sont perdues ; et l'état présenterait à quarante malheureux citoyens qui se sont épuisés de travail, et à qui il reste à peine du pain pour eux et pour leurs enfants, une ressource honorable et le moyen de continuer à la société des services plus grands peut-être encore que ceux qu'ils lui ont rendus, en consignant dans des mémoires les observations précieuses qu'ils ont faites pendant un grand nombre d'années. De quel avantage ne serait-il pas pour ceux qui se destineraient à la même carrière, d'y entrer avec toute l'expérience de ceux qui n'en sortent qu'après y avoir blanchi ?

Mais faute de l'établissement que je propose, toutes ces observations sont perdues, toute cette expérience s'évanouit, les siècles s'écoulent, le monde vieillit, et les arts mécaniques restent toujours enfants.

· ·

(Diderot)

ÉCOLE *(philosophie de l')* ; on désigne par ces mots l'espèce de philosophie qu'on nomme autrement et plus communément *scholastique*, qui a substitué les mots aux choses, et les questions frivoles ou ridicules, aux grands objets de la véritable philosophie ; qui explique par des termes barbares des choses inintelligibles ; qui a fait naître ou mis en honneur les universaux, les catégories, les prédicaments, les degrés métaphysiques, les secondes intentions, l'horreur du vide, etc. Cette philosophie est née de l'esprit et de l'ignorance. On peut rapporter son origine, ou du moins sa plus brillante époque, au XIIe siècle, dans le temps où l'université de Paris a commencé à prendre une forme éclatante et durable. Le peu de connaissances qui était alors répandu dans l'univers, le défaut de livres, d'observations, et le peu de facilité qu'on avait à s'en procurer, tournèrent tous les esprits du côté des questions oisives ; on raisonna sur les abstractions, au lieu de raisonner sur les êtres réels : on créa pour ce nouveau genre d'étude une langue nouvelle, et on se crut savant, parce qu'on avait appris cette langue. On ne peut trop regretter que la plupart des auteurs scholastiques aient fait un usage si misérable de la sagacité et de la subtilité extrême qu'on remarque dans leurs écrits ; tant d'esprit mieux employé, eût fait faire aux sciences de grands progrès dans un autre temps ; et il semble que dans les grandes bibliothèques on pourrait écrire au-dessus des endroits où la collection des scholastiques est renfermée, *ut quid perditio haec ?*
    C'est à Descartes que nous avons l'obligation princi-

pale d'avoir secoué le joug de cette barbarie ; ce grand homme nous a détrompés de la philosophie de l'*école* (et peut-être même, sans le vouloir, de la sienne ; mais ce n'est pas de quoi il s'agit ici). L'université de Paris, grâce à quelques professeurs vraiment éclairés, se délivre insensiblement de cette lèpre ; cependant elle n'en est pas encore tout à fait guérie. Mais les universités d'Espagne et de Portugal, grâce à l'inquisition qui les tyrannise, sont beaucoup moins avancées ; la philosophie y est encore dans le même état où elle a été parmi nous depuis le XIIe jusqu'au XVIIe siècle ; les professeurs jurent même de n'en jamais enseigner d'autre : cela s'appelle prendre toutes les précautions possibles contre la lumière. Dans un des journaux des savants de l'année 1752, à l'article des *nouvelles litté-raires,* on ne peut lire sans étonnement et sans afflic-tion, le titre de ce livre nouvellement imprimé à Lisbonne (au milieu du XVIIIe siècle) : *Systema aristote-licum de formis substantialibus,* etc. *cum dissertatione de accidentibus absolutis. Ulyssipone 1750.* On serait tenté de croire que c'est une faute d'impression, et qu'il faut lire *1550.*

Nous serait-il permis d'observer que la nomencla-ture inutile et fatigante, dont plusieurs sciences sont encore chargées, est peut-être un mauvais reste de l'ancien goût pour la philosophie de l'*école?*

(D'Alembert)

ÉCONOMIE OU ŒCONOMIE (*Morale et Politi-que*), ce mot vient de οἶχος, *maison,* et de νόμος, *loi,* et ne signifie ordinairement que le sage et légitime gouvernement de la maison, pour le bien commun de toute la famille. Le sens de ce terme a été dans la suite étendu au gouvernement de la grande famille, qui est l'état. Pour distinguer ces deux acceptions, on l'appelle dans ce dernier cas, *économie générale,* ou *politique ;* et dans l'autre, *économie domestique,* ou *particulière.* Ce n'est que de la première qu'il est question dans cet article.

. . . .

Le corps politique est donc aussi un être moral qui a une volonté ; et cette volonté générale, qui tend toujours à la conservation et au bien-être du tout et de chaque partie, et qui est la source des lois, est pour tous les membres de l'état par rapport à eux et à lui, la règle du juste et de l'injuste ; vérité qui, pour le dire en passant, montre avec combien de sens tant d'écrivains ont traité de vol la subtilité prescrite aux enfants de Lacédémone, pour gagner leur frugal repas, comme si tout ce qu'ordonne la loi pouvait ne pas être légitime.

. . . .

Il est important de remarquer que cette grande règle de justice, sûre par rapport à tous les citoyens, peut être fautive avec les étrangers ; et la raison de ceci est évidente : c'est qu'alors la volonté de l'état, quoique générale par rapport à ses membres, ne l'est plus par rapport aux autres états et à leurs membres, mais devient pour eux une volonté particulière et individuelle, qui a sa règle de justice dans la loi de nature, ce qui rentre également dans le principe établi : car alors la grande ville du monde devient le corps politique dont la loi de nature est toujours la volonté générale, et dont les états et peuples divers ne sont que des membres individuels.

De ces mêmes distinctions appliquées à chaque société politique et à ses membres, découlent les règles les plus universelles et les plus sûres sur lesquelles on puisse juger d'un bon ou d'un mauvais gouvernement, et en général, de la moralité de toutes les actions humaines.

Toute société politique est composée d'autres sociétés plus petites, de différentes espèces dont chacune a ses intérêts et ses maximes ; mais ces sociétés que chacun aperçoit, parce qu'elles ont une forme extérieure et autorisée, ne sont pas les seules qui existent réellement dans l'état; tous les particuliers qu'un intérêt commun réunit, en composent autant d'autres, permanentes ou passagères, dont la force n'est pas moins réelle pour être moins apparente, et dont les divers rapports bien observés font la véritable connaissance des mœurs. Ce sont toutes ces associations tacites ou formelles qui modifient de tant de manières les apparences de la volonté publique par l'influence de la leur. La volonté de ces sociétés particulières a toujours deux relations; pour les membres de l'association, c'est une volonté générale; pour la grande société, c'est une volonté particulière, qui très souvent se trouve droite au premier égard, et vicieuse au second. Tel peut être prêtre dévot, ou brave soldat, ou praticien zélé, et mauvais citoyen. Telle délibération peut être avantageuse à la petite communauté, et très pernicieuse à la grande. Il est vrai que les sociétés particulières étant toujours subordonnées à celles qui les contiennent, on doit obéir à celles-ci préférablement aux autres; que les devoirs du citoyen vont avant ceux du sénateur, et ceux de l'homme avant ceux du citoyen : mais malheureusement l'intérêt personnel se trouve toujours en raison inverse du devoir, et augmente à mesure que l'association devient plus étroite et l'engagement moins sacré; preuve invincible que la volonté la plus générale est aussi toujours la plus juste, et que la voix du peuple est en effet la voix de Dieu.

. . . .

I. La première et plus importante maxime du gouvernement légitime ou populaire, c'est-à-dire, de celui qui a pour objet le bien du peuple, est donc, comme je l'ai dit, de suivre en tout la volonté générale; mais, pour la suivre, il faut la connaître, et surtout la bien distinguer de la volonté particulière en commençant par soi-même; distinction toujours fort difficile à faire, et pour laquelle il n'appartient qu'à la plus sublime vertu de donner de suffisantes lumières. Comme pour vouloir il faut être libre, une autre difficulté qui n'est guère moindre, est d'assurer à la fois la liberté publique et l'autorité du gouvernement. Cherchez les motifs qui ont porté les hommes unis par leurs besoins mutuels dans la grande société, à s'unir plus étroitement par des sociétés civiles ; vous n'en trouverez point d'autre que celui d'assurer les biens, la vie, et la liberté de chaque membre par la protection de tous : or comment forcer des hommes à défendre la liberté de l'un d'entre eux, sans porter atteinte à celle des autres ?

Et comment pourvoir aux besoins publics sans altérer la propriété particulière de ceux qu'on force d'y contribuer ? De quelques sophismes qu'on puisse colorer tout cela, il est certain que si l'on peut contraindre ma volonté, je ne suis plus libre, et que je ne suis plus maître de mon bien, si quelque autre peut y toucher. Cette difficulté, qui devait sembler insurmontable, a été levée avec la première par la plus sublime de toutes les institutions humaines, ou plutôt par une inspiration céleste, qui apprit à l'homme à imiter ici-bas les décrets immuables de la divinité. Par quel art inconcevable a-t-on pu trouver le moyen d'assujettir les hommes pour les rendre libres, d'employer au service de l'état les biens, les bras, et la vie même de tous ses membres, sans les contraindre et sans les consulter ? D'enchaîner leur volonté de leur propre aveu ? De faire valoir leur consentement contre leur refus, et de les forcer à se punir eux-mêmes, quand ils font ce qu'ils n'ont pas voulu ? Comment se peut-il faire qu'ils obéissent et que personne ne commande, qu'ils servent et n'aient point de maître ; d'autant plus libres en effet que sous une apparente sujétion, nul ne perd de sa liberté que ce qui peut nuire à celle d'un autre ? Ces prodiges sont l'ouvrage de la loi. C'est à la loi seule que les hommes doivent la justice et la liberté. C'est cet organe salutaire de la volonté de tous, qui rétablit dans le droit l'égalité naturelle entre les hommes. C'est cette voix céleste qui dicte à chaque citoyen les préceptes de la raison publique, et lui apprend à agir selon les maximes de son propre jugement, et à n'être pas en contradiction avec lui-même. C'est elle seule aussi que les chefs doivent faire parler quand ils commandent ; car sitôt qu'indépendamment des lois, un homme en prétend soumettre un autre à sa volonté privée, il sort à l'instant de l'état civil, et se met vis-à-vis de lui dans le pur état de nature où l'obéissance n'est jamais prescrite que par la nécessité.

. . . .

II. Seconde règle essentielle de l'*économie* publique, non moins importante que la première. Voulez-vous que la volonté générale soit accomplie ? Faites que toutes les volontés particulières s'y rapportent ; et comme la vertu n'est que cette conformité de la volonté particulière à la générale, pour dire la même chose en un mot, faites régner la vertu.

Si les politiques étaient moins aveuglés par leur ambition, ils verraient combien il est impossible qu'aucun établissement quel qu'il soit, puisse marcher selon l'esprit de son institution, s'il n'est dirigé selon la loi du devoir ; ils sentiraient que le plus grand ressort de l'autorité publique est dans le cœur des citoyens, et que rien ne peut suppléer aux mœurs pour le maintien du gouvernement. Non seulement il n'y a que des gens de bien qui sachent administrer les lois, mais il n'y a dans le fond que d'honnêtes gens qui sachent leur obéir. Celui qui vient à bout de braver les remords, ne tardera pas à braver les supplices ; châtiment moins rigoureux, moins continuel, et auquel on a du moins l'espoir d'échapper ; et quelques précautions qu'on prenne, ceux qui n'attendent que l'impunité pour mal faire, ne manquent guère de moyens d'éluder la loi ou d'échapper à la peine. Alors, comme tous les intérêts particuliers se réunissent contre l'intérêt général qui n'est plus celui de personne, les vices publics ont plus de force pour énerver les lois, que les lois n'en ont pour réprimer les vices ; et la corruption du peuple et des chefs s'étend enfin jusqu'au gouvernement, quelque sage qu'il puisse être : le pire de tous les abus est de n'obéir en apparence aux lois que pour les enfreindre en effet avec sûreté. Bientôt les meilleures lois deviennent les plus funestes : il vaudrait mieux cent fois qu'elles n'existassent pas ; ce serait une ressource qu'on aurait encore quand il n'en reste plus. Dans une pareille situation l'on ajoute vainement édits sur édits, règlements sur règlements. Tout cela ne sert qu'à introduire d'autres abus sans corriger les premiers. Plus vous multipliez les lois, plus vous les rendez méprisables ; et tous les surveillants que vous instituez ne sont que de nouveaux infracteurs destinés à partager avec les anciens, ou à faire leur pillage à part. Bientôt le prix de la vertu devient celui du brigandage : les hommes les plus vils sont les plus accrédités ; plus ils sont grands, plus ils sont méprisables ; leur infamie éclate dans leurs dignités, et ils sont déshonorés par leurs honneurs. S'ils achètent les suffrages des chefs ou la protection des femmes, c'est pour vendre à leur tour la justice, le devoir et l'état ; et le peuple qui ne voit pas que ses vices sont la première cause de ses malheurs, murmure et s'écrie en gémissant : « Tous mes maux ne viennent que de ceux que je paie pour m'en garantir. »

C'est alors qu'à la voix du devoir qui ne parle plus dans les cœurs, les chefs sont forcés de substituer le cri de la terreur ou le leurre d'un intérêt apparent dont ils trompent leurs créatures. C'est alors qu'il faut recourir à toutes les petites et méprisables ruses qu'ils appellent *maximes d'état*, et *mystères du cabinet*. Tout ce qui reste de vigueur au gouvernement est employé par ses membres à se perdre et supplanter l'un l'autre, tandis que les affaires demeurent abandonnées, ou ne se font qu'à mesure que l'intérêt personnel le demande, et selon qu'il les dirige. Enfin, toute l'habileté de ces grands politiques est de fasciner tellement les yeux de ceux dont ils ont besoin, que chacun croit travailler pour son intérêt en travaillant pour *le leur* ; je dis le leur, si tant est qu'en effet le véritable intérêt des chefs soit d'anéantir les peuples pour les soumettre, et de retirer leur propre bien pour s'en assurer la possession.

Mais quand les citoyens aiment leur devoir, et que les dépositaires de l'autorité publique s'appliquent sincèrement à nourrir cet amour par leur exemple et par leurs soins, toutes les difficultés s'évanouissent, l'administration prend une facilité qui la dispense de cet art ténébreux, dont la noirceur fait tout le mystère. Ces esprits vastes, si dangereux et si admirés, tous ces grands ministres dont la gloire se confond avec les malheurs du peuple, ne sont plus regrettés : les mœurs publiques suppléent au génie des chefs ; et plus la vertu règne, moins les talents sont nécessaires. L'ambition même est mieux servie par le devoir que par l'usurpation : le peuple convaincu que ses chefs ne travaillent qu'à faire son bonheur, les dispense par sa déférence de travailler à affermir leur pouvoir ; et l'histoire nous montre en mille endroits que l'autorité qu'il accorde à ceux qu'il aime, et dont il est aimé, est cent fois plus absolue que toute la tyrannie des usurpateurs.

. . . .

Mais toutes ces précautions seront insuffisantes, si l'on ne s'y prend de plus loin encore. Je finis cette partie de l'*économie* publique, par où j'aurais dû la commencer. La patrie ne peut subsister sans la liberté, ni la liberté sans la vertu, ni la vertu sans les citoyens : vous aurez tout si vous formez des citoyens ; sans cela vous n'aurez que de méchants esclaves, à commencer par les chefs de l'état. Or, former des citoyens n'est pas l'affaire d'un jour ; et pour les avoir hommes, il faut les instruire enfants. Qu'on me dise que quiconque a des hommes à gouverner, ne doit pas chercher hors de leur nature une perfection dont ils ne sont pas susceptibles ; qu'il ne doit pas vouloir détruire en eux les passions, et que l'exécution d'un pareil projet ne serait pas plus désirable que possible. Je conviendrai d'autant mieux de tout cela, qu'un homme qui n'aurait point de passions serait certainement un fort mauvais citoyen : mais il faut convenir aussi que si l'on n'apprend point aux hommes à n'aimer rien, il n'est pas impossible de leur apprendre à aimer un objet plutôt qu'un autre, et ce qui est véritablement beau, plutôt que ce qui est difforme. Si par exemple, on les exerce assez tôt à ne jamais regarder leur individu que par ses relations avec les corps de l'état, et à n'apercevoir, pour ainsi dire, leur propre existence que comme une partie de la sienne, ils pourront parvenir enfin à s'identifier en quelque sorte avec ce plus grand tout, à se sentir membres de la patrie, à l'aimer de ce sentiment exquis que tout homme isolé n'a que pour soi-même, à élever perpétuellement leur âme à ce grand objet, et à transformer ainsi en une vertu sublime, cette disposition dangereuse d'où naissent tous nos vices. Non seulement la philosophie démontre la possibilité de ces nouvelles directions, mais l'histoire en fournit mille exemples éclatants : s'ils sont si rares parmi nous, c'est que personne ne se soucie qu'il y ait des citoyens, et qu'on s'avise encore moins de s'y prendre assez tôt pour les former. Il n'est plus temps de changer nos inclinations naturelles quand elles ont pris leur cours, et que l'habitude s'est jointe à l'amour propre ; il n'est plus temps de nous tirer hors de nous-mêmes, quand une fois le *moi humain* concentré dans nos cœurs y a acquis cette méprisable activité qui absorbe toute vertu, et fait la vie des petites âmes. Comment l'amour de la patrie pourrait-il germer au milieu de tant d'autres passions qui l'étouffent ? Et que reste-t-il pour les concitoyens d'un cœur déjà partagé entre l'avarice, une maîtresse, et la vanité ?

C'est du premier moment de la vie, qu'il faut apprendre à mériter de vivre ; et comme on participe en naissant aux droits des citoyens, l'instant de notre naissance doit être le commencement de l'exercice de nos devoirs. S'il y a des lois pour l'âge mûr, il doit y en avoir pour l'enfance, qui enseignent à obéir aux autres ; et comme on ne laisse pas la raison de chaque homme unique arbitre de ses devoirs, on doit d'autant moins abandonner aux lumières et aux préjugés des pères l'éducation de leurs enfants, qu'elle importe à l'état encore plus qu'aux pères ; car selon le cours de nature, la mort du père lui dérobe souvent les derniers fruits de cette éducation ; mais la patrie en sent tôt ou tard les effets ; l'état demeure, et la famille se disssout. Que si l'autorité publique, en prenant la place des pères, et se chargeant de cette importante fonction, acquiert leurs droits en remplissant leurs devoirs, ils ont d'autant moins sujet de s'en plaindre, qu'à cet égard ils ne font proprement que changer de nom, et qu'ils auront en commun, sous le nom de citoyens, la même autorité sur leurs enfants qu'ils exerçaient séparément sous le nom de *pères*, et n'en seront pas moins obéis en parlant au nom de la loi, qu'ils l'étaient en parlant au nom de la nature. L'éducation publique sous des règles prescrites par le gouvernement, et sous des magistrats établis par le souverain, est donc une des maximes fondamentales du gouvernement populaire ou légitime. Si les enfants sont élevés en commun dans le sein de l'égalité, s'ils sont imbus des lois de l'état, et des maximes de la volonté générale, s'ils sont instruits à les respecter par-dessus toutes choses, s'ils sont environnés d'exemples et d'objets qui leur parlent sans cesse de la tendre mère qui les nourrit, de l'amour qu'elle a pour eux, des biens inestimables qu'ils reçoivent d'elle, et du retour qu'ils lui doivent, ne doutons pas qu'ils n'apprennent ainsi à se chérir mutuellement comme des frères, à ne vouloir jamais que ce que veut la société, à substituer des actions d'hommes et de citoyens au stérile et vain babil des sophistes, et à devenir un jour les défenseurs et les pères de la patrie, dont ils auront été si longtemps les enfants.

. . . .

III. Ce n'est pas assez d'avoir des citoyens et de les protéger, il faut encore songer à leur subsistance ; et pourvoir aux besoins publics, est une suite évidente de la volonté générale, et le troisième devoir essentiel du gouvernement. Le devoir n'est pas, comme on doit le sentir, de remplir les greniers des particuliers, et les dispenser du travail, mais de maintenir l'abondance tellement à leur portée, que pour l'acquérir le travail soit toujours nécessaire, et ne soit jamais inutile. Il s'étend aussi à toutes les opérations qui regardent l'entretien du fisc, et les dépenses de l'administration publique. Ainsi après avoir parlé de l'*économie* générale par rapport au gouvernement des personnes, il nous reste à la considérer par rapport à l'administration des biens.

Cette partie n'offre pas moins de difficultés à résoudre, ni de contradictions à lever que la précédente. Il est certain que le droit de propriété est le plus sacré de tous les droits des citoyens, et plus important à certains égards que la liberté même ; soit parce qu'il tient de plus à la conservation de la vie ; soit parce que les biens étant plus faciles à usurper, et plus pénibles à défendre que la personne, on doit plus respecter ce qui se peut ravir plus aisément ; soit enfin parce que la propriété est le vrai fondement de la société civile, et le vrai garant des engagements des citoyens : car si les biens ne répondaient pas des personnes, rien ne serait si facile que d'éluder ses devoirs, et de se moquer des lois. D'un autre côté, il n'est pas moins sûr que le maintien de l'état et du gouvernement exige des frais et de la dépense ; et comme quiconque accorde la fin ne peut refuser les moyens, il s'ensuit que les membres de la société doivent contribuer de leurs biens à son entretien. De plus, il est difficile d'assurer d'un côté la propriété des particuliers sans l'attaquer d'un autre, et il n'est pas possible que tous les règlements qui regardent l'ordre des successions, les testaments, les contrats, ne gênent les citoyens à certains égards sur la disposition de leur propre bien, et par conséquent sur leur droit de propriété.

. . . .

Si le peuple se gouvernait lui-même, et qu'il n'y eût rien d'intermédiaire entre l'administration de l'état et les citoyens, ils n'auraient qu'à se cotiser dans l'occasion, à proportion des besoins publics et des facultés des particuliers ; et comme chacun ne perdrait jamais de vue le recouvrement ni l'emploi des deniers, il ne pourrait se glisser ni fraude ni abus dans leur maniement : l'état ne serait jamais obéré de dettes, ni le peuple accablé d'impôts, ou du moins la sûreté de l'emploi le consolerait de la dureté de la taxe. Mais les choses ne sauraient aller ainsi ; et quelque borné que soit un état, la société civile y est toujours trop nombreuse pour pouvoir être gouvernée par tous ses membres. Il faut nécessairement que les deniers publics passent par les mains des chefs, lesquels, outre l'intérêt de l'état, ont tous le leur particulier, qui n'est pas le dernier écouté. Le peuple de son côté, qui s'aperçoit plutôt de l'avidité des chefs, et de leurs folles dépenses, que des besoins publics, murmure de se voir dépouiller du nécessaire pour fournir au superflu d'autrui ; et quand une fois ces manœuvres l'ont aigri jusqu'à certain point, la plus intègre administration ne viendrait pas à bout de rétablir la confiance. Alors si les contributions sont volontaires, elles ne produisent rien ; si elles sont forcées, elles sont illégitimes ; et c'est dans cette cruelle alternative de laisser périr l'état ou d'attaquer le droit sacré de la propriété, qui en est le soutien, que consiste la difficulté d'une juste et sage *économie*.

. . . .

L'invention de l'artillerie et des fortifications a forcé de nos jours les souverains de l'Europe à rétablir l'usage des troupes réglées pour garder leurs places ; mais avec des motifs plus légitimes, il est à craindre que l'effet n'en soit également funeste. Il n'en faudra pas moins dépeupler les campagnes pour former les armées et les garnisons ; pour les entretenir il n'en faudra pas moins fouler les peuples ; et ces dangereux établissements s'accroissent depuis quelque temps avec une telle rapidité dans tous nos climats, qu'on n'en peut prévoir que la dépopulation prochaine de l'Europe, et tôt ou tard la ruine des peuples qui l'habitent.

. . . .

Un troisième rapport qu'on ne compte jamais, et qu'on devrait toujours compter le premier, est celui des utilités que chacun retire de la considération sociale, qui protège fortement les immenses possessions du riche, et laisse à peine un misérable jouir de la chaumière qu'il a construite de ses mains. Tous les avantages de la société ne sont-ils pas pour les puissants et les riches ? Tous les emplois lucratifs ne sont-ils pas remplis par eux seuls ? Toutes les grâces, toutes les exemptions ne leur sont-elles pas réservées ? Et l'autorité publique n'est-elle pas toute en leur faveur ? Qu'un homme de considération vole ses créanciers ou fasse d'autres friponneries, n'est-il pas toujours sûr de l'impunité ? Les coups de bâton qu'il distribue, les violences qu'il commet, les meurtres mêmes et les assassinats dont il se rend coupable, ne sont-ce pas des affaires qu'on assoupit, et dont au bout de six mois il n'est plus question ? Que ce même homme soit volé, toute la police est aussitôt en mouvement, et malheur aux innocents qu'il soupçonne ! Passe-t-il dans un lieu dangereux ? Voilà des escortes en campagne : l'essieu de sa chaise vient-il à rompre ? Tout vole à son secours : fait-on du bruit à sa porte ? Il dit un mot et tout se tait : la foule l'incommode-t-elle ? Il fait un signe, et tout se range : un charretier se trouve-t-il sur son passage ? Ses gens sont prêts à l'assommer ; et cinquante honnêtes piétons allant à leurs affaires seraient plutôt écrasés, qu'un faquin oisif retardé dans son équipage. Tous ces égards ne lui coûtent pas un sou ; ils sont le droit de l'homme riche et non le prix de la richesse. Que le tableau du pauvre est différent ! plus l'humanité lui doit, plus la société lui refuse : toutes les portes lui sont fermées, même quand il a droit de les faire ouvrir ; et si quelquefois il obtient justice, c'est avec plus de peine qu'un autre n'obtiendrait grâce : s'il y a des corvées à faire, une milice à tirer, c'est à lui qu'on donne la préférence ; il porte toujours, outre sa charge, celle dont son voisin plus riche a le crédit de se faire exempter : au moindre accident qui lui arrive, chacun s'éloigne de lui : si sa pauvre charrette renverse, loin d'être aidé par personne, je le tiens heureux s'il évite en passant les avanies des gens lestes d'un jeune duc : en un mot, toute assistance gratuite le fuit au besoin, précisément parce qu'il n'a pas de quoi la payer ; mais je le tiens pour un homme perdu, s'il a le malheur d'avoir l'âme honnête, une fille aimable, et un puissant voisin.

. . . .

Résumons en quatre mots le pacte social des deux états. *Vous avez besoin de moi, car je suis riche et vous êtes pauvre ; faisons donc un accord entre nous : je permettrai que vous ayez l'honneur de me servir, à condition que vous me donnerez le peu qui vous reste, pour la peine que je prendrai de vous commander.*

. . . .

Qu'on établisse de fortes taxes sur la livrée, sur les équipages, sur les glaces, lustres, et ameublements, sur les étoffes et la dorure, sur les cours et jardins des hôtels, sur les spectacles de toute espèce, sur les professions oiseuses, comme baladins, chanteurs, histrions et en un mot sur cette foule d'objets de luxe, d'amusement et d'oisiveté, qui frappent tous les yeux, et qui peuvent d'autant moins se cacher, que leur seul usage est de se montrer, et qu'ils seraient inutiles s'ils n'étaient vus. Qu'on ne craigne pas que de tels produits fussent arbitraires, pour n'être fondés que sur des choses qui ne sont pas d'une absolue nécessité : c'est bien mal connaître les hommes que de croire qu'après s'être une fois laissé séduire par le luxe, ils y puissent jamais renoncer ; ils renonceraient cent fois plutôt au nécessaire, et aimeraient encore mieux mourir de faim que de honte. L'augmentation de la dépense ne sera qu'une nouvelle raison pour la soutenir, quand la vanité de se montrer opulent fera son profit du prix de la chose et des frais de la taxe. Tant qu'il y aura des riches, ils voudront se distinguer des

pauvres, et l'état ne saurait se former un revenu moins
onéreux ni plus assuré que sur cette distinction.

. . . .

(Rousseau)

ÉGALITÉ NATURELLE (*Droit nat.*) est celle qui
est entre tous les hommes par la constitution de leur
nature seulement. Cette *égalité* est le principe et le
fondement de la liberté.

L'*égalité naturelle* ou *morale* est donc fondée sur la
constitution de la nature humaine commune à tous les
hommes, qui naissent, croissent, subsistent, et meurent de la même manière.

Puisque la nature humaine se trouve la même dans
tous les hommes, il est clair que, selon le droit naturel,
chacun doit estimer et traiter les autres comme autant
d'êtres qui lui sont naturellement égaux, c'est-à-dire,
qui sont hommes aussi bien que lui.

De ce principe de l'*égalité naturelle des hommes*, il
résulte plusieurs conséquences. Je parcourrai les principales.

1° Il résulte de ce principe, que tous les hommes
sont naturellement libres, et que la raison n'a pu les
rendre dépendants que pour leur bonheur.

2° Que, malgré toutes les inégalités produites dans
le gouvernement politique par la différence des conditions, par la noblesse, la puissance, les richesses, etc.,
ceux qui sont les plus élevés au-dessus des autres,
doivent traiter leurs inférieurs comme leur étant naturellement égaux, en évitant tout outrage, en n'exigeant
rien au-delà de ce qu'on leur doit et en exigeant avec
humanité ce qui leur est dû le plus incontestablement.

3° Que quiconque n'a pas acquis un droit particulier, en vertu duquel il puisse exiger quelque préférence, ne doit rien prétendre plus que les autres, mais
au contraire les laisser jouir également des mêmes
droits qu'il s'arroge à lui-même.

4° Qu'une chose qui est de droit commun, doit être ou commune en jouissance, ou possédée alternativement, ou divisée par égales portions entre ceux qui ont le même droit, ou par compensation équitable et réglée ; ou qu'enfin si cela est impossible, on doit en remettre la décision au sort : expédient assez commode, qui ôte tout soupçon de mépris et de partialité, sans rien diminuer de l'estime des personnes auxquelles il ne se trouve pas favorable. Enfin pour dire plus, je fonde avec le judicieux Hooker, sur le principe incontestable de l'*égalité naturelle,* tous les devoirs de charité, d'humanité, et de justice, auxquels les hommes sont obligés les uns envers les autres ; et il ne serait pas difficile de le démontrer.

Le lecteur tirera d'autres conséquences, qui naissent du principe de l'*égalité naturelle* des hommes. Je remarquerai seulement que c'est la violation de ce principe, qui a établi l'esclavage politique et civil. Il est arrivé de là que dans les pays soumis au pouvoir arbitraire, les princes, les courtisans, les premiers ministres, ceux qui manient les finances, possèdent toutes les richesses de la nation, pendant que le reste des citoyens n'a que le nécessaire, et que la plus grande partie du peuple gémit dans la pauvreté.

Cependant qu'on ne me fasse pas le tort de supposer que par un esprit de fanatisme, j'approuvasse dans un état cette chimère de l'*égalité* absolue, que peut à peine enfanter une république idéale ; je ne parle ici que de l'*égalité naturelle* des hommes ; je connais trop la nécessité des conditions différentes, des grades, des honneurs, des distinctions, des prérogatives, des subordinations, qui doivent régner dans tous les gouvernements ; et j'ajoute même que l'*égalité naturelle* ou *morale* n'y est point opposée. Dans l'état de nature, les hommes naissent bien dans l'*égalité,* mais ils n'y sauraient rester ; la société la leur fait perdre, et ils ne redeviennent égaux que par les lois. Aristote rapporte que Phaléas de Chalcédoine avait imaginé une façon de rendre égales les fortunes de la république où elles ne l'étaient pas ; il voulait que les riches donnassent des dots aux pauvres, et n'en reçussent pas, et que les pauvres reçussent de l'argent pour leurs filles et n'en donnassent pas. « Mais (comme le dit l'auteur de l'*Esprit des lois*) aucune république s'est-elle jamais accommodée d'un règlement pareil ? Il met les citoyens sous des conditions dont les différences sont si frappantes qu'ils haïraient cette *égalité* même que l'on chercherait à établir, et qu'il serait fou de vouloir introduire. »

(De Jaucourt)

ÉLÉMENTS DES SCIENCES (*philosophie*). On appelle en général *éléments d'un tout,* les parties primitives et originaires dont on peut supposer que ce tout est formé. Pour transporter cette notion aux Sciences en général, et pour connaître quelle idée nous devons nous former des *éléments* d'une science quelconque, supposons que cette science soit entièrement traitée dans un ouvrage, en sorte que l'on ait de suite et sous les yeux les propositions, tant générales que particulières, qui forment l'ensemble de la science, et que ces propositions soient disposées dans l'ordre le plus naturel et le plus rigoureux qu'il soit possible : supposons ensuite que ces propositions forment une suite absolument continue, en sorte que chaque proposition dépende uniquement et immédiatement des précédentes, et qu'elle ne suppose point d'autres principes que ceux que les précédentes propositions renferment ; en ce cas chaque proposition, comme nous l'avons remarqué dans le discours préliminaire, ne sera que la traduction de la première, présentée sous différentes faces ; tout se réduirait par conséquent à cette première proposition, qu'on pourrait regarder comme l'*élément* de la science dont il s'agit, puisque cette science y serait entièrement renfermée. Si chacune des sciences qui nous occupent était dans le cas dont nous parlons, les *éléments* en seraient aussi faciles à faire qu'à apprendre ; et même si nous pouvions apercevoir sans interruption la chaîne invisible qui lie tous les objets de nos connaissances, les *éléments* de toutes les Sciences se réduiraient à un principe unique, dont les conséquences principales seraient les *éléments* de chaque science particulière. L'esprit humain, participant alors de l'intelligence suprême, verrait toutes ses connaissances comme réunies sous un point de vue indivisible ; il y aurait cependant cette différence entre Dieu et l'homme, que Dieu placé à ce point de vue, apercevrait d'un coup d'œil tous les objets, et que l'homme aurait besoin de les parcourir l'un après l'autre, pour en acquérir une connaissance détaillée. Mais il s'en faut beaucoup que nous puissions nous placer à un tel point de vue. Bien loin d'apercevoir la chaîne qui unit toutes les Sciences, nous ne voyons pas même dans leur totalité les parties de cette chaîne qui constituent chaque science en particulier. Quelque ordre que nous puissions mettre entre les propositions, quelque exactitude que nous cherchions à observer dans la déduction, il s'y trouvera toujours nécessairement des vides ; toutes les propositions ne se tiendront pas immédiatement, et formeront pour ainsi dire des groupes différents et désunis.

Néanmoins quoique dans cette espèce de tableau il y ait bien des objets qui nous échappent, il est facile de distinguer les propositions ou vérités générales qui servent de base aux autres, et dans lesquelles celles-ci sont implicitement renfermées. Ces propositions réunies en un corps, formeront, à proprement parler, les *éléments* de la science, puisque ces *éléments* seront comme un germe qu'il suffirait de développer pour connaître les objets de la science fort en détail.

. . . .

Il est donc évident par tout ce que nous venons de dire, qu'on ne doit entreprendre les *éléments* d'une science que quand les propositions qui la constituent ne seront point chacune isolées et indépendantes l'une de l'autre, mais quand on y pourra remarquer des propositions principales dont les autres seront des conséquences. Or comment distinguera-t-on ces propositions principales ? voici le moyen d'y parvenir. Si les propositions qui forment l'ensemble d'une science ne se suivent pas immédiatement les unes les autres, on remarquera les endroits où la chaîne est rompue, et les propositions qui forment la tête de chaque partie de la chaîne, sont celles qui doivent entrer dans les *éléments*. A l'égard des propositions mêmes qui forment une seule portion continue de la chaîne, on y en distinguera de deux espèces ; celles qui ne sont que de simples conséquences, une simple traduction en d'autres termes de la proposition précédente, doivent être exclues des *éléments*, puisqu'elles y sont évidemment renfermées. Celles qui empruntent quelque chose, non seulement de la proposition précédente, mais d'une autre proposition primitive, sembleraient devoir être exclues par la même raison, puisqu'elles sont implicitement et exactement renfermées dans les propositions dont elles dérivent. Mais en s'attachant scrupuleusement à cette règle, non seulement on réduirait les *éléments* à presque rien, on en rendrait l'usage et l'application trop difficiles. Ainsi les conditions nécessaires pour qu'une proposition entre dans les *éléments* d'une science pris dans le premier sens, sont que ces propositions soient assez distinguées les unes des autres, pour qu'on ne puisse pas en former une chaîne immédiate ; que ces propositions soient elles-mêmes la source de plusieurs autres, qui n'en seront plus regardées que comme des conséquences ; et qu'enfin si quelqu'une des propositions est comprise dans les précédentes, elle n'y soit comprise qu'implicitement, ou de manière qu'on ne puisse en apercevoir la dépendance que par un raisonnement développé.

N'oublions pas de dire qu'il faut insérer dans les *éléments* les propositions isolées, s'il en est quelqu'une qui ne tienne ni comme principe ni comme conséquence, à aucune autre ; car les *éléments* d'une science doivent contenir au moins le germe de toutes les vérités qui font l'objet de cette science : par conséquent l'omission d'une seule vérité isolée, rendrait les *éléments* imparfaits.

Mais ce qu'il faut surtout s'attacher à bien développer, c'est la métaphysique des propositions. Cette métaphysique, qui a guidé ou dû guider les inventeurs, n'est autre chose que l'exposition claire et précise des vérités générales et philosophiques sur lesquelles les principes de la science sont fondées. Plus cette métaphysique est simple, facile, et pour ainsi dire populaire, plus elle est précieuse ; on peut même dire que la simplicité et la facilité en sont la pierre de touche. Tout ce qui est vrai, surtout dans les sciences de pur raisonnement, a toujours des principes clairs et sensibles, et par conséquent peut être mis à la portée de tout le monde sans aucune obscurité.

. . . .

Pour nous borner ici à quelques règles générales, quels sont dans chaque science les principes d'où l'on doit partir ? des faits simples, bien vus et bien avoués ; en Physique l'observation de l'univers, en Géométrie les propriétés principales de l'étendue, en Mécanique l'impénétrabilité des corps, en Métaphysique et en Morale l'étude de notre âme et de ses affections, et ainsi des autres. Je prends ici la Métaphysique dans le sens le plus rigoureux qu'elle puisse avoir, en tant qu'elle est la science des êtres purement spirituels. Ce que j'en dis ici sera encore plus vrai, quand on la regardera dans un sens plus étendu, comme la science universelle qui contient les principes de toutes les autres ; car si chaque science n'a et ne peut avoir que l'observation pour vrais principes, la Métaphysique de chaque science ne peut consister que dans les conséquences générales qui résultent de l'observation, présentées sous le point de vue le plus étendu qu'on puisse leur donner. Ainsi dussai-je, contre mon intention, choquer encore quelques personnes, dont le zèle pour la Métaphysique est plus ardent qu'éclairé, je me garderai bien de la définir, comme elles le veulent, *la science des idées ;* car que serait-ce qu'une pareille science ? La Philosophie, sur quelqu'objet qu'elle s'exerce, est la science des faits ou celle des chimères. C'est en effet avoir d'elle une idée bien informe et bien peu juste, que de la croire destinée à se perdre dans les abstractions, dans les propriétés générales de l'être, dans celles du mode et de la substance. Cette spéculation inutile ne consiste qu'à présenter sous une forme et un langage scientifiques, des propositions qui étant mises en langage vulgaire, ou ne seraient que des vérités communes qu'on aurait honte d'étaler avec tant d'appareil, ou seraient pour le moins douteuses, et par conséquent indignes d'être érigées en principes. D'ailleurs une telle méthode est non seulement dangereuse, en ce qu'elle retarde par des questions vagues et contentieuses le progrès de nos connaissances réelles, elle est encore contraire à la marche de l'esprit, qui, comme nous ne saurions trop le redire, ne connaît les abstractions que par l'étude des êtres particuliers. Ainsi la première chose par où l'on doit commencer en bonne Philosophie, c'est de faire main basse sur ces longs et ennuyeux prolégomènes, sur ces nomenclatures éternelles, sur ces arbres et ces divisions sans fin ; tristes restes d'une misérable scholastique et de l'ignorante vanité de ces siècles ténébreux, qui dénués d'observations et de faits, se créaient un objet imaginaire de spéculations et de disputes. J'en dis autant de ces questions aussi inutiles que mal résolues, sur la nature de la Philosophie, sur son existence, sur le premier principe des connaissances humaines, sur l'union de la probabilité avec l'évidence, et sur une infinité d'autres objets semblables.

Il est dans les sciences d'autres questions contestées, moins frivoles en elles-mêmes, mais aussi inutiles en effet, qu'on doit absolument bannir d'un livre d'*éléments*. On peut juger sûrement de l'inutilité absolue d'une question sur laquelle on se divise, lorsqu'on voit que les philosophes se réunissent d'ailleurs sur des propositions, qui néanmoins au premier coup d'œil sembleraient tenir nécessairement à cette question. Par exemple, les *éléments* de Géométrie, de calcul, étant les mêmes pour toutes les écoles de Philosophie, il résulte de cet accord, et que les vérités géométriques ne tiennent point aux principes contestés sur la nature de l'étendue, et qu'il est sur cette matière un point commun où toutes les sectes se réunissent ; un principe vulgaire et simple d'où elles partent toutes sans s'en apercevoir ; principe qui s'est obscurci par les disputes, ou qu'elles ont fait négliger, mais qui n'en subsiste pas moins. De même, quoique le mouvement et ses propriétés principales soient l'objet de la mécanique, néanmoins la métaphysique obscure et consciencieuse de la nature du mouvement, est totalement étrangère à cette science ; elle suppose l'existence du mouvement, tire de cette supposition une foule de vérités utiles, et laisse bien loin derrière elle la philosophie scholastique s'épuiser en vaines subtilités sur le mouvement même. Zénon chercherait encore si les corps se meuvent, tandis qu'Archimède aurait trouvé les lois de l'équilibre, Huyghens celles de la percussion, et Newton celles du système du monde.

Concluons de là que le point auquel on doit s'arrêter dans la recherche des principes d'une science, est déterminé par la nature de cette science même, c'est-à-dire par le point de vue sous lequel elle envisage son objet ; tout ce qui est au-delà doit être regardé ou comme appartenant à une autre science, ou comme une région entièrement refusée à nos regards. J'avoue que les principes d'où nous partons en ce cas ne sont peut-être eux-mêmes que des conséquences fort éloignées des vrais principes qui nous sont inconnus, et qu'ainsi ils mériteraient peut-être le nom de *conclusions* plutôt que celui de *principes*. Mais il n'est pas nécessaire que ces conclusions soient des principes en elles-mêmes, il suffit qu'elles en soient pour nous.

. . . .

Les idées simples dans le sens où nous l'entendons, peuvent se réduire à deux espèces : les unes sont des idées abstraites ; l'abstraction en effet n'est autre chose que l'opération, par laquelle nous considérons dans un objet une propriété particulière, sans faire attention à celles qui se joignent à celle-là pour constituer l'essence de l'objet. La seconde espèce d'idées simples est renfermée dans les idées primitives que nous acquérons par nos sentations, comme celles des couleurs particulières, du froid, du chaud, et plusieurs autres semblables ; aussi n'y a-t-il point de circonlocution plus propre à faire entendre ces choses, que le terme unique qui les exprime.

Quand on a trouvé toutes les idées simples qu'un mot renferme, on le définira en présentant ces idées d'une manière aussi claire, aussi courte, et aussi précise qu'il sera possible. Il suit de ces principes, que tout mot vulgaire qui ne renfermera qu'une idée simple, ne peut et ne doit pas être défini dans quelque science que ce puisse être, puisqu'une définition ne pourrait en mieux faire connaître le sens. A l'égard des termes vulgaires qui renferment plusieurs idées simples, fussent-ils d'un usage très commun, il est bon de les définir, pour développer parfaitement les idées simples qu'ils renferment.

. . . .

Telles sont les règles générales d'une définition ; telle est l'idée qu'on doit s'en faire, et suivant laquelle une définition n'est autre chose que le développement des idées simples qu'un mot renferme. Il est fort inutile après cela d'examiner si les définitions sont de nom ou de chose, c'est-à-dire si elles sont simplement l'explication de ce qu'on entend par un mot, ou si elles expliquent la nature de l'objet indiqué par ce mot. En effet, qu'est-ce que la nature d'une chose ? En quoi consiste-t-elle proprement, et la connaissons-nous ? Si on veut répondre clairement à ces questions, on verra combien la distinction dont il s'agit est futile et absurde : car étant ignorant comme nous le sommes sur ce que les êtres sont en eux-mêmes, la connaissance de la nature d'une chose (du moins par rapport à nous) ne peut consister que dans la notion claire et décomposée, non des principes réels et absolus de cette chose, mais de ceux qu'elle nous paraît renfermer. Toute définition ne peut être envisagée que sous ce dernier point de vue : dans ce cas elle sera plus qu'une simple définition de nom, puisqu'elle ne se bornera pas à expliquer le sens d'un mot, mais qu'elle en décomposera l'objet ; et elle sera moins aussi qu'une définition de chose, puisque la vraie nature de l'objet, quoiqu'ainsi décomposé, pourra toujours rester inconnue.

. . . .

Les mots nouveaux, inutiles, bizarres, ou tirés de trop loin, sont presque aussi ridicules en matière de science, qu'en matière de goût. On ne saurait, comme nous l'avons déjà dit ailleurs, rendre la langue de chaque science trop simple, et pour ainsi dire trop populaire ; non seulement c'est un moyen d'en faciliter l'étude, c'est ôter encore un prétexte de la décrier au peuple, qui s'imagine ou qui voudrait se persuader que la langue particulière d'une science en fait tout le mérite, que c'est une espèce de rempart inventé pour en défendre les approches : les ignorants ressemblent en cela à ces généraux malheureux ou malhabiles, qui ne pouvant forcer une place se vengent en insultant les dehors.

. . . .

Nous dirons seulement ici que toutes nos connaissances peuvent se réduire à trois espèces ; l'Histoire, les Arts tant libéraux que mécaniques, et les Sciences proprement dites, qui ont pour objet les matières de pur raisonnnement ; et que ces trois espèces peuvent être réduites à une seule, à celle des Sciences proprement dites. Car, 1° l'Histoire est ou de la nature, ou des pensées des hommes, ou de leurs actions. L'Histoire de la nature, objet de la méditation du philosophe, rentre dans la classe des sciences ; il en est de même de l'histoire des pensées des hommes, surtout si on ne comprend sous ce nom que celles qui ont été vraiment lumineuses et utiles, et qui sont aussi les seules qu'on doive présenter à ses lecteurs dans un livre d'*éléments*. A l'égard de l'histoire des rois, des conqué-rants, et des peuples, en un mot des événements qui ont changé ou troublé la terre, elle ne peut être l'objet du philosophe qu'autant qu'elle ne se borne pas aux faits seuls ; cette connaissance stérile, ouvrage des yeux et de la mémoire, n'est qu'une connaissance de pure convention quand on la renferme dans ses étroites limites, mais entre les mains de l'homme qui sait penser elle peut devenir la première de toutes. Le sage étudie l'univers moral comme le physique, avec cette patience, cette circonspection, ce silence de préjugés qui augmente les connaissances en les rendant utiles ; il suit les hommes dans leurs passions comme la nature dans ses procédés ; il observe, il rapproche, il compare, il joint ses propres observations à celles des siècles précédents, pour tirer de ce tout les principes qui doivent l'éclairer dans ses recherches ou le guider dans ses actions : d'après cette idée, il n'envisage l'Histoire que comme un recueil d'expériences morales faites sur le genre humain, recueil qui serait sans doute beau-coup plus complet s'il n'eût été fait que par des philosophes, mais qui, tout informe qu'il est, renferme encore les plus grandes leçons de conduite, comme le recueil des observations médicinales de tous les âges, malgré tout ce qui lui manque et qui lui manquera peut-être toujours, forme néanmoins la partie la plus importante et la plus réelle de l'art de guérir. L'His-toire appartient donc à la classe des Sciences, quant à la manière de l'étudier et de se la rendre utile, c'est-à-dire quant à la partie philosophique.

2° Il en est de même des Arts tant mécaniques que libéraux : dans les uns et les autres ce qui concerne les détails est uniquement l'objet de l'artiste ; mais d'un côté les principes fondamentaux des Arts mécaniques sont fondés sur les connaissances mathématiques et physiques des hommes, c'est-à-dire sur les deux branches les plus considérables de la Philosophie ; de l'autre, les Arts libéraux ont pour base l'étude fine et délicate de nos sensations. Cette métaphysique subtile et profonde qui a pour objet les matières de goût, sait y distinguer les principes absolument généraux et communs à tous les hommes, d'avec ceux qui sont modifiés par le caractère, le génie, le degré de sensibilité des nations ou des individus ; elle démêle par ce moyen le beau essentiel et universel, s'il en est un, d'avec le beau plus ou moins arbitraire et plus ou moins convenu : également éloignée et d'une décision trop vague et d'une discussion trop scrupuleuse, elle ne pousse l'analyse du sentiment que jusqu'où elle doit aller, et ne la resserre point non plus trop en deçà du champ qu'elle peut se permettre ; en comparant les impressions et les affections de notre âme, comme le métaphysicien ordinaire compare les idées purement spéculatives, elle tire de cet examen des règles pour rappeler ces impressions à une source commune, et pour les juger par l'analogie qu'elles ont entre elles ; mais elle s'abstient ou de les juger en elles-mêmes, ou de vouloir apprécier les impressions originaires et primitives par les principes d'une philosophie aussi obscure pour nous que la structure de nos organes, ou de vouloir enfin faire adopter ses règles par ceux qui ont reçu soit de la nature soit de l'habitude une autre façon de sentir. Ce que nous disons ici du goût dans les Arts libéraux, s'applique de soi-même à cette partie des Sciences qu'on appelle *Belles-Lettres*. C'est ainsi que les *éléments* de toutes nos connaissances sont renfermés dans ceux d'une philosophie bien entendue.

. . . .

(D'Alembert)

ENCYCLOPÉDIE, s. f. (*Philosophie*). Ce mot signifie *enchaînement de connaissances ;* il est composé de la préposition grecque έν, *en*, et des substantifs χύχλος, *cercle*, et παιδεία, *connaissance*.

En effet, le but d'une *Encyclopédie* est de rassembler

les connaissances éparses sur la surface de la terre ; d'en exposer le système général aux hommes avec qui nous vivons, et de le transmettre aux hommes qui viendront après nous ; afin que les travaux des siècles passés n'aient pas été des travaux inutiles pour les siècles qui succéderont ; que nos neveux, devenant plus instruits, deviennent en même temps plus vertueux et plus heureux, et que nous ne mourions pas sans avoir bien mérité du genre humain.

Il eût été difficile de se proposer un objet plus étendu que celui de traiter de tout ce qui a rapport à la curiosité de l'homme, à ses devoirs, à ses besoins, et à ses plaisirs. Aussi quelques personnes, accoutumées à juger de la possibilité d'une entreprise, sur le peu de ressources qu'elles aperçoivent en elles-mêmes, ont prononcé que jamais nous n'achèverions la nôtre. *Voyez le Dict. de Trévoux, dernière édit.* au mot *Encyclopédie*. Elles n'entendront de nous pour toute réponse que cet endroit du chancelier Bacon, qui semble leur être particulièrement adressé. *De impossibilitate ita statuo, ea omnia possibilia et praestabilia esse censenda quae ab aliquibus perfici possunt, licet non a quibusvis ; et quae a multis conjunctim, licet non ab uno ; et quae in successione saeculorum, licet non eodem aevo ; et denique quae multorum cura et sumptu, licet non opibus et industria singulorum. Bac. lib. II, de augment. scient. cap. I, page 103.*

Quand on vient à considérer la matière immense d'une *Encyclopédie*, la seule chose qu'on aperçoive distinctement, c'est que ce ne peut être l'ouvrage d'un seul homme. Et comment un seul homme, dans le court espace de sa vie, réussirait-il à connaître et à développer le système universel de la nature et de l'art ; tandis que la société savante et nombreuse des académiciens de *la Crusca* a employé quarante années à former son vocabulaire, et que nos académiciens Français avaient travaillé soixante ans à leur dictionnaire, avant que d'en publier la première édition ! Cependant, qu'est-ce qu'un dictionnaire de langue ?

Qu'est-ce qu'un vocabulaire, lorsqu'il est exécuté aussi parfaitement qu'il peut l'être ? Un recueil très exact des titres à remplir par un dictionnaire encyclopédique et raisonné.

Un seul homme, dira-t-on, est maître de tout ce qui existe ; il disposera à son gré de toutes les richesses que les autres hommes ont accumulées. Je ne peux convenir de ce principe ; je ne crois point qu'il soit donné à un seul homme de connaître tout ce qui peut être connu ; de faire usage de tout ce qui est ; de voir tout ce qui peut être vu ; de comprendre tout ce qui est intelligible. Quand un dictionnaire raisonné des sciences et des arts ne serait qu'une combinaison méthodique de leurs éléments, je demanderais encore à qui il appartient de faire de bons éléments ; si l'exposition élémentaire des principes fondamentaux d'une science ou d'un art, est le coup d'essai d'un élève, ou le chef-d'œuvre d'un maître.

. . . .

Un dictionnaire universel et raisonné des sciences et des arts ne peut donc être l'ouvrage d'un homme seul. Je dis plus ; je ne crois pas que ce puisse être l'ouvrage d'aucune des sociétés littéraires ou savantes qui subsistent, prises séparément ou en corps.

L'Académie française ne fournirait à une *Encyclopédie,* que ce qui appartient à la langue et à ses usages ; l'académie des inscriptions et belles-lettres, que des connaissances relatives à l'histoire profane, ancienne et moderne, à la chronologie, à la géographie et à la littérature ; la Sorbonne, que la théologie, l'histoire sacrée, et l'histoire des superstitions ; l'académie des sciences, que des mathématiques, de l'histoire naturelle, de la physique, de la chimie, de la médecine, de l'anatomie, etc. ; l'académie de chirurgie, que l'art de ce nom ; celle de peinture, que la peinture, la gravure, la sculpture, le dessin, l'architecture, etc. ; l'université, que ce qu'on entend par les humanités, la philosophie de l'école, la jurisprudence, la typographie, etc.

Parcourez les autres sociétés que je peux avoir

omises, et vous vous apercevrez qu'occupées chacune
d'un objet particulier, qui est sans doute du ressort
d'un dictionnaire universel, elles en négligent une
infinité d'autres qui doivent y entrer; et vous n'en
trouverez aucune qui vous fournisse la généralité de
connaissances dont vous avez besoin. Faites mieux;
imposez-leur à toutes un tribut; vous verrez combien il
vous manquera de choses encore, et vous serez forcé de
vous aider d'un grand nombre d'hommes répandus en
différentes classes, hommes précieux, mais à qui les
portes des académies n'en sont pas moins fermées par
leur état. C'est trop de tous les membres de ces
savantes compagnies pour un seul objet de la science
humaine; ce n'est pas assez de toutes ces sociétés pour
la science de l'homme en général. Sans doute, ce qu'on
pourrait obtenir de chaque société savante en particulier serait très utile, et ce qu'elles fourniraient toutes
avancerait le dictionnaire universel à sa perfection. Il y
a même une tâche qui ramènerait leurs travaux au but
de cet ouvrage, et qui devrait leur être imposée. Je
distingue deux moyens de cultiver les sciences: l'un
d'augmenter la masse des connaissances par des découvertes; et c'est ainsi qu'on mérite le nom d'*inventeur :*
l'autre de rapprocher les découvertes et de les ordonner
entre elles, afin que plus d'hommes soient éclairés, et
que chacun participe, selon sa portée, à la lumière de
son siècle; et l'on appelle *auteurs classiques,* ceux qui
réussissent dans ce genre qui n'est pas sans difficulté.
J'avoue que, quand les sociétés savantes, répandues
dans l'Europe, s'occuperaient à recueillir les connaissances anciennes et modernes, à les enchaîner et à en
publier des traités complets et méthodiques, les choses
n'en seraient que mieux; du moins jugeons-en par
l'effet. Comparons les quatre-vingts volumes in-4° de
l'académie des sciences, compilés selon l'esprit dominant de nos plus célèbres académies, à huit ou dix
volumes exécutés comme je le conçois, et voyons s'il y
aurait à choisir. Ces derniers renfermeraient une
infinité de matériaux excellents dispersés dans un

grand nombre d'ouvrages, où ils restent sans produire aucune sensation utile, comme des charbons épars qui ne formeront jamais un brasier ; et de ces dix volumes, à peine la collection académique la plus nombreuse en fournirait-elle quelques-uns. Qu'on jette les yeux sur les mémoires de l'académie des inscriptions, et qu'on calcule combien on en extrairait de feuilles pour un traité scientifique. Que dirais-je des transactions philosophiques, et des actes des curieux de la nature ? Aussi tous ces recueils énormes commencent à chanceler ; et il n'y a aucun doute que le premier abréviateur qui aura du goût et de l'habileté, ne les fasse tomber. Ce devait être leur dernier sort.

Après y avoir sérieusement réfléchi, je trouve que l'objet particulier d'un académicien pourrait être de perfectionner la branche à laquelle il se serait attaché, et de s'immortaliser par des ouvrages qui ne seraient point de l'académie, qui ne formeraient point ses recueils, qu'il publierait en son nom ; mais que l'académie devrait avoir pour but de rassembler tout ce qui s'est publié sur chaque matière, de le digérer, de l'éclaircir, de le serrer, de l'ordonner, et d'en publier des traités où chaque chose n'occupât que l'espace qu'elle mérite d'occuper, et n'eût d'importance que celle qu'on ne lui pourrait enlever. Combien de mémoires, qui grossissent nos recueils, ne fourniraient pas une ligne à de pareils traités !

C'est à l'exécution de ce projet étendu, non seulement aux différents objets de nos académies, mais à toutes les branches de la connaissance humaine, qu'une *Encyclopédie* doit suppléer ; ouvrage qui ne s'exécutera que par une société de gens de lettres et d'artistes, épars, occupés chacun de sa partie, et liés seulement par l'intérêt général du genre humain, et par un sentiment de bienveillance réciproque. Je dis une *société de gens de lettres et d'artistes*, afin de rassembler tous les talents. Je les veux *épars*, parce qu'il n'y a aucune société subsistante d'où l'on puisse tirer toutes les connaissances dont on a besoin, et que, si l'on voulait que l'ouvrage se fît toujours et ne s'achevât jamais, il n'y aurait qu'à former une pareille société. Toute société a ses assemblées ; ces assemblées laissent entre elles des intervalles, elles ne durent que quelques heures ; une partie de ce temps se perd en discussions, et les objets les plus simples consument des mois entiers : d'où il arrivera, comme le disait un des quarante, qui a plus d'esprit dans la conversation que beaucoup d'auteurs n'en mettent dans leurs écrits, que les douze volumes de l'*Encyclopédie* auront paru que nous en serons encore à la première lettre de notre vocabulaire ; au lieu, ajoutait-il, que si ceux qui travaillent à cet ouvrage avaient des séances encyclopédiques, comme nous avons des séances académiques, nous verrions la fin de notre ouvrage, qu'ils en seraient encore à la première lettre du leur ; et il avait raison.

J'ajoute, *des hommes liés par l'intérêt général du genre humain, et par un sentiment de bienveillance réciproque*, parce que ces motifs étant les plus honnêtes qui puissent animer des âmes bien nées, ce sont aussi les plus durables. On s'applaudit intérieurement de ce que l'on fait ; on s'échauffe ; on entreprend pour son collègue et pour son ami ce qu'on ne tenterait par aucune autre considération ; et j'ose assurer, d'après l'expérience, que le succès des tentatives en est plus certain. L'*Encyclopédie* a rassemblé ses matériaux en assez peu de temps. Ce n'est point un vil intérêt qui en a réuni et hâté les auteurs ; ils ont vu leurs efforts secondés par la plupart des gens de lettres dont ils pouvaient attendre quelques secours ; et ils n'ont été importunés dans leurs travaux que par ceux qui n'avaient pas le talent nécessaire pour y contribuer seulement d'une bonne page.

Si le gouvernement se mêle d'un pareil ouvrage, il ne se fera point. Toute son influence doit se borner à en favoriser l'exécution. Un monarque peut d'un seul mot faire sortir un palais d'entre les herbes ; mais il n'en est pas d'une société de gens de lettres, ainsi que d'une troupe de manouvriers. Une *Encyclopédie* ne s'ordonne point. C'est un travail qui veut plutôt être suivi avec opiniâtreté, que commencé avec chaleur. Les entreprises de cette nature se proposent dans les cours, accidentellement et par forme d'entretien ; mais elles n'y intéressent jamais assez pour n'être point oubliées à travers le tumulte, et dans la confusion d'une infinité d'autres affaires plus ou moins importantes. Les projets littéraires conçus par les grands, sont comme les feuilles qui naissent au printemps, se sèchent tous les automnes, et tombent sans cesse les unes sur les autres au fond des forêts, où la nourriture qu'elles ont fournie à quelques plantes stériles, est tout l'effet qu'on en remarque.

. . . .

Mais ce qui doit donner le plus grand poids aux considérations précédentes, c'est qu'une *Encyclopédie*, ainsi qu'un vocabulaire, doit être commencée, continuée et finie dans un certain intervalle de temps, et qu'un intérêt sordide s'occupe toujours à prolonger les ouvrages ordonnés par les rois. Si l'on employait à un dictionnaire universel et raisonné les longues années que l'étendue de son objet semble exiger, il arriverait par les révolutions qui ne sont guère moins rapides dans les sciences, et surtout dans les arts, que dans la langue, que ce dictionnaire serait celui d'un siècle passé, de même qu'un vocabulaire qui s'exécuterait lentement, ne pourrait être que celui d'un règne qui ne serait plus. Les opinions vieillissent et disparaissent comme les mots ; l'intérêt que l'on prenait à certaines inventions, s'affaiblit de jour en jour et s'éteint. Si le travail tire en longueur, on se sera étendu sur des choses momentanées dont il ne sera déjà plus question ; on n'aura rien dit sur d'autres dont la place sera passée ; inconvénient que nous avons nous-mêmes éprouvé, quoiqu'il ne se soit pas écoulé un temps fort considérable entre la date de cet ouvrage et le moment où j'écris. On remarquera l'irrégularité la plus désagréable dans un ouvrage destiné à représenter, selon leur juste proportion, l'état des choses dans toute la durée antérieure ; des objets importants étouffés ; de petits objets boursouflés : en un mot, l'ouvrage se défigurera sans cesse sous les mains des travailleurs, se gâtera plus par le seul laps de temps qu'il ne se perfectionnera par leurs soins, et deviendra plus défectueux et plus pauvre par ce qui devrait y être, ou raccourci, ou supprimé, ou rectifié, ou suppléé, que riche par ce qu'il acquerra successivement.

Quelle diversité ne s'introduit pas tous les jours dans la langue des arts, dans les machines et dans les manœuvres ? Qu'un homme consume une partie de sa vie à la description des arts ; que, dégoûté de cet ouvrage fatigant, il se laisse entraîner à des occupations plus amusantes et moins utiles ; et que son premier ouvrage demeure renfermé dans ses portefeuilles, il ne s'écoulera pas vingt ans qu'à la place de choses nouvelles et curieuses, piquantes par leur singularité, intéressantes par leurs usages, par le goût dominant, par une importance momentanée, il ne retrouvera que des notions incorrectes, des manœuvres surannées, des machines, ou imparfaites, ou abandonnées. Dans les nombreux volumes qu'il aura composés, il n'y aura pas une page qu'il ne faille retoucher ; et dans la multitude des planches qu'il aura fait graver, presque pas une figure qu'il ne faille redessiner. Ce sont des portraits dont les originaux ne subsistent plus. Le luxe, ce père des arts, est comme le Saturne de la fable, qui se plaisait à détruire ses enfants.

La révolution peut être moins forte et moins sensible dans les sciences et dans les arts libéraux, que dans les arts mécaniques ; mais il s'y en fait une. Qu'on ouvre les dictionnaires du siècle passé, on n'y trouvera à *aberration*, rien de ce que nos Astronomes entendent par ce terme ; à peine y aura-t-il sur l'*électricité*, ce phénomène si fécond, quelques lignes qui ne seront encore que des notions fausses et de vieux préjugés. Combien de termes de *Minéralogie* et d'*Histoire naturelle*, dont on en peut dire autant ! Si notre Dictionnaire eût été un peu plus avancé, nous aurions été exposés à répéter sur la *nielle*, sur les maladies de grains, et sur le commerce, les erreurs des siècles passés, parce que les découvertes de M. Tillet et le système de M. Herbert sont récents.

Quand on traite des êtres de la nature, que peut-on faire de plus, que de rassembler avec scrupule toutes leurs propriétés connues dans le moment où l'on écrit ? Mais l'observation et la physique expérimentale multipliant sans cesse les phénomènes et les faits, et la philosophie rationnelle les comparant entre eux et les combinant, étendent ou resserrent sans cesse les limites de nos connaissances, font en conséquence varier les acceptions des mots institués ; rendent les définitions qu'on en a donné inexactes, fausses, incomplètes, et déterminent même à en instituer de nouveaux.

Mais ce qui donnera à l'ouvrage l'air suranné, et le jettera dans le mépris, c'est surtout la révolution qui se fera dans l'esprit des hommes et dans le caractère national. Aujourd'hui que la philosophie s'avance à grands pas ; qu'elle soumet à son empire tous les objets de son ressort ; que son ton est le ton dominant, et qu'on commence à secouer le joug de l'autorité et de l'exemple pour s'en tenir aux lois de la raison, il n'y a presque pas un ouvrage élémentaire et dogmatique dont on soit entièrement satisfait. On trouve ces productions calquées sur celles des hommes, et non sur la vérité de la nature. On ose proposer ses doutes à Aristote et à Platon ; et le temps est arrivé, où des ouvrages qui jouissent encore de la plus haute réputation, en perdront une partie, ou même tomberont entièrement dans l'oubli ; certains genres de littérature, qui, faute d'une vie réelle et de mœurs subsistantes qui leur servent de modèles, ne peuvent avoir de poétique invariable et sensée, seront négligés ; et d'autres qui resteront, et que leur valeur intrinsèque soutiendra, prendront une forme toute nouvelle. Tel est l'effet des progrès de la raison ; progrès qui renversera tant de statues, et qui en relèvera quelques-

unes qui sont renversées. Ce sont celles des hommes
rares qui ont devancé leur siècle. Nous avons eu, s'il
est permis de s'exprimer ainsi, des contemporains sous
le siècle de Louis XIV.

. . . .

Les connaissances les moins communes sous le siècle
passé, le deviennent de jour en jour. Il n'y a point de
femme, à qui l'ont ait donné quelque éducation, qui
n'emploie avec discernement toutes les expressions
consacrées à la peinture, à la sculpture, à l'architecture, et aux belles-lettres. Combien y a-t-il d'enfants
qui ont du dessin, qui savent de la géométrie, qui sont
musiciens, à qui la langue domestique n'est pas plus
familière que celle de ces arts, et qui disent, un accord,
une belle forme, un contour agréable, une parallèle,
une hypothénuse, une quinte, un triton, un arpège-
ment, un microscope, un télescope, un foyer, comme
ils diraient, une lunette d'opéra, une épée, une canne,
un carrosse, un plumet! Les esprits sont encore
emportés d'un autre mouvement général vers l'histoire
naturelle, l'anatomie, la chimie, et la physique expérimentale.

. . . .

Cependant les connaissances ne deviennent et ne
peuvent devenir communes, que jusqu'à un certain
point. On ignore, à la vérité, quelle est cette limite. On
ne sait jusqu'où tel homme peut aller. On sait bien
moins encore jusqu'où l'espèce humaine irait, ce dont
elle serait capable, si elle n'était point arrêtée dans ses
progrès. Mais les révolutions sont nécessaires; il y en a
toujours eu, et il y en aura toujours; le plus grand
intervalle d'une révolution à une autre est donné : cette
seule cause borne l'étendue de nos travaux. Il y a dans
les sciences un point au-delà duquel il ne leur est
presque pas accordé de passer. Lorsque ce point est
atteint, les monuments qui restent de ce progrès, sont à
jamais l'étonnement de l'espèce entière. Mais si
l'espèce est bornée dans ses efforts, combien l'individu
ne l'est-il pas dans les siens ? L'individu n'a qu'une

certaine énergie dans ses facultés, tant animales qu'intellectuelles ; il ne dure qu'un temps ; il est forcé à des alternatives de travail et de repos ; il a des besoins et des passions à satisfaire, et il est exposé à une infinité de distractions. Toutes les fois que ce qu'il y a de négatif dans ces quantités formera la plus petite somme possible, ou que ce qu'il y a de positif formera la somme possible la plus grande ; un homme appliqué solitairement à quelque branche de la science humaine, la portera aussi loin qu'elle peut être portée par les efforts d'un individu. Ajoutez au travail de cet individu extraordinaire, celui d'un autre, et ainsi de suite, jusqu'à ce que vous ayez rempli l'intervalle d'une révolution, à la révolution la plus éloignée ; et vous vous formerez quelque notion de ce que l'espèce entière peut produire de plus parfait, surtout si vous supposez, en faveur de son travail, un certain nombre de circonstances fortuites qui en auraient diminué le succès, si elles avaient été contraires. Mais la masse générale de l'espèce n'est faite ni pour suivre ni pour connaître cette marche de l'esprit humain. Le point d'instruction le plus élevé qu'elle puisse atteindre, a ses limites : d'où il s'ensuit qu'il y aura des ouvrages qui resteront toujours au-dessus de la portée commune des hommes ; d'autres qui descendront peu à peu au-dessous, et d'autres encore qui éprouveront cette double fortune.

A quelque point de perfection qu'une *Encyclopédie* soit conduite, il est évident par la nature de cet ouvrage, qu'elle se trouvera nécessairement au nombre de ceux-ci. Il y a des objets qui sont entre les mains du peuple, dont il tire sa subsistance, et à la connaissance pratique desquels il s'occupera sans relâche. Quelque traité qu'on en écrive, il viendra un moment où il en saura plus que le livre. Il y a d'autres objets sur lesquels il demeurera presque entièrement ignorant, parce que les accroissements de sa connaissance sont trop faibles et trop lents, pour former jamais une lumière considérable, quand on les supposerait continus. Ainsi l'homme du peuple et le savant auront toujours également à désirer et à s'instruire dans une *Encyclopédie.* Le moment le plus glorieux pour un ouvrage de cette nature, ce serait celui qui succéderait immédiatement à quelque grande révolution qui aurait suspendu les progrès des sciences interrompu, les travaux des arts, et replongé dans les ténèbres une portion de notre hémisphère. Quelle reconnaissance la génération, qui viendrait après ces temps de trouble, ne porterait-elle pas aux hommes qui les auraient redoutés de loin, et qui en auraient prévenu le ravage, en mettant à l'abri les connaissances des siècles passés ? Ce serait alors (j'ose le dire sans ostentation, parce que notre *Encyclopédie* n'atteindra peut-être jamais la perfection qui lui mériterait tant d'honneurs) ; ce serait alors qu'on nommerait avec ce grand ouvrage le règne du monarque sous lequel il fut entrepris ; le ministre auquel il fut dédié ; les grands qui en favorisèrent l'exécution ; les auteurs qui s'y consacrèrent ; tous les hommes de lettres qui y concoururent. La même voix qui rappellerait ces secours, n'oublierait pas de parler aussi des peines que les auteurs auraient souffertes, et des disgrâces qu'ils auraient essuyées ; et le monument qu'on leur élèverait, serait à plusieurs faces, où l'on verrait alternativement des honneurs accordés à leur mémoire, et des marques d'indignation attachées à la mémoire de leurs ennemis.

. . . .

Une considération, surtout, qu'il ne faut point perdre de vue, c'est que si l'on bannit l'homme ou l'être pensant et contemplateur de dessus la surface de la terre ; ce spectacle pathétique et sublime de la nature n'est plus qu'une scène triste et muette. L'univers se tait ; le silence et la nuit s'en emparent. Tout se change en une vaste solitude où les phénomènes inobservés se passent d'une manière obscure et sourde. C'est la présence de l'homme qui rend l'existence des êtres intéressante ; et que peut-on se proposer de mieux dans l'histoire de ces êtres, que de se soumettre à cette

considération ? Pourquoi n'introduirons-nous pas
l'homme dans notre ouvrage, comme il est placé dans
l'univers ? Pourquoi n'en ferons-nous pas un centre
commun ? Est-il dans l'espace infini quelque point
d'où nous puissions, avec plus d'avantage, faire partir
les lignes immenses que nous nous proposons d'étendre à tous les autres points ? Quelle vive et douce
réaction n'en résultera-t-il pas des êtres vers l'homme,
de l'homme vers les êtres ?

Voilà ce qui nous a déterminés à chercher dans les
facultés principales de l'homme, la division générale à
laquelle nous avons subordonné notre travail. Qu'on
suive telle autre voie qu'on aimera mieux, pourvu
qu'on ne substitue pas à l'homme un être muet,
insensible et froid. L'homme est le terme unique d'où
il faut partir, et auquel il faut tout ramener, si l'on veut
plaire, intéresser, toucher jusque dans les considérations les plus arides et les détails les plus secs.
Abstraction faite de mon existence et du bonheur de
mes semblables, que m'importe le reste de la nature ?

Un second ordre, non moins essentiel que le précé-
dent, est celui qui déterminera l'étendue relative des
différentes parties de l'ouvrage. J'avoue qu'il se présente ici une de ces difficultés qu'il est impossible de
surmonter quand on commence, et qu'il est difficile de
surmonter à quelque édition qu'on parvienne. Comment établir une juste proportion entre les différentes
parties d'un si grand tout ? Quand ce tout serait
l'ouvrage d'un seul homme, la tâche ne serait pas
facile : qu'est-ce donc que cette tâche, lorsque le tout
est l'ouvrage d'une société nombreuse ? En comparant
un dictionnaire universel et raisonné de la connaissance
humaine à une statue colossale, on n'en est pas plus
avancé, puisqu'on ne sait ni comment déterminer la
hauteur absolue du colosse, ni par quelles sciences, ni
par quels arts ses membres différents doivent être
représentés. Quelle est la matière qui servira de
module ? Sera-ce la plus noble, la plus utile, la plus
importante, ou la plus étendue ? Préférera-t-on la

morale aux mathématiques, les mathématiques à la
théologie, la théologie à la jurisprudence, la jurisprudence à l'histoire naturelle, etc. Si l'on s'en tient à
certaines expressions génériques que personne
n'entend de la même manière, quoique tout le monde
s'en serve sans contradiction, parce que jamais on ne
s'explique ; et si l'on demande à chacun, ou des
éléments, ou un traité complet et général, on ne tardera
pas à s'apercevoir combien cette mesure nominale est
vague et indéterminée. Et celui qui aura cru prendre,
avec ses différents collègues, des précautions telles que
les matériaux qui lui seront remis cadreront à peu près
avec son plan, est un homme qui n'a nulle idée de son
objet, ni des collègues qu'il s'associe. Chacun a sa
manière de sentir et de voir. Je me souviens qu'un
artiste à qui je croyais avoir exposé assez exactement ce
qu'il avait à faire pour son art, m'apporta, d'après mon
discours, à ce qu'il prétendait, sur la manière de
tapisser en papier, qui demandait à peu près un feuillet
d'écritures et une demi-planche de dessin, dix à douze
planches énormément chargées de figures, et trois
cahiers épais, *in-folio*, d'un caractère fort menu, à
fournir un à deux volumes in-douze. Un autre, au
contraire, à qui j'avais prescrit exactement les mêmes
règles qu'au premier, m'apporta, sur une des manufactures les plus étendues par la diversité des ouvrages
qu'on y fabrique, des matières qu'on y emploie, des
machines dont on se sert et des manœuvres qu'on y
pratique, un petit catalogue de mots sans définition,
sans explication, sans figure, m'assurant bien fermement que son art ne contenait rien de plus : il
supposait que le reste, ou n'était point ignoré, ou ne
pouvait s'écrire. [...] Je vis, avec aussi peu de surprise,
la même diversité entre les travaux des savants et des
gens de lettres. La preuve en subsiste en cent endroits
de cet ouvrage. Ici nous sommes boursouflés et d'un
volume exorbitant ; là, maigres, petits, mesquins, secs
et décharnés. Dans un endroit, nous ressemblons à des
squelettes ; dans un autre, nous avons un air hydropi-

que ; nous sommes alternativement nains et géants, colosses et pygmées ; droits, bien faits et proportionnés ; bossus, boiteux et contrefaits. Ajoutez à toutes ces bizarreries celle d'un discours tantôt abstrait, obscur ou recherché, plus souvent négligé, traînant et lâche ; et vous comparerez l'ouvrage entier au monstre de l'art poétique, ou même à quelque chose de plus hideux. Mais ces défauts sont inséparables d'une première tentative, et il m'est évidemment démontré qu'il n'appartient qu'au temps et aux siècles à venir de les réparer.

. . . .

Je distingue deux sortes de renvois : les uns de choses, et les autres de mots. Les renvois de choses éclaircissent l'objet, indiquent ses liaisons prochaines avec ceux qui le touchent immédiatement, et ses liaisons éloignées avec d'autres qu'on en croirait isolés ; rappellent les notions communes et les principes analogues ; fortifient les conséquences ; entrelacent la branche au tronc, et donnent au tout cette unité si favorable à l'établissement de la vérité et à la persuasion. Mais quand il le faudra, ils produiront aussi un effet tout contraire ; ils opposeront les notions ; ils feront contraster les principes ; ils attaqueront, ébranleront, renverseront secrètement quelques opinions ridicules qu'on n'oserait insulter ouvertement. Si l'auteur est impartial, ils auront toujours la double fonction de confirmer et de réfuter, de troubler et de concilier.

Il y aurait un grand art et un avantage infini dans ces derniers renvois. L'ouvrage entier en recevrait une force interne et une utilité secrète, dont les effets sourds seraient nécessairement sensibles avec le temps. Toutes les fois, par exemple, qu'un préjugé national mériterait du respect, il faudrait à son article particulier l'exposer respectueusement, et avec tout son cortège de vraisemblance et de séduction ; mais renverser l'édifice de fange, dissiper un vain amas de poussière, en renvoyant aux articles où des principes solides servent de base aux vérités opposées. Cette manière de détromper les hommes opère très promptement sur les bons esprits, et elle opère infailliblement et sans aucune fâcheuse conséquence, secrètement et sans éclat, sur tous les esprits. C'est l'art de déduire tacitement les conséquences les plus fortes. Si ces renvois de confirmation et de réfutation sont prévus de loin, et préparés avec adresse, ils donneront à une *Encyclopédie* le caractère que doit avoir un bon dictionnaire ; ce caractère est de changer la façon commune de penser. L'ouvrage qui produira ce grand effet général, aura des défauts d'exécution ; j'y consens. Mais le plan et le fond en seront excellents. L'ouvrage qui n'opérera rien de pareil, sera mauvais. Quelque bien qu'on en puisse dire d'ailleurs, l'éloge passera, et l'ouvrage tombera dans l'oubli.

Les renvois de mots sont très utiles. Chaque science, chaque art a sa langue. Où en serait-on, si toutes les fois qu'on emploie un terme d'art, il fallait, en faveur de la clarté, en répéter la définition ? Combien de redites ! Et peut-on douter que tant de digressions et de parenthèses, tant de longueurs ne rendissent obscur ? Il est aussi commun d'être diffus et obscur, qu'obscur et serré ; et si l'un est quelquefois fatigant, l'autre est toujours ennuyeux. Il faut seulement, lorsqu'on fait usage de ces mots et qu'on ne les explique pas, avoir l'attention la plus scrupuleuse de renvoyer aux endroits où il en est question, et auxquels on ne serait conduit que par l'analogie, espèce de fil qui n'est pas entre les mains de tout le monde. Dans un dictionnaire universel des sciences et des arts, on peut être contraint, en plusieurs circonstances, à supposer du jugement, de l'esprit, de la pénétration ; mais il n'y en a aucune où l'on ait dû supposer des connaissances. Qu'un homme peu intelligent se plaigne, s'il le veut, ou de l'ingratitude de la nature, ou de la difficulté de la matière, mais non de l'auteur, s'il ne lui manque rien pour entendre, ni du côté des choses, ni du côté des mots.

Il y a une troisième sorte de renvoi à laquelle il ne

faut ni s'abandonner, ni se refuser entièrement ; ce
sont ceux qui en rapprochant dans les sciences certains
rapports, dans des substances naturelles des qualités
analogues, dans les arts des manœuvres semblables,
conduiraient, ou à de nouvelles vérités spéculatives, ou
à la perfection des arts connus, ou à l'invention de
nouveaux arts, ou à la restitution d'anciens arts perdus.
Ces renvois sont l'ouvrage de l'homme de génie.
Heureux celui qui est en état de les apercevoir : il a cet
esprit de combinaison, cet instinct que j'ai défini dans
quelques-unes de mes *pensées sur l'interprétation de la
nature*. Mais il vaut encore mieux risquer des conjectures chimériques, que d'en laisser perdre d'utiles :
c'est ce qui m'enhardit à proposer celles qui suivent.

Ne pourrait-on pas soupçonner, sur l'inclinaison et
la déclinaison de l'aiguille aimantée, que son extrémité
décrit, d'un mouvement composé, une petite ellipse
semblable à celle que décrit l'extrémité de l'axe de la
terre ?

Sur les cas très rares où la nature nous offre des
phénomènes solitaires qui soient permanents, tels que
l'anneau de Saturne, ne pourrait-on pas faire rentrer
celui-ci dans la loi générale et commune, en considérant cet anneau, non comme un corps continu, mais
comme un certain nombre de satellites mus dans un
même plan, avec une vitesse capable de perpétuer sur
nos yeux une sensation non interrompue d'ombre ou
de lumière ? C'est à mon collègue M. d'Alembert à
apprécier ces conjectures.

Ou, pour en venir à des objets plus voisins de nous,
et d'une utilité plus certaine, pourquoi n'exécuterait-
on pas des figures de plantes, d'oiseaux, d'animaux et
d'hommes, en un mot, des tableaux sur le métier des
ouvriers en soie, où l'on exécute déjà des fleurs et des
feuilles si parfaitement nuancées ?

Quelle impossibilité y aurait-il à remplir sur les
mêmes métiers les fonds de ces tapisseries en laine
qu'on fait à l'aiguille, et à ne laisser que les endroits du
dessin à nuancer, vides et prêts à être achevés à la

main, soit en laine, soit en soie ? Ce qui donnerait pour la célérité de l'exécution de ces sortes d'ouvrages au métier, celle qu'on a dans la machine à bas pour la façon des mailles. J'invite les Artistes à méditer là-dessus.

. . . .

Enfin, une dernière sorte de renvoi qui peut être ou de mot, ou de chose, ce sont ceux que j'appellerais volontiers satiriques ou épigrammatiques : tel est, par exemple, celui qui se trouve dans un de nos articles, où à la suite d'un éloge pompeux on lit, *voyez* CAPUCHON. Le mot burlesque *capuchon*, et ce qu'on trouve à l'article *capuchon*, pourrait faire soupçonner que l'éloge pompeux n'est qu'une ironie, et qu'il faut lire l'article avec précaution, et en peser exactement tous les termes.

Je ne voudrais pas supprimer entièrement ces renvois, parce qu'ils ont quelquefois leur utilité. On peut les diriger secrètement contre certains ridicules, comme les renvois philosophiques contre certains préjugés. C'est quelquefois un moyen délicat et léger de repousser une injure, sans presque se mettre sur la défensive, et d'arracher le masque à de graves personnages, *qui curios simulant et bacchanalia vivunt*. Mais je n'en aime pas la fréquence ; celui même que j'ai cité ne me plaît pas. De fréquentes allusions de cette nature couvriraient de ténèbres un ouvrage. La postérité qui ignore de petites circonstances qui ne méritaient pas de lui être transmises, ne sent plus la finesse de l'à-propos, et regarde ces mots qui nous égaient, comme des puérilités. Au lieu de composer un dictionnaire sérieux et philosophique, on tombe dans la pasquinade. Tout bien considéré, j'aimerais mieux qu'on dît la vérité sans détour, et que, si par malheur ou par hasard on avait affaire à des hommes perdus de réputation, sans connaissances, sans mœurs, et dont le nom fût presque devenu un terme déshonnête, on s'abstînt de les nommer ou par pudeur, ou par charité, ou qu'on tombât sur eux sans ménagement ; qu'on leur

fît honte la plus ignominieuse de leurs vices, qu'on les
rappelât à leur état et à leurs devoirs par des traits
sanglants, et qu'on les poursuivît avec l'amertume de
Perse et le fiel de Juvénal ou de *Buchanan*.

. . . .

   Nous croyons sentir tous les avantages d'une entreprise telle que celle dont nous nous occupons. Nous
croyons n'avoir eu que trop d'occasions de connaître
combien il était difficile de sortir avec quelque succès
d'une première tentative, et combien les talents d'un
seul homme, quel qu'il fût, étaient au-dessous de ce
projet. Nous avions là-dessus, longtemps avant que
d'avoir commencé, une partie des lumières, et toute la
défiance qu'une longue méditation pouvait inspirer.
L'expérience n'a point affaibli ces dispositions. Nous
avons vu, à mesure que nous travaillions, la matière
s'étendre, la nomenclature s'obscurcir, des substances
ramenées sous une multitude de noms différents, les
instruments, les machines et les manœuvres se multiplier sans mesure, et les détours nombreux d'un
labyrinthe inextricable se compliquer de plus en plus.
Nous avons vu combien il en coûtait pour s'assurer que
les mêmes choses étaient les mêmes, et combien, pour
s'assurer que d'autres qui paraissaient très différentes,
n'étaient pas différentes. Nous avons vu que cette
forme alphabétique, qui nous ménageait à chaque
instant des repos, qui répandait tant de variété dans le
travail, et qui, sous ces points de vue, paraissait si
avantageuse à suivre dans un long ouvrage, avait ses
difficultés qu'il fallait surmonter à chaque instant.
Nous avons vu qu'elle exposait à donner aux articles
capitaux une étendue immense, si l'on y faisait entrer
tout ce qu'on pouvait assez naturellement espérer d'y
trouver ; ou à les rendre secs et appauvris, si, à l'aide
des renvois, on les élaguait, et si l'on en excluait
beaucoup d'objets qu'il n'était pas possible d'en séparer. Nous avons vu combien il était important et
difficile de garder un juste milieu. Nous avons vu
combien il échappait de choses inexactes et fausses ;

combien on en omettait de vraies. Nous avons vu qu'il
n'y avait qu'un travail de plusieurs siècles, qui pût
introduire entre tant de matériaux rassemblés, la forme
véritable qui leur convenait ; donner à chaque partie
son étendue ; réduire chaque article à une juste longueur ; supprimer ce qu'il y a de mauvais ; suppléer ce
qui manque de bon, et finir un ouvrage qui remplît le
dessein qu'on avait formé, quand on l'entreprit. Mais
nous avons vu que de toutes les difficultés, une des
plus considérables, c'était de le produire une fois,
quelque informe qu'il fût, et qu'on ne nous ravirait pas
l'honneur d'avoir surmonté cet obstacle. Nous avons
vu que l'*Encyclopédie* ne pouvait être que la tentative
d'un siècle philosophe ; que ce siècle était arrivé ; que
la renommée, en portant à l'immortalité les noms de
ceux qui l'achèveraient, peut-être ne dédaignerait pas
de se charger des nôtres ; et nous nous sommes sentis
ranimés par cette idée si consolante et si douce, qu'on
s'entretiendrait aussi de nous, lorsque nous ne serions
plus ; par ce murmure si voluptueux, qui nous faisait
entendre dans la bouche de quelques-uns de nos
contemporains, ce que diraient de nous des hommes à
l'instruction et au bonheur desquels nous nous immo-
lions, que nous estimions et que nous aimions, quoiqu'ils ne fussent pas encore. Nous avons senti se
développer en nous ce germe d'émulation, qui envie au
trépas la meilleure partie de nous-mêmes, et ravit au
néant les seuls moments de notre existence dont nous
soyons réellement flattés. En effet, l'homme se montre
à ses contemporains et se voit tel qu'il est, composé
bizarre de qualités sublimes et de faiblesses honteuses.
Mais les faiblesses suivent la dépouille mortelle dans le
tombeau, et disparaissent avec elle ; la même terre les
couvre : il ne reste que les qualités éternisées dans les
monuments qu'il s'est élevés à lui-même, ou qu'il doit
à la vénération et à la reconnaissance publiques ;
honneurs dont la conscience de son propre mérite lui
donne une jouissance anticipée ; jouissance aussi pure,
aussi forte, aussi réelle qu'aucune autre jouissance, et

dans laquelle il ne peut y avoir d'imaginaire, que les titres sur lesquels on fonde ses prétentions. Les nôtres sont déposés dans cet ouvrage ; la postérité les jugera.

J'ai dit qu'il n'appartenait qu'à un siècle philosophe de tenter une *Encyclopédie* ; et je l'ai dit, parce que cet ouvrage demande partout plus de hardiesse dans l'esprit, qu'on n'en a communément dans les siècles pusillanimes du goût. Il faut tout examiner, tout remuer sans exception et sans ménagement ; oser voir, ainsi que nous commençons à nous en convaincre, qu'il en est presque des genres de littérature, ainsi que de la compilation générale des lois et de la première formation des villes ; que c'est à un hasard singulier, à une circonstance bizarre, quelquefois à un essor du génie, qu'ils ont dû leur naissance ; que ceux qui sont venus après les premiers inventeurs n'ont été, pour la plupart, que leurs esclaves ; que les productions qu'on devait regarder comme le premier degré, prises aveuglément pour le dernier terme, au lieu d'avancer un art à sa perfection, n'ont servi qu'à le retarder, en réduisant les autres hommes à la condition servile d'imitateurs ; qu'aussitôt qu'un nom fut donné à une composition d'un caractère particulier, il fallut modeler rigoureusement sur cette esquisse, toutes celles qui se firent ; que s'il parut de temps en temps un homme d'un génie hardi et original, qui, fatigué du joug reçu, osa le secouer, s'éloigner de la route commune, et enfanter quelque ouvrage auquel le nom donné et les lois prescrites ne furent point exactement applicables, il tomba dans l'oubli et y resta très longtemps. Il faut fouler aux pieds toutes ces vieilles puérilités ; renverser les barrières que la raison n'aura point posées ; rendre aux sciences et aux arts une liberté qui leur est si précieuse, et dire aux admirateurs de l'antiquité : appelez *le Marchand de Londres* comme il vous plaira, pourvu que vous conveniez que cette pièce étincelle de beautés sublimes. Il fallait un temps raisonneur, où l'on ne cherchât plus les règles dans les auteurs, mais dans la nature, et où l'on sentît le faux et le vrai de tant de poétiques arbitraires : je prends le terme de *poétique* dans son acception la plus générale, pour un système de règles données, selon lesquelles, en quelque genre que ce soit, on prétend qu'il faut travailler pour réussir.

. . . .

J'examine notre travail sans partialité ; je vois qu'il n'y a peut-être aucune sorte de faute que nous n'ayons commise, et je suis forcé d'avouer que d'une *Encyclopédie* telle que la nôtre, il en entrerait à peine les deux tiers dans une véritable *Encyclopédie*. C'est beaucoup, surtout si l'on convient qu'en jetant les premiers fondements d'un pareil ouvrage, l'on a été forcé de prendre pour base un mauvais auteur, quel qu'il fût, Chambers, Alstedius, ou un autre. Il n'y a presque aucun de nos collègues qu'on eût déterminé à travailler, si on lui eût proposé de composer à neuf toute sa partie ; tous auraient été effrayés, et l'*Encyclopédie* ne se serait point faite. Mais en présentant à chacun un rouleau de papiers, qu'il ne s'agissait que de revoir, corriger, augmenter ; le travail de création, qui est toujours celui qu'on redoute, disparaissait, et l'on se laissait engager par la considération la plus chimérique. Car ces lambeaux décousus se sont trouvés si incomplets, si mal composés, si mal traduits, si pleins d'omissions, d'erreurs et d'inexactitudes, si contraires aux idées de nos collègues, que la plupart les ont rejetés. Que n'ont-ils eu tous le même courage ? Le seul avantage qu'en aient retiré les premiers, c'est de connaître d'un coup d'œil la nomenclature de leur partie, qu'ils auraient pu trouver du moins aussi complète dans les tables de différents ouvrages, ou dans quelque dictionnaire de langue.

Ce frivole avantage a coûté bien cher. Que de temps perdu à traduire de mauvaises choses ! Que de dépenses pour se procurer un plagiat continuel ! Combien de fautes et de reproches qu'on se serait épargnés avec une simple nomenclature ! Mais eût-elle suffi pour déterminer nos collègues ? D'ailleurs, cette partie même ne pouvait guère se perfectionner que par l'exécution. A mesure qu'on exécute un morceau, la nomenclature se développe, les termes à définir se présentent en foule ; il vient une infinité d'idées à renvoyer sous différents chefs ; ce qu'on ne fait pas est du moins indiqué par un renvoi, comme étant du partage d'un autre : en un mot, ce que chacun fournit et se demande réciproquement, voilà la source d'où découlent les mots.

D'où l'on voit : 1° qu'on ne pouvait, à une première édition, employer un trop grand nombre de collègues ; mais que si notre travail n'est pas tout à fait inutile, un petit nombre d'hommes bien choisis suffirait à l'exécution d'une seconde. Il faudrait les préposer à différents travailleurs subalternes, auxquels ils feraient honneur des secours qu'ils en auraient reçu, mais dont ils seraient obligés d'adopter l'ouvrage, afin qu'ils ne pussent se dispenser d'y mettre la dernière main ; que leur propre réputation se trouvât engagée, et qu'on pût les accuser directement ou de négligence ou d'incapacité. Un travailleur qui ose demander que son nom ne soit point mis à la fin d'un de ses articles, avoue qu'il le trouve mal fait, ou du moins indigne de lui. Je crois que, selon ce nouvel arrangement, il ne serait pas impossible qu'un seul homme se chargeât de l'anatomie, de la médecine, de la chirurgie, de la matière médicale, et d'une portion de la pharmacie ; un autre de la chimie, de la partie restante de la pharmacie, et de ce qu'il y a de chimique dans des arts tels que la métallurgie, la teinture, une partie de l'orfèvrerie, une partie de la chaudronnerie, de la plomberie, de la préparation des couleurs de toute espèce, métalliques ou autres, etc. Un seul homme bien instruit de quelque art en fer, embrasserait les métiers de cloutier, de coutelier, de serrurier, de taillandier, etc. Un autre versé dans la bijouterie se chargerait des arts du bijoutier, du diamantaire, du lapidaire, du metteur en œuvre. Je donnerais toujours la préférence à un homme qui aurait écrit avec succès sur la matière dont il se chargerait. Quant à celui qui préparerait actuellement un ouvrage sur cette matière, je ne l'accepterais pour collègue que s'il était déjà mon ami, que l'honnêteté de son caractère me fût bien connue, et que je ne pusse, sans lui faire l'injure la plus grande, le soupçonner d'un dessein secret de sacrifier notre ouvrage au sien.

2° Que la première édition d'une *Encyclopédie* ne peut être qu'une compilation très informe et très incomplète. Mais, dira-t-on, comment avec tous ces défauts vous est-il arrivé d'obtenir un succès qu'aucune production aussi considérable n'a jamais eu? A cela je réponds que notre *Encyclopédie* a presque sur tout autre ouvrage, je ne dis pas de la même étendue, mais quel qu'il soit, composé par une société ou par un seul homme, l'avantage de contenir une infinité de choses nouvelles, et qu'on chercherait inutilement ailleurs. C'est la suite naturelle de l'heureux choix de ceux qui s'y sont consacrés.

Il ne s'est point encore fait, et il ne se fera de longtemps une collection aussi considérable et aussi belle de machines. Nous avons environ mille planches. On est bien déterminé à ne rien épargner sur la gravure. Malgré le nombre prodigieux de figures qui les remplissent, nous avons eu l'attention de n'en admettre presque aucune qui ne représentât une machine subsistante et travaillant dans la société. Qu'on compare nos volumes avec le recueil si vanté de Ramelli, le théâtre des machines de Lupold, ou même les volumes des machines approuvées par l'académie des sciences, et l'on jugera si de tous ces volumes fondus ensemble, il était possible d'en tirer vingt planches dignes d'entrer dans une collection telle que nous avons eu le courage de la concevoir et le bonheur de l'exécuter. Il n'y a rien ici de superflu, ni de suranné, ni d'idéal : tout y est en action et vivant. Mais indépendamment de ce mérite, et quelque différence qu'il puisse et qu'il doive nécessairement y avoir entre cette première édition et les suivantes, n'est-ce rien que

d'avoir débuté ? Entre une infinité de difficultés qui se
présenteront d'elles-mêmes à l'esprit, qu'on pèse seulement celle d'avoir rassemblé un assez grand nombre de
collègues, qui, sans se connaître, semblent tous
concourir d'amitié à la production d'un ouvrage commun. Des gens de lettres ont fait pour leurs semblables
et leurs égaux, ce qu'on n'eût point obtenu par aucune
autre considération. C'est là le motif auquel nous
devons nos premiers collègues ; et c'est à la même
cause que nous devons ceux que nous nous associons
tous les jours. Il règne entre eux tous une émulation,
des égards, une concorde qu'on aurait peine à imaginer. On ne s'en tient pas à fournir les secours qu'on a
promis, on se fait encore des sacrifices mutuels, chose
bien plus difficile ! De là tant d'articles qui partent de
mains étrangères, sans qu'aucun de ceux qui s'étaient
chargés des sciences auxquelles ils appartenaient en
aient jamais été offensés. C'est qu'il ne s'agit point ici
d'un intérêt particulier ; c'est qu'il ne règne entre nous
aucune petite jalousie personnelle, et que la perfection
de l'ouvrage et l'utilité du genre humain, ont fait naître
le sentiment généreux dont on est animé.

. . . .

Il faudrait indiquer l'origine d'un art, et en suivre
pied à pied les progrès quand ils ne seraient pas
ignorés, ou substituer la conjecture et l'histoire hypo-
thétique à l'histoire réelle. On peut assurer qu'ici le
roman serait souvent plus instructif que la vérité.

Mais il n'en est pas de l'origine et des progrès d'un
art, ainsi que de l'origine et des progrès d'une science.
Les savants s'entretiennent : ils écrivent, ils font valoir
leurs découvertes : ils contredisent, ils sont contredits.
Ces contestations manifestent les faits et constatent les
dates. Les artistes au contraire, vivent ignorés, obscurs, isolés ; ils font tout pour leur intérêt, ils ne font
presque rien pour leur gloire. Il y a des inventions qui
restent des siècles entiers renfermées dans une famille :
elles passent des pères aux enfants ; se perfectionnent
ou dégénèrent, sans qu'on sache précisément ni à qui,

ni à quel temps il faut en rapporter la découverte. Les pas insensibles par lesquels un art s'avance à la perfection, confondent aussi les dates. L'un recueille le chanvre ; un autre le fait baigner ; un troisième le tille : c'est d'abord une corde grossière ; puis un fil ; ensuite une toile : mais il s'écoule un siècle entre chacun de ces progrès. Celui qui porterait une production depuis son état naturel jusqu'à son emploi le plus parfait, serait difficilement ignoré. Comment serait-il possible qu'un peuple se trouvât tout à coup vêtu d'une étoffe nouvelle, et ne demandât pas à qui il en est redevable ? Mais ces cas n'arrivent point, ou n'arrivent que rarement.

Communément le hasard suggère les premières tentatives ; elles sont infructueuses et restent ignorées : un autre les reprend ; il a un commencement de succès, mais dont on ne parle point : un troisième marche sur les pas du second ; un quatrième sur les pas du troisième ; et ainsi de suite, jusqu'à ce que le dernier produit des expériences soit excellent : et ce produit est le seul qui fasse sensation. Il arrive encore qu'à peine une idée est-elle éclose dans un atelier, qu'elle en sort et se répand. On travaille en plusieurs endroits à la fois : chacun manœuvre de son côté ; et la même invention revendiquée en même temps par plusieurs, n'appartient proprement à personne, ou n'est attribuée qu'à celui qu'elle enrichit. Si l'on tient l'invention de l'étranger, la jalousie nationale tait le nom de l'inventeur, et ce nom reste inconnu.

Il serait à souhaiter que le gouvernement autorisât à entrer dans les manufactures, à voir travailler, à interroger les ouvriers, et à dessiner les instruments, les machines et même le local.

Il y a des circonstances où les artistes sont tellement impénétrables, que le moyen le plus court, ce serait d'entrer soi-même en apprentissage, ou d'y mettre quelqu'un de confiance.

Il y a peu de secrets qu'on ne parvînt à connaître par

cette voie : il faudrait divulguer tous ces secrets sans aucune exception.

Je sais que ce sentiment n'est pas celui de tout le monde : il y a des têtes étroites, des âmes mal nées, indifférentes sur le sort du genre humain, et tellement concentrées dans leur petite société qu'elles ne voient rien au-delà de son intérêt. Ces hommes veulent qu'on les appelle bons citoyens ; et j'y consens, pourvu qu'ils me permettent de les appeler *méchants hommes*. On dirait, à les entendre, qu'une *Encyclopédie* bien faite, qu'une histoire générale des arts ne devrait être qu'un grand manuscrit soigneusement renfermé dans la bibliothèque du monarque, et inaccessible à d'autres yeux que les siens ; un livre de l'état, et non du peuple. A quoi bon divulguer les connaissances de la nation, ses transactions secrètes, ses inventions, son industrie, ses ressources, ses mystères, sa lumière, ses arts et toute sa sagesse ! Ne sont-ce pas là les choses auxquelles elle doit une partie de sa supériorité sur les nations rivales et circonvoisines ? Voilà ce qu'ils disent ; et voici ce qu'ils pourraient encore ajouter. Ne serait-il pas à souhaiter qu'au lieu d'éclairer l'étranger, nous pussions répandre sur lui des ténèbres, et plonger dans la barbarie le reste de la terre, afin de le dominer plus sûrement ? Ils ne font pas attention qu'ils n'occupent qu'un point sur ce globe, et qu'ils n'y dureront qu'un moment ; que c'est à ce point et à cet instant qu'ils sacrifient le bonheur des siècles à venir et de l'espèce entière. Ils savent mieux que personne que la durée moyenne d'un empire n'est pas de deux mille ans, et que dans moins de temps peut-être, le nom *Français*, ce nom qui durera éternellement dans l'histoire, serait inutilement cherché sur la surface de la terre. Ces considérations n'étendent point leurs vues ; il semble que le mot *humanité* soit pour eux un mot vide de sens. Encore s'ils étaient conséquents ! Mais dans un autre moment ils se déchaîneront contre l'impénétrabilité des sanctuaires de l'Egypte ; ils déploreront la perte des connaissances anciennes ; ils accuseront la négligence ou le silence des auteurs qui se sont tus ou qui ont parlé si mal d'une infinité d'objets importants ; et ils ne s'apercevront pas qu'ils exigent des hommes d'autrefois ce dont ils font un crime à ceux d'aujourd'hui, et qu'ils blâment les autres d'avoir été ce qu'ils se font honneur d'être.

. . . .

(Diderot)

ÉPARGNE, s. f. *(Morale)*.

. . . .

[...], il n'est peut-être pas de peuple aujourd'hui moins amateur ni moins au fait de l'*épargne*, que les Français ; et en conséquence, il n'en est guère de plus agité, de plus exposé aux chagrins et aux misères de la vie. Au reste, l'indifférence ou plutôt le mépris que nous avons pour cette vertu, nous est inspiré dès l'enfance par une mauvaise éducation, et surtout par les mauvais exemples que nous voyons sans cesse. On entend louer perpétuellement la somptuosité des repas et des fêtes, la magnificence des habits, des appartements, des meubles, etc. Tout cela est représenté, non seulement comme le but et la récompense du travail et des talents, mais surtout comme le fruit du goût et du génie, comme la marque d'une âme noble et d'un esprit élevé.

. . . .

Le Sauveur nous donne aussi lui-même une excellente leçon d'économie, lorsque ayant multiplié cinq pains et deux poissons au point de rassasier une foule de peuple qui le suivait, il fait ramasser ensuite les morceaux qui restent et qui remplissent douze corbeilles, et cela, comme il le dit, pour ne rien laisser perdre : *colligite quae superaverunt fragmenta ne pereant.* Jean, VI.12.

. . . .

Au reste il faudrait n'avoir aucune expérience du monde, pour proposer sérieusement l'abolition totale du luxe et des superfluités; aussı n'est-ce pas là mon intention. Le commun des hommes est trop faible, trop esclave de la coutume et de l'opinion, pour résister au torrent du mauvais exemple; mais s'il est impossible de convertir la multitude, il n'est peut-être pas difficile de persuader les gens en place, gens éclairés et judicieux, à qui l'on peut représenter l'abus de mille dépenses inutiles au fond, et dont la suppression ne gênerait point la liberté publique; dépenses qui d'ailleurs n'ont proprement aucun but vertueux, et qu'on pourrait employer avec plus de sagesse et d'utilité : feux d'artifice et autres feux de joie, bals et festins publics, entrées d'ambassadeurs, etc., que de mômeries, que d'amusements puérils, que de millions prodigués en Europe, pour payer tribut à la coutume! tandis qu'on est pressé de besoins réels, auxquels on ne saurait satisfaire, parce qu'on n'est pas fidèle à l'économie nationale.

· ·

Que d'*épargnes* possibles dans la police des Arts et du Commerce, en levant les obstacles qu'on trouve à chaque pas sur le transport et le débit des marchandises et denrées, mais surtout en rétablissant peu à peu la liberté générale des métiers et négoces, telle qu'elle était jadis en France, et telle qu'elle est encore aujourd'hui en plusieurs états voisins; supprimant par conséquent les formalités onéreuses des brevets d'apprentissage, maîtrises et réceptions, et autres semblables pratiques, qui arrêtent l'activité des travailleurs, souvent même qui les éloignent tout à fait des occupations utiles, et qui les jettent ensuite en des extrémités funestes; pratiques enfin que l'esprit de monopole a introduites en Europe, et qui ne se maintiennent dans ces temps éclairés que par le peu d'attention des législateurs. Nous n'avons déjà, tous tant que nous sommes, que trop de répugnance pour les travaux pénibles; il ne faudrait pas en augmenter les difficultés, ni faire naître des occasions ou des prétextes à notre paresse.

De plus, indépendamment des maîtrises, il y a parmi les ouvriers mille usages abusifs et ruineux qu'il faudrait abolir impitoyablement ; tels sont, par exemple, tous droits de compagnonnage, toutes fêtes de communauté, tous frais d'assemblée, jetons, bougies, repas et buvettes : occasions perpétuelles de fainéantise, d'excès et de pertes, qui retombent nécessairement sur le public, et qui ne s'accordent point avec l'économie nationale.

Que d'*épargnes* possibles enfin dans l'exercice de la religion, en supprimant les trois quarts de nos fêtes, comme on l'a fait en Italie, dans l'Autriche, dans les Pays-Bas, et ailleurs : la France y gagnerait des millions tous les ans ; outre que l'on épargnerait bien des frais qui se font ces jours-là dans nos églises.

. . . .

Quelques politiques modernes ont sagement observé que le nombre surabondant des gens d'église était visiblement contraire à l'opulence nationale, ce qui est principalement vrai des réguliers de l'un et l'autre sexe. En effet, excepté ceux qui ont un ministère utile et connu, tous les autres vivent aux dépens des vrais travailleurs, sans rien produire de profitable à la société ; ils ne contribuent pas même à leur propre subsistance, *fruges consumere nati ; Hor. l. I. ep. II. v. 29,* et bien qu'issus la plupart des conditions les plus médiocres, bien qu'assujettis par état aux rigueurs de la pénitence, ils trouvent moyen d'éluder l'antique loi du travail, et de mener une vie douce et tranquille sans être obligés d'essuyer la sueur de leur visage.

. . . .

Voilà plusieurs moyens d'*épargne* que les politiques ont déjà touchés ; mais en voici un autre qu'ils n'ont pas encore effleuré, et qui est néanmoins des plus intéressants : je parle des académies de jeu, qui sont visiblement contraires au bien national ; mais je parle surtout des cabarets si multipliés, si nuisibles parmi nous, que c'est pour le peuple la cause la plus commune de sa misère et de ses désordres.

Les cabarets, à le bien prendre, sont une occasion perpétuelle d'excès et de pertes ; et il serait très utile, dans les vues de la religion et de la politique, d'en supprimer la meilleure partie à mesure qu'ils viendraient à vaquer. Il ne serait pas moins important de les interdire pendant les jours ouvrables à tous les gens établis et connus en chaque paroisse ; de les fermer sévèrement à neuf heures du soir dans toutes les saisons, et de mettre enfin les contrevenants à une bonne amende, dont moitié aux dénonciateurs, moitié aux inspecteurs de police.

. . . .

D'ailleurs les règlements proposés ne doivent point alarmer les financiers, par la grande raison que ce qui ne se consommerait pas dans les cabarets, se consommerait encore mieux, et plus universellement, dans les maisons particulières, mais pour l'ordinaire sans excès et sans perte de temps ; au lieu que les cabarets, toujours ouverts, dérangent si bien nos ouvriers, qu'on ne peut d'ordinaire compter sur eux, ni voir la fin d'un ouvrage commencé. Nous nous plaignons sans cesse de la dureté des temps ; que ne nous plaignons-nous plutôt de notre imprudence, qui nous porte à faire et à tolérer des dépenses et des pertes sans nombre ?

Autre proposition qui tient à l'*épargne* publique, ce serait de fonder des monts-de-piété dans toutes nos bonnes villes, pour faire trouver de l'argent sur gage et sans intérêt [...].

Outre la commodité générale d'un emprunt gratuit et facile pour les peuples, je regarde comme l'un des avantages de ces établissements, que ce serait autant de bureaux connus où l'on pourrait déposer avec confiance des sommes qu'on n'est pas toujours à portée de placer utilement, et dont on est quelquefois embarrassé. Combien d'avares qui, craignant pour l'avenir, n'osent se défaire de leur argent ; et qui malgré leurs précautions, ont toujours à redouter les vols, les incendies, les pillages, etc. Combien d'ouvriers, combien de domestiques et d'autres gens isolés, qui ayant épargné une petite somme, dix pistoles, cent écus, plus ou moins, ne savent actuellement qu'en faire, et appréhendent avec raison de les dissiper ou de les perdre ? Je trouve donc qu'il serait avantageux dans tous ces cas de pouvoir déposer sûrement une somme quelconque, avec liberté de la retirer à son gré. Par là on ferait circuler dans le public une infinité de sommes petites ou grandes qui demeurent aujourd'hui dans l'inaction. D'un autre côté, les particuliers déposants éviteraient bien des inquiétudes et des filouteries ; outre qu'ils seraient moins exposés à prêter leur argent mal à propos, ou à le dépenser follement. Ainsi chacun retrouverait ses fonds ou ses *épargnes*, lorsqu'il se présenterait de bonnes affaires, et la plupart des ouvriers et des domestiques deviendraient plus économes et plus rangés.

. . . .

Au reste, ces propositions n'ont d'autre but que d'éclairer les hommes sur leurs intérêts, de les rendre plus attentifs sur le nécessaire, moins ardents sur le superflu, en un mot d'appliquer leur industrie à des objets plus fructueux, et d'employer un plus grand nombre de sujets pour le bien moral, physique et sensible de la société. Plût au ciel que de telles mœurs prissent chez nous la place de l'intérêt, du luxe et des plaisirs ; que d'aisance, que de bonheur et de paix il en résulterait pour tous les citoyens !

(Faiguet)

ÉPICURÉISME ou ÉPICURISME, s. m. (*Hist. de la Philos.*)

. . . .

De la morale. Le bonheur est la fin de la vie : c'est l'aveu secret du cœur humain ; c'est le terme évident des actions mêmes qui en éloignent. Celui qui se tue regarde la mort comme un bien. Il ne s'agit pas de réformer la nature, mais de diriger sa pente générale.

Ce qui peut arriver de mal à l'homme, c'est de voir le bonheur où il n'est pas, ou de le voir où il est en effet, mais de se tromper sur les moyens de l'obtenir. Quel sera donc le premier pas de notre philosophie morale, si ce n'est de rechercher en quoi consiste le vrai bonheur ? Que cette étude importante soit notre occupation actuelle. Puisque nous voulons être heureux dès ce moment, ne remettons pas à demain à savoir ce que c'est que le bonheur. L'insensé se propose toujours de vivre, et il ne vit jamais. Il n'est donné qu'aux immortels d'être souverainement heureux. Une folie dont nous avons d'abord à nous garantir, c'est d'oublier que nous ne sommes que des hommes. Puisque nous désespérons d'être jamais aussi parfaits que les dieux que nous nous sommes proposés pour modèles, résolvons-nous à n'être point aussi heureux. Parce que mon œil ne perce pas l'immensité des espaces, dédaignerai-je de l'ouvrir sur les objets qui m'environnent ? Ces objets deviendront une source intarissable de volupté, si je sais en jouir ou les négliger. La peine est toujours un mal, la volupté toujours un bien : mais il n'est point de volupté pure. Les fleurs croissent à nos pieds, et il faut au moins se pencher pour les cueillir. Cependant, ô volupté ! c'est pour toi seule que nous faisons tout ce que nous faisons ; ce n'est jamais toi que nous évitons, mais la peine qui ne t'accompagne que trop souvent. Tu échauffes notre froide raison ; c'est de ton énergie que naissent la fermeté de l'âme et la force de la volonté ; c'est toi qui nous meus, qui nous transportes, et lorsque nous ramassons des roses pour en former un lit à la jeune beauté qui nous a charmés, et lorsque bravant la fureur des tyrans, nous entrons tête baissée et les yeux fermés dans les taureaux ardents qu'elle a préparés. La volupté prend toutes sortes de formes. Il est donc important de bien connaître le prix des objets sous lesquels elle peut se présenter à nous, afin que nous ne soyons point incertains quand il nous convient de l'accueillir ou de la repousser, de vivre ou de mourir. Après la santé de l'âme, il n'y a rien de plus

précieux que la santé du corps. Si la santé du corps se
fait sentir particulièrement en quelques membres, elle
n'est pas générale. Si l'âme se porte avec excès à la
pratique d'une vertu, elle n'est pas entièrement ver-
tueuse. Le musicien ne se contente pas de tempérer
quelques-unes des cordes de la lyre ; il serait à souhaiter pour le concert de la société, que nous l'imitassions,
et que nous ne permissions pas, soit à nos vertus, soit à
nos passions, d'être ou trop lâches ou trop tendues, et
de rendre un son ou trop sourd ou trop aigu. Si nous
faisons quelque cas de nos semblables, nous trouverons
du plaisir à remplir nos devoirs, parce que c'est un
moyen sûr d'en être considérés. Nous ne mépriserons
point les plaisirs des sens ; mais nous ne nous ferons
point l'injure à nous-mêmes, de comparer l'honnête
avec le sensuel. Comment celui qui se sera trompé dans
le choix d'un état sera-t-il heureux ? comment se
choisir un état sans se connaître ? et comment se
contenter dans son état, si l'on confond les besoins de
la nature, les appétits de la passion, et les écarts de la
fantaisie ? Il faut avoir un but présent à l'esprit, si l'on
ne veut pas agir à l'aventure. Il n'est pas toujours
impossible de s'emparer de l'avenir. Tout doit tendre à
la pratique de la vertu, à la conservation de la liberté et
de la vie, et au mépris de la mort. Tant que nous
sommes, la mort n'est rien, et ce n'est rien encore
quand nous ne sommes plus. On ne redoute les dieux,
que parce qu'on les sait semblables aux hommes.
Qu'est-ce que l'impie, sinon celui qui adore les dieux
du peuple ? Si la véritable piété consistait à se proster-
ner devant toute pierre taillée, il n'y aurait rien de plus
commun : mais comme elle consiste à juger sainement
de la nature des dieux, c'est une vertu rare. Ce qu'on
appelle *le droit naturel*, n'est que le symbole d'une
utilité générale. L'utilité générale et le consentement
commun doivent être les deux grandes règles de nos
actions. Il n'y a jamais de certitude que le crime reste
ignoré : celui qui le commet est donc un insensé qui
joue un jeu où il y a plus à perdre qu'à gagner. L'amitié

est un des plus grands biens de la vie, et la décence, une des plus grandes vertus de la société. Soyez décents, parce que vous n'êtes point des animaux, et que vous vivez dans des villes, et non dans le fond des forêts, etc.

Voilà les points fondamentaux de la doctrine d'*Epicure,* le seul d'entre tous les Philosophes anciens qui ait su concilier la morale avec ce qu'il pouvait prendre pour le vrai bonheur de l'homme, et ses préceptes avec les appétits et les besoins de la nature ; aussi a-t-il eu et aura-t-il dans tous les temps un grand nombre de disciples. On se fait stoïcien, mais on naît *épicurien.*

· ·

(Diderot)

ESCLAVAGE, s. m. (*Droit nat. Religion, Morale*).

· ·

Ce ne fut toutefois que vers le XVe siècle que l'*esclavage* fut aboli dans la plus grande partie de l'Europe : cependant il n'en subsiste encore que trop de restes en Pologne, en Hongrie, en Bohême, et dans plusieurs endroits de la basse Allemagne. [...] Quoi qu'il en soit, presque dans l'espace du siècle qui suivit l'abolition de l'*esclavage* en Europe, les puissances chrétiennes, ayant fait des conquêtes dans ces pays où elles ont cru qu'il leur était avantageux d'avoir des esclaves, ont permis d'en acheter et d'en vendre, et ont oublié les principes de la nature et du christianisme, qui rendent tous les hommes égaux.

· ·

C'était une prétention orgueilleuse que celle des anciens Grecs, qui s'imaginaient que les barbares étant esclaves par nature (c'est ainsi qu'ils parlaient), et les Grecs libres, il était juste que les premiers obéissent aux derniers. Sur ce pied-là, il serait facile de traiter de barbares tous les peuples, dont les mœurs et les coutumes seraient différentes des nôtres, et (sans autre prétexte) de les attaquer pour les mettre sous nos lois.

Il n'y a que les préjugés de l'orgueil et de l'ignorance qui fassent renoncer à l'humanité.

C'est donc aller directement contre le droit des gens et contre la nature, que de croire que la religion chrétienne donne à ceux qui la professent, un droit de réduire en servitude ceux qui ne la professent pas, pour travailler plus aisément à sa propagation. Ce fut pourtant cette manière de penser qui encouragea les destructeurs de l'Amérique dans leurs crimes ; et ce n'est pas la seule fois que l'on se soit servi de la religion contre ses propres maximes, qui nous apprennent que la qualité de prochain s'étend sur tout l'univers.

Enfin, c'est se jouer des mots, ou plutôt se moquer, que d'écrire, comme a fait un de nos auteurs modernes, qu'il y a de la petitesse d'esprit à imaginer que ce soit dégrader l'humanité que d'avoir des esclaves, parce que la liberté dont chaque Européen croit jouir, n'est autre chose que le pouvoir de rompre sa chaîne, pour se donner un nouveau maître ; comme si la chaîne d'un Européen était la même que celle d'un esclave de nos colonies : on voit bien que cet auteur n'a jamais été mis en *esclavage*.

. . . .

(De Jaucourt)

ESPRIT (*Philos. et Belles-Lettres*), ce mot, en tant qu'il signifie *une qualité de l'âme,* est un de ces termes vagues, auxquels tous ceux qui les prononcent attachent presque toujours des sens différents. Il exprime autre chose que jugement, génie, goût, talent, pénétration, étendue, grâce, finesse ; et il doit tenir de tous ces mérites : on pourrait le définir, *raison ingénieuse.*

C'est un mot générique qui a toujours besoin d'un autre mot qui le détermine ; et quand on dit, *voilà un ouvrage plein d'esprit, un homme qui a de l'esprit,* on a grande raison de demander *duquel.* L'*esprit* sublime de Corneille n'est ni l'*esprit* exact de Boileau ni l'*esprit* naïf de La Fontaine ; et l'*esprit* de La Bruyère, qui est l'art de peindre singulièrement, n'est point celui de Malebranche, qui est de l'imagination avec de la profondeur.

Quand on dit qu'un homme a un *esprit judicieux*, on entend moins qu'il a ce qu'on appelle de l'*esprit*, qu'une raison épurée. Un *esprit* ferme, mâle, courageux, grand, petit, faible, léger, doux, emporté, etc., signifie *le caractère et la trempe de l'âme*, et n'a point de rapport à ce qu'on entend dans la société par cette expression, *avoir de l'esprit*.

L'*esprit*, dans l'acception ordinaire de ce mot, tient beaucoup du *bel-esprit*, et cependant ne signifie pas précisément la même chose : car jamais ce terme *homme d'esprit* ne peut être pris en mauvaise part, et *bel-esprit* est quelquefois prononcé ironiquement. D'où vient cette différence ? C'est qu'*homme d'esprit* ne signifie pas *esprit supérieur*, *talent marqué*, et que *bel-esprit* le signifie. Ce mot *homme d'esprit* n'annonce point de prétention, et le *bel-esprit* est une affiche ; c'est un art qui demande de la culture, c'est une espèce de profession, et qui par là expose à l'envie et au ridicule.

C'est en ce sens que le P. Bouhours aurait eu raison de faire entendre, d'après le cardinal du Perron, que les Allemands ne prétendaient pas à l'*esprit ;* parce qu'alors leurs savants ne s'occupaient guère que d'ouvrages laborieux et de pénibles recherches, qui ne permettaient pas qu'on y répandît des fleurs, qu'on s'efforçât de briller, et que le *bel-esprit* se mêlât au savant.

Ceux qui méprisent le génie d'Aristote au lieu de s'en tenir à condamner sa physique qui ne pouvait être bonne, étant privée d'expériences, seraient bien étonnés de voir qu'Aristote a enseigné parfaitement dans sa rhétorique la manière de dire les choses avec *esprit*. Il dit que cet art consiste à ne pas se servir simplement du mot propre, qui ne dit rien de nouveau ; mais qu'il faut employer une métaphore, une figure dont le sens soit clair et l'expression énergique.

Il en apporte plusieurs exemples, et entre autres ce que dit Périclès d'une bataille où la plus florissante jeunesse d'Athènes avait péri, *l'année a été dépouillée de son printemps*. Aristote a bien raison de dire, qu'*il faut du nouveau*; le premier qui pour exprimer que les plaisirs sont mêlés d'amertume, les regarda comme des roses accompagnées d'épines, eut de l'*esprit*. Ceux qui le répétèrent n'en eurent point.

Ce n'est pas toujours par une métaphore qu'on s'exprime spirituellement; c'est par un tour nouveau; c'est en laissant deviner sans peine une partie de sa pensée, c'est ce qu'on appelle *finesse, délicatesse;* et cette manière est d'autant plus agréable, qu'elle exerce et qu'elle fait valoir l'*esprit* des autres. Les allusions, les allégories, les comparaisons, sont un champ vaste de pensées ingénieuses; les effets de la nature, la fable, l'histoire, présentes à la mémoire, fournissent à l'imagination heureuse des traits qu'elle emploie à propos.

Il ne sera pas inutile de donner des exemples de ces différents genres. Voici un madrigal de M. de la Sablière, qui a toujours été estimé des gens de goût.

> *Eglé tremble que dans ce jour*
> *L'hymen plus puissant que l'amour*
> *N'enlève ses trésors sans qu'elle ose s'en plaindre.*
> *Elle a négligé mes avis.*
> *Si la belle les eût suivis,*
> *Elle n'aurait plus rien à craindre.*

L'auteur ne pouvait, ce semble, ni mieux cacher ni mieux faire entendre ce qu'il pensait, et ce qu'il craignait d'exprimer.

Le madrigal suivant paraît plus brillant et plus agréable : c'est une allusion à la fable.

> *Vous êtes belle et votre sœur est belle,*
> *Entre vous deux tout choix serait bien doux;*
> *L'amour est blond comme vous,*
> *Mais il aimait une brune comme elle.*

En voici encore un autre fort ancien; il est de Bertaud évêque de Sées, et paraît au-dessus des deux autres, parce qu'il réunit l'*esprit* et le sentiment.

> *Quand je revis ce que j'ai tant aimé,*
> *Peu s'en fallut que mon feu rallumé*
> *N'en fit le charme en mon âme renaître,*
> *Et que mon cœur autrefois son captif*
> *Ne ressemblât l'esclave fugitif,*
> *A qui le sort fit rencontrer son maître.*

De pareils traits plaisent à tout le monde, et caractérisent l'*esprit* délicat d'une nation ingénieuse. Le grand point est de savoir jusqu'où cet *esprit* doit être admis. Il est clair que dans les grands ouvrages on doit l'employer avec sobriété, par cela même qu'il est un ornement. Le grand art est dans l'à-propos. Une pensée fine, ingénieuse, une comparaison juste et fleurie, est un défaut quand la raison seule ou la passion doivent parler, ou bien quand on doit traiter de grands intérêts : ce n'est pas alors du faux *bel-esprit*, mais c'est de l'*esprit* déplacé; et toute beauté hors de sa place cesse d'être beauté. C'est un défaut dans lequel Virgile n'est jamais tombé, et qu'on peut quelquefois reprocher au Tasse, tout admirable qu'il est d'ailleurs : ce défaut vient de ce que l'auteur trop plein de ses idées veut se montrer lui-même, lorsqu'il ne doit montrer que ses personnages. La meilleure manière de connaître l'usage qu'on doit faire de l'*esprit*, est de lire le petit nombre de bons ouvrages de génie qu'on a dans les langues savantes et dans la nôtre.

Le *faux esprit* est autre chose que de l'*esprit déplacé* : ce n'est pas seulement une pensée fausse, car elle pourrait être fausse sans être ingénieuse; c'est une pensée fausse et recherchée. Il a été remarqué ailleurs qu'un homme de beaucoup d'*esprit* qui traduisit, ou plutôt qui abrégea Homère en vers français, crut embellir ce poète dont la simplicité fait le caractère, en lui prêtant des ornements. Il dit au sujet de la réconciliation d'Achille :

> *Tout le camp s'écria dans une joie extrême,*
> *Que ne vaincra-t-il point ? Il s'est vaincu lui-même.*

Premièrement, de ce qu'on a dompté sa colère, il ne s'ensuit point du tout qu'on ne sera point battu : secondement, toute une armée peut-elle s'accorder par une inspiration soudaine à dire une pointe ?

Si ce défaut choque les juges d'un goût sévère, combien doivent révolter tous ces traits forcés, toutes ces pensées alambiquées que l'on trouve en foule dans des écrits d'ailleurs estimables ? Comment supporter que dans un livre de mathématiques on dise, que « si Saturne venait à manquer, ce serait le dernier satellite qui prendrait sa place, parce que les grands seigneurs éloignent toujours d'eux leurs successeurs » ? Comment souffrir qu'on dise qu'Hercule savait la physique, et qu'*on ne pouvait résister à un philosophe de cette force ?* L'envie de briller et de surprendre par des choses neuves, conduit à ces excès. Cette petite vanité a produit les jeux de mots dans toutes les langues ; ce qui est la pire espèce du *faux bel-esprit.* Le faux goût est différent du *faux bel-esprit ;* parce que celui-ci est toujours une affectation, un effort de faire mal : au lieu que l'autre est souvent une habitude de faire mal sans effort, et de suivre par instinct un mauvais exemple établi. L'intempérance et l'incohérence des imaginations orientales, est un faux goût ; mais c'est plutôt un manque d'*esprit,* qu'un abus d'*esprit.* Des étoiles qui tombent, des montagnes qui se fendent, des fleuves qui reculent, le Soleil et la Lune qui se dissolvent, des comparaisons fausses et gigantesques, la nature toujours outrée, sont le caractère de ces écrivains, parce que dans ces pays où l'on n'a jamais parlé en public, la vraie éloquence n'a pu être cultivée, et qu'il est bien plus aisé d'être ampoulé, que d'être juste, fin et délicat.

Le *faux esprit* est précisément le contraire de ces

idées triviales et ampoulées ; c'est une recherche fatigante des traits trop déliés, une affectation de dire en énigme ce que d'autres ont déjà dit naturellement, de rapprocher des idées qui paraissent incompatibles, de diviser ce qui doit être réuni, de saisir de faux rapports, de mêler contre les bienséances le badinage avec le sérieux, et le petit avec le grand.

Ce serait ici une peine superflue d'entasser des citations, dans lesquelles le mot d'*esprit* se trouve. On se contentera d'en examiner une de Boileau, qui est rapportée dans le grand dictionnaire de Trévoux : *C'est le propre des grands esprits, quand ils commencent à vieillir et à décliner, de se plaire aux contes et aux fables.* Cette réflexion n'est pas vraie. Un *grand esprit* peut tomber dans cette faiblesse mais ce n'est pas le propre des *grands esprits.* Rien n'est plus capable d'égarer la jeunesse, que de citer les fautes des bons écrivains comme des exemples.

Il ne faut pas oublier de dire ici en combien de sens différents le mot d'*esprit* s'emploie ; ce n'est point un défaut de la langue, c'est au contraire un avantage d'avoir ainsi des racines qui se ramifient en plusieurs branches. *Esprit d'un corps, d'une société,* pour exprimer les usages, la manière de penser, de se conduire, les préjugés d'un corps.

Esprit de parti, qui est à l'*esprit* d'un corps ce que sont les passions aux sentiments ordinaires.

Esprit d'une loi, pour en distinguer l'intention ; c'est en ce sens qu'on a dit, *la lettre tue et l'esprit vivifie.*

Esprit d'un ouvrage, pour en faire concevoir le caractère et le but.

Esprit de vengeance, pour signifier *désir* et *intention* de se venger.

Esprit de discorde, esprit de révolte, etc.

On a cité dans un dictionnaire, *esprit de politesse ;* mais c'est d'après un auteur nommé Bellegarde, qui n'a nulle autorité. On doit choisir avec un soin scrupuleux ses auteurs et ses exemples. On ne dit point *esprit de politesse,* comme on dit *esprit de vengeance, de dissension, de faction;* parce que la politesse n'est point une passion animée par un motif puissant qui la conduise, lequel on appelle *esprit* métaphoriquement.

Esprit familier se dit dans un autre sens, et signifie ces êtres mitoyens, ces génies, ces démons admis dans l'antiquité, comme l'*esprit de Socrate*, etc.

Esprit signifie quelquefois la plus subtile partie de la matière : on dit *esprits animaux, esprits vitaux,* pour signifier ce qu'on n'a jamais vu, et ce qui donne le mouvement et la vie. Ces *esprits* qu'on croit couler rapidement dans les nerfs, sont probablement un feu subtil. Le docteur Mead est le premier qui semble en avoir donné des preuves dans la préface du traité sur les poisons.

Esprit, en Chimie, est encore un terme qui reçoit plusieurs acceptions différentes ; mais qui signifie toujours la partie subtile de la matière.

Il y a loin de l'*esprit,* en ce sens, au *bon esprit,* au *bel esprit.* Le même mot dans toutes les langues peut donner toujours des idées différentes, parce que tout est métaphore sans que le vulgaire s'en aperçoive.

                                        (Voltaire)

ÉTHIOPIENS, s. m. plur. (PHILOSOPHIE DES) (*Hist. de la Phil.*). Les *Ethiopiens* ont été les voisins des Egyptiens, et l'histoire de la philosophie des uns n'est pas moins incertaine que l'histoire de la philosophie des autres. Il ne nous est resté aucun monument digne de foi sur l'état des sciences et des arts dans ces contrées. Tout ce qu'on nous raconte de l'Ethiopie paraît avoir été imaginé par ceux qui, jaloux de mettre Appolonius de Tyane en parallèle avec Jésus-Christ, ont écrit la vie du premier d'après cette vue.

Si l'on compare les vies de la plupart des législateurs, on les trouvera calquées à peu près sur un même modèle ; et une règle de critique qui serait assez sûre, ce serait d'examiner scrupuleusement ce qu'elles

auraient chacune de particulier, avant de l'admettre
comme vrai, et de rejeter comme faux tout ce qu'on y
remarquerait de commun. Il y a une forte présomption
que ce qu'on attribue de merveilleux à tant de personnages différents, n'est vrai d'aucun.

Les *Ethiopiens* se prétendaient plus anciens que les
Egyptiens, parce que leur contrée avait été plus
fortement frappée des rayons du soleil qui donne la vie
à tous les êtres.

D'où l'on voit que ces peuples n'étaient pas éloignés
de regarder les animaux comme des développements
de la terre mise en fermentation par la chaleur du
soleil, et de conjecturer en conséquence que les espèces
avaient subi une infinité de transformations diverses,
avant que de parvenir sous la forme où nous les
voyons ; que dans leur première origine les animaux
naquirent isolés ; qu'ils purent être ensuite mâles tout à
la fois et femelles, comme on en voit encore quelques-
uns ; et que la séparation des sexes n'est peut-être
qu'un accident, et la nécessité de l'accouplement
qu'une voie de génération analogue à notre organisation actuelle.

Quelles qu'aient été les prétentions des *Ethiopiens*
sur leur origine, on ne peut les regarder que comme
une colonie d'Egyptiens ; ils ont eu, comme ceux-ci,
l'usage de la circoncision et des embaumements ; les
mêmes vêtements ; les mêmes coutumes civiles et
religieuses ; les mêmes dieux, Amon, Pan, Hercule,
Isis ; les mêmes formes d'idoles ; le même hiéroglyphe ;
les mêmes principes ; la distinction du bien et du mal
moral ; l'immortalité de l'âme et les métempsycoses ; le
même clergé, le sceptre en forme de soc, etc. en un mot
si les *Ethiopiens* n'ont pas reçu leur sagesse des
Egyptiens, il faut qu'ils leur aient transmis la leur ; ce
qui est sans aucune vraisemblance : car la philosophie
des Egyptiens n'a point un air d'emprunt ; elle tient à
des circonstances inaltérables, c'est une production du
sol ; elle est liée avec les phénomènes du climat par une
infinité de rapports. Ce serait, en Ethiopie, *proles sine*

matre creata : on en rencontre les causes en Egypte ; et si nous étions mieux instruits nous verrions toujours que tout ce qui est, est comme il doit être, et qu'il n'y a rien d'indépendant, ni dans les extravagances des hommes, ni dans leurs vertus.

. . . .

La philosophie morale des *Ethiopiens* se réduisait à quelques points, qu'ils enveloppaient des voiles de l'énigme et du symbole : « Il faut, disaient-ils, adorer les dieux, ne faire de mal à personne, s'exercer à la fermeté, et mépriser la mort : la vérité n'a rien de commun ni avec la terreur des arts magiques, ni avec l'appareil imposant des miracles et du prodige : la tempérance est la base de la vertu : l'excès dépouille l'homme de sa dignité : il n'y a que les biens acquis avec peine dont on jouisse avec plaisir : le faste et l'orgueil sont des marques de petitesse : il n'y a que vanité dans les visions et dans les songes, etc. » Nous ne pouvons dissimuler que le sophiste, qui fait honneur de cette doctrine aux *Ethiopiens* ne paraisse s'être proposé secrètement de rabaisser un peu la vanité puérile de ses concitoyens qui renfermaient dans leur petite contrée toute la sagesse de l'univers.

(Diderot)

EXPÉRIMENTAL, adj. *(philosophie natur.)*. On appelle *philosophie expérimentale* celle qui se sert de la voie des expériences pour découvrir les lois de la nature.

Les anciens, auxquels nous nous croyons fort supérieurs dans les sciences, parce que nous trouvons plus court et plus agréable de nous préférer à eux que de les lire, n'ont pas négligé la physique *expérimentale*, comme nous nous l'imaginons ordinairement : ils comprirent de bonne heure que l'observation et l'expérience étaient le seul moyen de connaître la nature. Les ouvrages d'Hippocrate seul seraient suffisants pour montrer l'esprit qui conduisait alors les philosophes. Au lieu de ces systèmes, sinon meurtriers, du moins ridicules, qu'a enfantés la médecine moderne, pour les proscrire ensuite, on y trouve des faits bien vus et bien rapprochés ; on y voit un système d'observations qui sert encore aujourd'hui, et qui apparemment servira toujours de base à l'art de guérir. Or je crois pouvoir juger par l'état de la médecine chez les anciens, de l'état où la physique était parmi eux, et cela pour deux raisons : la première, parce que les ouvrages d'Hippocrate sont les monuments les plus considérables qui nous restent de la physique des anciens ; la seconde, parce que la médecine étant la partie la plus essentielle et la plus intéressante de la physique, on peut toujours juger avec certitude de la manière dont on cultive celle-ci, par la manière dont on traite celle-là. Telle est la physique, telle est la médecine ; et réciproquement telle est la médecine, telle est la physique. C'est une vérité dont l'expérience nous assure, puisqu'à compter seulement depuis le renouvellement des lettres, quoique nous puissions remonter plus haut, nous avons toujours vu subir à l'une de ces sciences les changements qui ont altéré ou dénaturé l'autre.

Nous savons d'ailleurs que dans le temps même d'Hippocrate plusieurs grands hommes, à la tête desquels on doit placer Démocrite, s'appliquèrent avec succès à l'observation de la nature. On prétend que le médecin envoyé par les habitants d'Abdère pour guérir la prétendue folie du philosophe, le trouva occupé à disséquer et à observer des animaux ; et l'on peut deviner qui fut jugé le plus fou par Hippocrate, de celui qui allait voir, ou de ceux qui l'avaient envoyé. Démocrite fou ! Lui qui, pour le dire ici en passant, avait trouvé la manière la plus philosophique de jouir de la nature et des hommes ; savoir, d'étudier l'une et rire des autres.

Quand je parle, au reste, de l'application que les anciens ont donné à la physique *expérimentale*, je ne sais s'il faut prendre ce mot dans toute son étendue. La physique *expérimentale* roule sur deux points qu'il ne faut pas confondre, l'*expérience* proprement dite, et l'*observation*. Celle-ci, moins recherchée et moins subtile, se borne aux faits qu'elle a sous les yeux, à bien voir et à détailler les phénomènes de toute espèce que le spectacle de la nature présente : celle-là au contraire cherche à la pénétrer plus profondément, à lui dérober ce qu'elle cache ; à créer, en quelque manière, par la différente combinaison des corps, de nouveaux phénomènes pour les étudier : enfin elle ne se borne pas à écouter la nature, mais elle l'interroge et la presse. On pourrait appeler la première, la *physique des faits,* ou plutôt la *physique vulgaire et palpable ;* et réserver pour l'autre le nom de *physique occulte,* pourvu qu'on attache à ce mot une idée plus philosophique et plus vraie que n'ont fait certains physiciens modernes, et qu'on le borne à désigner la connaissance des faits cachés dont on s'assure en les voyant, et non le roman des faits supposés qu'on devine bien ou mal, sans les chercher ni les voir.

Les anciens ne paraissent pas s'être fort appliqués à cette dernière physique, ils se contentaient de lire dans la nature ; mais ils y lisaient fort assidûment, et avec de meilleurs yeux que nous ne nous l'imaginons : plusieurs faits qu'ils ont avancés, et qui ont été d'abord démentis par les modernes, se sont trouvés vrais quand on les a mieux approfondis. La méthode que suivaient les anciens en cultivant l'observation plus que l'expérience, était très philosophique, et la plus propre de toutes à faire faire à la physique les plus grands progrès dont elle fut capable dans ce premier âge de l'esprit humain. Avant que d'employer et d'user notre sagacité pour chercher un fait dans des combinaisons subtiles, il faut être bien assuré que ce fait n'est pas près de nous et sous notre main, comme il faut en géométrie réserver ses efforts pour trouver ce qui n'a pas été résolu par d'autres. La nature est si variée et si riche, qu'une simple collection de faits bien complète avancerait prodigieusement nos connaissances ; et s'il était possible de pousser cette collection au point que rien n'y manquât, ce serait peut-être le seul travail auquel un physicien dût se borner ; c'est au moins celui par lequel il faut qu'il commence, et voilà ce que les anciens ont fait. Ils ont traité la nature comme Hippocrate a traité le corps humain ; nouvelle preuve de l'analogie et de la ressemblance de leur physique à leur médecine. Les plus sages d'entre eux ont fait, pour ainsi dire, la table de ce qu'ils voyaient, l'ont bien faite, et s'en sont tenus là. Ils n'ont connu de l'aimant que sa propriété qui saute le plus aux yeux, celle d'attirer le fer : les merveilles de l'électricité qui les entouraient, et dont on trouve quelques traces dans leurs ouvrages, ne les ont point frappés, parce que pour être frappé de ces merveilles, il eût fallu en voir le rapport à des faits plus cachés que l'expérience a su découvrir dans ces derniers temps ; car l'expérience, parmi plusieurs avantages, a entre autres celui d'étendre le champ de l'observation. Un phénomène que l'expérience nous découvre, ouvre nos yeux sur une infinité d'autres qui ne demandaient, pour ainsi dire, qu'à être aperçus. L'observation, par la curiosité qu'elle inspire et par les vides qu'elle laisse, mène à l'expérience ; l'expérience ramène à l'observation par la même curiosité qui cherche à remplir et à serrer de plus en plus ces vides ; ainsi on peut regarder en quelque manière l'expérience et l'observation comme la suite et le complément l'une de l'autre.

Les anciens ne paraissent avoir cultivé l'expérience que par rapport aux arts, et nullement pour satisfaire, comme nous, une curiosité purement philosophique. Ils ne décomposaient et ne combinaient les corps que pour en tirer des usages utiles ou agréables, sans chercher beaucoup à en connaître le jeu ni la structure. Ils ne s'arrêtaient pas même sur les détails dans la description qu'ils faisaient des corps ; et s'ils avaient besoin d'être justifiés sur ce point, ils le seraient en quelque manière suffisamment par le peu d'utilité que

les modernes ont trouvé a suivre une méthode
contraire.

. . . .

Je ne parle de ces temps ténébreux, que pour faire
mention en passant de quelques génies supérieurs, qui
abandonnant cette méthode vague et obscure de philosopher, laissaient les mots pour les choses, et cherchaient dans leur sagacité et dans l'étude de la nature
des connaissances plus réelles. Le moine Bacon, trop
peu connu et trop peu lu aujourd'hui, doit être mis au
nombre de ces esprits du premier ordre ; dans le sein
de la plus profonde ignorance il sut, par la force de son
génie, s'élever au-dessus de son siècle, et le laisser bien
loin derrière lui : aussi fut-il persécuté par ses
confrères, et regardé par le peuple comme un sorcier, à
peu près comme Gerbert l'avait été près de trois siècles
auparavant pour ses inventions mécaniques ; avec cette
différence que Gerbert devint pape ; et que Bacon resta
moine et malheureux.

. . . .

Le chancelier Bacon, Anglais comme le moine (car
ce nom et ce peuple sont heureux en philosophie),
embrassa le premier un plus vaste champ : il entrevit
les principes généraux qui doivent servir de fondement
à l'étude de la nature, il proposa de les reconnaître par
la voie de l'expérience, il annonça un grand nombre de
découvertes qui se sont faites depuis. Descartes qui le
suivit de près et qu'on accusa (peut-être assez mal à
propos) d'avoir puisé des lumières dans les ouvrages de
Bacon, ouvrit quelques routes dans la physique *expérimentale*, mais la recommanda plus qu'il ne la pratiqua ;
et c'est peut-être ce qui l'a conduit à plusieurs erreurs.
Il eut, par exemple, le courage de donner le premier
des lois du mouvement ; courage qui mérite la reconnaissance des philosophes, puisqu'il a mis ceux qui
l'ont suivi sur la route des lois véritables ; mais
l'expérience, ou plutôt, comme nous le dirons plus bas,
des réflexions sur les observations les plus communes,
lui auraient appris que les lois qu'il avait données

étaient insoutenables. Descartes, et Bacon lui-même, malgré toutes les obligations que leur a la philosophie, lui auraient peut-être été encore plus utiles, s'ils eussent été plus physiciens de pratique et moins de théorie ; mais le plaisir oisif de la méditation et de la conjecture même, entraîne les grands esprits. Ils commencent beaucoup et finissent peu ; ils proposent des vues, ils prescrivent ce qu'il faut faire pour en constater la justesse et l'avantage, et laissent le travail mécanique à d'autres, qui éclairés par une lumière étrangère, ne vont pas aussi loin que leurs maîtres auraient été seuls : ainsi les uns pensent ou rêvent, les autres agissent ou manœuvrent, et l'enfance des sciences est longue, ou pour mieux dire, éternelle.

Cependant l'esprit de la physique *expérimentale* que Bacon et Descartes avaient introduit, s'étendit insensiblement. L'académie del Cimento à Florence, Boyle et Mariotte, et après eux plusieurs autres, firent avec succès un grand nombre d'expériences : les académies se formèrent et saisirent avec empressement cette manière de philosopher : les universités plus lentes, parce qu'elles étaient déjà toutes formées lors de la naissance de la physique *expérimentale,* suivirent longtemps encore leur méthode ancienne. Peu à peu la physique de Descartes succéda dans les écoles à celle d'Aristote, ou plutôt de ses commentateurs. Si on ne touchait pas encore à la vérité, on était du moins sur la voie : on fit quelques expériences ; on tenta de les expliquer : on aurait mieux fait de se contenter de les bien faire, et d'en saisir l'analogie mutuelle : mais enfin il ne faut pas espérer que l'esprit se délivre si promptement de tous ses préjugés. Newton parut, et montra le premier ce que ses prédécesseurs n'avaient fait qu'entrevoir, l'art d'introduire la géométrie dans la physique et de former, en réunissant l'expérience au calcul, une science exacte, profonde, lumineuse et nouvelle : aussi grand du moins par ses expériences d'optique que par son système du monde, il ouvrit de tous côtés une carrière immense et sûre ; l'Angleterre

saisit ces vues : la société royale les regarda comme
siennes dès le moment de leur naissance : les académies de France s'y prêtèrent plus lentement et avec
plus de peine, par la même raison que les universités
avaient eue pour rejeter durant plusieurs années la
physique de Descartes : la lumière a enfin prévalu : la
génération ennemie de ces grands hommes, s'est
éteinte dans les académies et dans les universités,
auxquelles les académies semblent aujourd'hui donner
le ton : une génération nouvelle s'est élevée ; car quand
les fondements d'une révolution sont une fois jetés,
c'est presque toujours dans la génération suivante que
la révolution s'achève ; rarement en deçà, parce que les
obstacles périssent plutôt que de céder, rarement au-
delà, parce que les barrières une fois franchies, l'esprit
humain va souvent plus vite qu'il ne veut lui-même,
jusqu'à ce qu'il rencontre un nouvel obstacle qui
l'oblige de se reposer pour longtemps.

Qui jetterait les yeux sur l'université de Paris, y
trouverait une preuve convaincante de ce que j'avance.
L'étude de la géométrie et de la physique *expérimentale*
commence à y régner. Plusieurs jeunes professeurs
pleins de savoir, d'esprit et de courage (car il en faut
pour les innovations même les plus innocentes), ont
osé quitter la route battue pour s'en frayer une
nouvelle ; tandis que dans d'autres écoles, à qui nous
épargnerons la honte de les nommer, les lois du
mouvement de Descartes, et même la physique péripa-
tétitienne, sont encore en honneur. Les jeunes maîtres
dont je parle forment des élèves vraiment instruits,
qui, au sortir de leur philosophie, sont initiés aux vrais
principes de toutes les sciences physico-mathématiques, et qui bien loin d'être obligés (comme on l'était
autrefois) d'oublier ce qu'ils ont appris, sont au
contraire en état d'en faire usage pour se livrer aux
parties de la physique qui leur plaisent le plus. L'utilité
qu'on peut retirer de cette méthode est si grande, qu'il
serait à souhaiter ou qu'on augmentât d'une année le
cours de philosophie des collèges, ou qu'on prît dès la

première année le parti d'abréger beaucoup la métaphysique et la logique, auxquelles cette première année
est ordinairement consacrée presque tout entière. Je
n'ai garde de proscrire deux sciences dont je reconnais
l'utilité et la nécessité indispensable ; mais je crois
qu'on les traiterait beaucoup moins longuement, si on
les réduisait à ce qu'elles contiennent de vrai et d'utile ;
renfermées en peu de pages, elles y gagneraient, et la
physique aussi qui doit les suivre.

. . . .

Les premiers objets qui s'offrent à nous dans la
physique sont les propriétés générales des corps, et les
effets de l'action qu'ils exercent les uns sur les autres.
Cette action n'est point pour nous un phénomène
extraordinaire ; nous y sommes accoutumés dès notre
enfance : les effets de l'équilibre et de l'impulsion nous
sont connus, je parle des effets en général ; car pour la
mesure et la loi précise de ces effets, les philosophes
ont été longtemps à la chercher, et plus encore à la
trouver ; cependant un peu de réflexion sur la nature
des corps, jointe à l'observation des phénomènes qui
les environnaient, auraient dû, ce me semble, leur faire
découvrir ces lois beaucoup plus tôt. J'avoue que
quand on voudra résoudre ce problème métaphysique-
ment et sans jeter aucun regard sur l'univers, on
parviendra peut-être difficilement à se satisfaire pleinement sur cet article, et à démontrer en toute rigueur
qu'un corps qui en rencontre un autre doit lui communiquer du mouvement : mais quand on fera attention
que les lois du mouvement se réduisent à celles de
l'équilibre, et que par la nature seule des corps il y a
antérieurement à toute expérience et à toute observation un cas d'équilibre dans la nature, on déterminera
facilement les lois de l'impulsion qui résultent de cette
loi d'équilibre. Il ne reste plus qu'à savoir si ces lois
sont celles que la nature doit observer. La question
serait bientôt décidée, si on pouvait prouver rigoureusement que la loi d'équilibre est unique : car il
s'ensuivrait de là que les lois du mouvement sont

invariables et nécessaires. La métaphysique, aidée des raisonnements géométriques, fournirait, si je ne me trompe, de grandes lumières sur l'unité de cette loi d'équilibre, et parviendrait peut-être à la démontrer : mais quand elle serait impuissante sur cet article, l'observation et l'expérience y suppléeraient abondamment. Au défaut des lumières que nous cherchons sur le droit, elles nous éclairent au moins sur le fait, en nous montrant que dans l'univers, tel qu'il est, la loi de l'équilibre est unique ; les phénomènes les plus simples et les plus ordinaires nous assurent de cette vérité. Cette observation commune, ce phénomène populaire, si on peut parler ainsi, suffit pour servir de base à une théorie simple et lumineuse des lois du mouvement : la physique *expérimentale* n'est donc plus nécessaire pour constater ces lois, qui ne sont nullement de son objet. Si elle s'en occupe, ce doit être comme d'une recherche de simple curiosité, pour réveiller et soutenir l'attention des commençants, à peu près comme on les exerce dès l'entrée de la géométrie à faire des figures justes, pour avoir le plaisir de s'assurer par leurs yeux de ce que la raison leur a déjà démontré : mais un physicien proprement dit, n'a pas plus besoin du secours de l'expérience pour démontrer les lois du mouvement et de la statique, qu'un bon géomètre n'a besoin de règle et de compas pour s'assurer qu'il a bien résolu un problème difficile.

La seule utilité véritable que puissent procurer au physicien les recherches *expérimentales* sur les lois de l'équilibre, du mouvement, et en général sur les affections primitives des corps, c'est d'examiner attentivement la différence entre le résultat que donne la théorie et celui que fournit l'expérience, et d'employer cette différence avec adresse pour déterminer, par exemple, dans les effets de l'impulsion, l'altération causée par la résistance de l'air ; dans les effets des machines simples, l'altération occasionnée par le frottement et par d'autres causes. Telle est la méthode que les plus grands physiciens ont suivie, et qui est la plus propre à faire faire à la science de grands progrès : car alors l'expérience ne servira plus simplement à confirmer la théorie ; mais différant de la théorie sans l'ébranler, elle conduira à des vérités nouvelles auxquelles la théorie seule n'aurait pu atteindre.

Le premier objet réel de la physique *expérimentale* sont les propriétés générales des corps, que l'observation nous fait connaître, pour ainsi dire, en gros, mais dont l'expérience seule peut mesurer et déterminer les effets ; tels sont, par exemple, les phénomènes de la pesanteur. Aucune théorie n'aurait pu nous faire trouver la loi que les corps pesants suivent dans leur chute verticale, mais cette loi une fois connue par l'expérience, tout ce qui appartient au mouvement des corps pesants, soit rectiligne, soit curviligne, soit incliné, soit vertical, n'est plus que du ressort de la théorie ; et si l'expérience s'y joint, ce ne doit être que dans la même vue et de la même manière que pour les lois primitives de l'impulsion.

· ·

On sait que les fluides pressent et résistent quand ils sont en repos, et poussent quand ils sont en mouvement ; mais cette connaissance vague ne saurait être d'un grand usage. Il faut, pour la rendre plus précise et par conséquent plus réelle et plus utile, avoir recours à l'expérience ; en nous faisant connaître les lois de l'hydrostatique, elle nous donne en quelque manière beaucoup plus que nous ne lui demandons ; car elle nous apprend d'abord ce que nous n'aurions jamais soupçonné, que les fluides ne pressent nullement comme les corps solides, ni comme ferait un amas de petits corpuscules contigus et pressés. Les lois de la chute des corps, la quantité de la pesanteur de l'air, sont des faits que l'expérience seule a pu sans doute nous dévoiler, mais qui, après tout, n'ont rien de surprenant en eux-mêmes : il n'en est pas ainsi de la pression des fluides en tout sens, qui est la base de l'équilibre des fluides. C'est un phénomène qui paraît hors des lois générales, et que nous avons encore peine à croire, même lorsque nous n'en pouvons pas douter : mais ce phénomène une fois connu, l'hydrostatique n'a guère besoin de l'expérience : il y a plus, l'hydraulique même devient une science entièrement ou presque entièrement mathématique ; je dis *presque entièrement,* car quoique les lois du mouvement des fluides se déduisent des lois de leur équilibre, il y a néanmoins des cas où l'on ne peut réduire les unes aux autres qu'au moyen de certaines hypothèses, et l'expérience est nécessaire pour nous assurer que ces hypothèses sont exactes et non arbitraires.

Ce serait ici le lieu de faire quelques observations sur l'abus du calcul et des hypothèses dans la physique, si cet objet n'avait déjà été rempli par des géomètres mêmes qu'on ne peut accuser en cela de partialité. Au fond, de quoi les hommes n'abusent-ils pas ? On s'est bien servi de la méthode des géomètres pour embrouiller la métaphysique : on a mis des figures de géométrie dans des traités de l'âme ; et depuis que l'action de Dieu a été réduite en théorèmes, doit-on s'étonner que l'on ait essayé d'en faire autant de l'action des corps ?

Que de choses n'aurais-je point à dire ici sur les sciences qu'on appelle *physico-mathématiques,* sur l'astronomie physique entre autres, sur l'acoustique, sur l'optique et ses différentes branches, sur la manière dont l'expérience et le calcul doivent s'unir pour rendre ces sciences les plus parfaites qu'il est possible ; mais afin de ne point rendre cet article trop long, je renvoie ces réflexions et plusieurs autres au mot *Physique,* qui ne doit point être séparé de celui-ci. Je me bornerai pour le présent à ce qui doit être le véritable et comme l'unique objet de la physique *expérimentale ;* à ces phénomènes qui se multiplient à l'infini, sur la cause desquels le raisonnement ne peut nous aider, dont nous n'apercevons point la chaîne, ou dont au moins nous ne voyons la liaison que très imparfaitement, très rarement, et après les avoir envisagés sous bien des faces : tels sont, par exemple, les phénomènes de la chimie, ceux de l'électricité, ceux de l'aimant, et une infinité d'autres. Ce sont là les faits que le physicien doit surtout chercher à bien connaî- tre : il ne saurait trop les multiplier ; plus il en aura recueilli, plus il sera près d'en voir l'union : son objet doit être d'y mettre l'ordre dont ils seront susceptibles, d'expliquer les uns par les autres autant que cela sera possible, et d'en former, pour ainsi dire, une chaîne où il se trouve le moins de lacunes que faire se pourra ; il en restera toujours assez ; la nature y a mis bon ordre. Qu'il se garde bien surtout de vouloir rendre raison de ce qui lui échappe ; qu'il se défie de cette fureur d'expliquer tout, que Descartes a introduite dans la physique, qui a accoutumé la plupart de ses sectateurs à se contenter de principes et de raisons vagues, propres à soutenir également le pour et le contre. On ne peut s'empêcher de rire, quand on lit dans certains ouvrages de physique les explications des variations du baromètre, de la neige, de la grêle, et d'une infinité d'autres faits. Ces auteurs, avec les principes et la méthode dont ils se servent, seraient du moins aussi peu embarrassés pour expliquer des faits absolument contraires ; pour démontrer, par exemple, qu'en temps de pluie le baromètre doit hausser, que la neige doit tomber en été et la grêle en hiver, et ainsi des autres. Les explications dans un cours de physique doivent être comme les réflexions dans l'histoire, courtes, sages, fines, amenées par les faits, ou renfermées dans les faits mêmes par la manière dont on les présente.

Au reste, quand je proscris de la physique la manie des explications, je suis bien éloigné d'en proscrire cet esprit de conjecture qui, tout à la fois timide et éclairé, conduit quelquefois à des découvertes, pourvu qu'il se donne pour ce qu'il est, jusqu'à ce qu'il soit arrivé à la découverte réelle ; cet esprit d'analogie, dont la sage hardiesse perce au-delà de ce que la nature semble vouloir montrer, et prévoit les faits avant que de les avoir vus. Ces deux talents précieux et si rares, trompent à la vérité quelquefois celui qui n'en fait pas assez sobrement usage : mais ne se trompe pas ainsi qui veut.

. . . .

(D'Alembert)

F

FAIT, s. m. Voilà un de ces termes qu'il est difficile de définir : dire qu'il s'emploie dans toutes les circonstances connues où une chose en général a passé de l'état de possibilité à l'état d'existence, ce n'est pas se rendre plus clair.

On peut distribuer les *faits* en trois classes ; les actes de la divinité, les phénomènes de la nature, et les actions des hommes. Les premiers appartiennent à la théologie, les seconds à la philosophie, et les autres à l'histoire proprement dite. Tous sont également sujets à la critique.

On considérerait encore les *faits* sous deux points de vue très généraux : ou les *faits* sont naturels, ou ils sont surnaturels ; ou nous en avons été les témoins oculaires, ou ils nous ont été transmis par la tradition, par l'histoire et tous ses monuments.

Lorsqu'un *fait* s'est passé sous nos yeux, et que nous avons pris toutes les précautions possibles pour ne pas nous tromper nous-mêmes, et pour n'être point trompés par les autres, nous avons toute la certitude que la nature du *fait* peut comporter. Mais cette persuasion a sa latitude ; ses degrés et sa force correspondent à toute la variété des circonstances du *fait*, et des qualités personnelles du témoin oculaire. La certitude alors fort grande en elle-même, l'est cependant d'autant plus que l'homme est plus crédule, et le *fait* plus simple et plus ordinaire ; ou d'autant moins que l'homme est plus circonspect, et le *fait* plus extraordinaire et plus compliqué. En un mot qu'est-ce qui dispose les hommes à croire, sinon leur organisation et leurs lumières. D'où tireront-ils la certitude d'avoir pris toutes les précautions nécessaires contre eux-mêmes et contre les autres, si ce n'est de la nature du *fait ?*

Les précautions à prendre contre les autres, sont infinies en nombre, comme les *faits* dont nous avons à juger : celles qui nous concernent personnellement se réduisent à se méfier de ses lumières naturelles et acquises, de ses passions, de ses préjugés et de ses sens.

Si le *fait* nous est transmis par l'histoire ou par la tradition, nous n'avons qu'une règle pour en juger ; l'application peut en être difficile, mais la règle est sûre ; l'expérience des siècles passés, et la nôtre. S'en tenir à son coup d'œil, ce serait s'exposer souvent à l'erreur ; car combien de *faits* qui sont vrais, quoique nous soyons naturellement disposés à les regarder comme faux ? Et combien d'autres qui sont faux, quoique à ne consulter que le cours ordinaire des événements, nous ayons le penchant le plus fort à les prendre pour vrais ?

Pour éviter l'erreur, nous nous représenterons l'histoire de tous les temps et la tradition chez tous les peuples, sous l'emblème de vieillards qui ont été exceptés de la loi générale qui a borné notre vie à un petit nombre d'années et que nous allons interroger sur des transactions dont nous ne pouvons connaître la vérité que par eux. Quelque respect que nous ayons pour leurs récits, nous nous garderons bien d'oublier que ces vieillards sont des hommes ; et que nous ne saurons jamais de leurs lumières et de leur véracité, que ce que d'autres hommes nous en diront ou nous en ont dit, et que nous en éprouverons nous-mêmes. Nous rassemblerons scrupuleusement tout ce qui déposera pour ou contre leur témoignage ; nous examinerons les *faits* avec impartialité, et dans toute la variété de leurs circonstances; et nous chercherons dans le plus grand espace que nous puissions embrasser sur la terre que les hommes ont habitée, et dans toute la durée qui nous est connue, combien il est arrivé de fois que nos vieillards interrogés en des cas semblables ont dit la vérité; et combien de fois il est arrivé qu'ils ont menti. Ce rapport sera l'expression de notre certitude ou de notre incertitude.

Ce principe est incontestable. Nous arrivons dans ce monde, nous y trouvons des témoins oculaires, des écrits et des monuments; mais qu'est-ce qui nous apprend la valeur de ces témoignages, sinon notre propre expérience?

D'où il s'ensuit que puisqu'il n'y a pas deux hommes sur la terre qui se ressemblent, soit par l'organisation, soit par les lumières, soit par l'expérience, il n'y a pas deux hommes sur lesquels ces symboles fassent exactement la même impression; qu'il y a même des individus entre lesquels la différence est infinie : les uns nient ce que d'autres croient presque aussi fermement que leur propre existence; entre ces derniers il y en a qui admettent sous certaines dénominations, ce qu'ils rejettent opiniâtrement sous d'autres noms; et dans tous ces jugements contradictoires ce n'est point la diversité des preuves qui fait toute la différence des opinions, les preuves et les objections étant les mêmes, à de très petites circonstances près.

Une autre conséquence qui n'est pas moins importante que la précédente, c'est qu'il y a des ordres de *faits* dont la vraisemblance va toujours en diminuant, et d'autres ordres de *faits* dont la vraisemblance va toujours en augmentant. Il y avait, quand nous commençâmes à interroger les vieillards, cent mille à présumer contre un qu'ils nous en imposaient en certaines circonstances, et nous disaient la vérité en d'autres. Par les expériences que nous avons faites, nous avons trouvé que le rapport variait d'une manière de plus en plus défavorable à leur témoignage dans le premier cas, et de plus en plus favorable à leur témoignage dans le second ; et en examinant la nature des choses, nous ne voyons rien dans l'avenir qui doive renverser les expériences, en sorte que celles de nos neveux attestent le contraire des nôtres : ainsi il y a des points sur lesquels nos vieillards radoteront plus que jamais, et d'autres sur lesquels ils conserveront tout leur jugement, et ces points seront toujours les mêmes.

Nous connaissons donc, sur quelques *faits*, tout ce que notre raison et notre condition peuvent nous permettre de savoir ; et nous devons dès aujourd'hui rejeter ces *faits* comme des mensonges, ou les admettre comme des vérités, même au péril de notre vie, lorsqu'ils seront d'un ordre assez relevé pour mériter ce sacrifice.

Mais qui nous apprendra à discerner ces sublimes vérités pour lesquelles il est heureux de mourir ? La foi.

(Diderot)

FERMIERS (*Econ. polit.*) sont ceux qui afferment et font valoir les biens des campagnes, et qui procurent les richesses et les ressources les plus essentielles pour le soutien de l'état ; ainsi l'emploi du *fermier* est un objet très important dans le royaume, et mérite une grande attention de la part du gouvernement.

Si on ne considère l'agriculture en France que sous un aspect général, on ne peut s'en former que des idées vagues et imparfaites. On voit vulgairement que la culture ne manque que dans des endroits où les terres restent en friche ; on imagine que les travaux du pauvre cultivateur sont aussi avantageux que ceux du riche *fermier*. Les moissons qui couvrent les terres nous en imposent ; nos regards qui les parcourent rapidement, nous assurent à la vérité que ces terres sont cultivées, mais ce coup d'œil ne nous instruit pas du produit des récoltes ni de l'état de la culture, et encore moins des profits qu'on peut retirer des bestiaux et des autres

parties nécessaires de l'agriculture : on ne peut connaître ces objets que par un examen fort étendu et fort
approfondi. Les différentes manières de traiter les
terres que l'on cultive, et les causes qui y contribuent,
décident des produits de l'agriculture ; ce sont les
différentes sortes de cultures, qu'il faut bien connaître
pour juger de l'état actuel de l'agriculture dans le
royaume.

. . . .

On prétend que les sept huitièmes des terres du
royaume sont cultivés avec des bœufs : cette estimation
peut au moins être admise, en comprenant sous le
même point de vue les terres mal cultivées avec des
chevaux, par de pauvres *fermiers* qui ne peuvent pas
subvenir aux dépenses nécessaires pour une bonne
culture. Ainsi une partie de toutes ces terres sont en
friche ; et l'autre partie presque en friche ; ce qui
découvre une dégradation énorme de l'agriculture en
France, par le défaut de *fermiers*.

Ce désastre peut être attribué à trois causes : 1º A la
désertion des enfants des laboureurs qui sont forcés à
se réfugier dans les grandes villes, où ils portent les
richesses que leurs pères emploient à la culture des
terres ; 2º Aux impositions arbitraires, qui ne laissent
aucune sûreté dans l'emploi des fonds nécessaires pour
les dépenses de l'agriculture ; 3º A la gêne, à laquelle on
s'est trouvé assujetti dans le commerce des grains.

On a cru que la politique regardait l'indigence des
habitants de la campagne, comme un aiguillon nécessaire pour les exciter au travail : mais il n'y a point
d'homme qui ne sache que les richesses sont le grand
ressort de l'agriculture, et qu'il en faut beaucoup pour
bien cultiver. Ceux qui en ont ne veulent pas être
ruinés : ceux qui n'en ont pas travailleraient inutilement, et les hommes ne sont point excités au travail
quand ils n'ont rien à espérer pour leur fortune ; leur
activité est toujours proportionnée à leur succès. On ne
peut donc pas attribuer à la politique des vues si
contraires au bien de l'état, si préjudiciables au souve-

rain, et si désavantageuses aux propriétaires des biens
du royaume.

. . . .

On estime, selon M. Dupré de Saint-Maur, qu'il y a
encore seize millions d'habitants dans le royaume. Si
chaque habitant consommait trois septiers de blé, la
consommation totale serait de quarante-huit millions
de septiers : mais de seize millions d'habitants, il en
meurt moitié avant l'âge de quinze ans. Ainsi de seize
millions, il n'y en a que huit millions qui passent l'âge
de quinze ans, et leur consommation annuelle en blé ne
passe pas vingt-quatre millions de septiers. Supposez-
en la moitié encore pour les enfants au-dessous de l'âge
de 15 ans, la consommation totale sera trente-six
millions de septiers. M. Dupré de Saint-Maur estime
nos récoltes en blé, année commune, à trente-sept
millions de septiers ; d'où il paraît qu'il n'y aurait pas
d'excédents dans nos récoltes en blé. Mais il y a
d'autres grains et des fruits dont les paysans font usage
pour leur nourriture : d'ailleurs je crois qu'en estimant
le produit de nos récoltes par les deux sortes de
cultures dont nous venons de parler, elles peuvent
produire, année commune, quarante-deux millions de
septiers.

Si les 50 millions d'arpents de terres labourables[1]
qu'il y a pour le moins dans le royaume, étaient tous
traités par la grande culture, chaque arpent de terre,
tant bonne que médiocre, donnerait, année commune,
au moins cinq septiers, semence prélevée : le produit
du tiers chaque année, serait 85 millions de septiers de
blé ; mais il y aurait au moins un huitième de ces terres
employé à la culture des légumes, du lin, du chanvre,
etc. qui exigent de bonnes terres et une bonne culture ;
il n'y aurait donc par an qu'environ 14 millions
d'arpents qui porteraient du blé, et dont le produit
serait 70 millions de septiers.

1. Selon la carte de M. de Cassini, il y a environ 125 millions
d'arpents ; la moitié pourrait être cultivée en blé.

Ainsi l'augmentation de récolte serait chaque année, de 26 millions de septiers.

Ces vingt-six millions de septiers seraient surabondants dans le royaume, puisque les récoltes actuelles sont plus que suffisantes pour nourrir les habitants : car on présume avec raison qu'elles excèdent, année commune, d'environ neuf millions de septiers.

Ainsi quand on supposerait à l'avenir un surcroît d'habitants fort considérable, il y aurait encore plus de 26 millions de septiers à vendre à l'étranger.

. . . .

Les profits sur les bestiaux en forment la partie la plus considérable. La culture du blé exige beaucoup de dépenses. La vente de ce grain est fort inégale ; si le laboureur est forcé de le vendre à bas prix, ou de le garder, il ne peut se soutenir que par les profits qu'il fait sur les bestiaux. Mais la culture des grains n'en est pas moins le fondement et l'essence de son état : ce n'est que par elle qu'il peut nourrir beaucoup de bestiaux ; car il ne suffit pas pour les bestiaux d'avoir des pâturages pendant l'été, il leur faut des fourrages pendant l'hiver, et il faut aussi des grains à la plupart pour leur nourriture. Ce sont les riches moissons qui les procurent : c'est donc sous ces deux points de vue qu'on doit envisager la régie de l'agriculture.

Dans un royaume comme la France dont le territoire est si étendu, et qui produirait beaucoup plus de blé que l'on n'en pourrait vendre, on ne doit s'attacher qu'à la culture des bonnes terres pour la production du blé ; les terres fort médiocres qu'on cultive pour le blé, ne dédommagent pas suffisamment des frais de cette culture. Nous ne parlons pas ici des améliorations de ces terres ; il s'en faut beaucoup qu'on puisse en faire les frais en France, où l'on ne peut pas même, à beaucoup près, subvenir aux dépenses de la simple agriculture. Mais ces mêmes terres peuvent être plus profitables, si on les fait valoir par la culture de menus grains, de racines, d'herbages, ou de prés artificiels, pour la nourriture des bestiaux ; plus on peut par le moyen de cette culture nourrir les bestiaux dans leurs étables, plus ils fournissent de fumier pour l'engrais des terres, plus les récoltes sont abondantes en grains et en fourrages, et plus on peut multiplier les bestiaux. Les bois, les vignes, qui sont des objets importants, peuvent aussi occuper beaucoup de terres sans préjudicier à la culture des grains. On a prétendu qu'il fallait restreindre la culture des vignes, pour étendre davantage la culture du blé : mais ce serait encore priver le royaume d'un produit considérable sans nécessité, et sans remédier aux empêchements qui s'opposent à la culture des terres.

. . . .

En Angleterre, on réserve beaucoup de terres pour procurer de la nourriture aux bestiaux. Il y a une quantité prodigieuse de bestiaux dans cette île, et le profit en est si considérable, que le seul produit des laines est évalué à plus de cent soixante millions.

Il n'y a aucune branche de commerce qui puisse être comparée à cette seule partie du produit des bestiaux ; la traite des nègres, qui est l'objet capital du commerce extérieur de cette nation, ne monte qu'environ à soixante millions : ainsi la partie du cultivateur excède infiniment celle du négociant. La vente des grains forme le quart du commerce intérieur de l'Angleterre, et le produit des bestiaux est bien supérieur à celui des grains. Cette abondance est due aux richesses du cultivateur. En Angleterre, l'état de fermier est un état fort riche et fort estimé, un état singulièrement protégé par le gouvernement. Le cultivateur y fait valoir ses richesses à découvert, sans craindre que son gain attire sa ruine par des impositions arbitraires et indéterminées.

Plus les laboureurs sont riches, plus ils augmentent par leurs facultés le produit des terres, et la puissance de la nation. Un fermier pauvre ne peut cultiver qu'au désavantage de l'état, parce qu'il ne peut obtenir par son travail les productions que la terre n'accorde qu'à une culture opulente.

. . . .

L'agriculture n'a pas, comme le commerce, une ressource dans le crédit. Un marchand peut emprunter pour acheter de la marchandise ; ou il peut l'acheter à crédit, parce qu'en peu de temps le profit et le fonds de l'achat lui rentrent ; il peut faire le remboursement des sommes qu'il emprunte : mais le laboureur ne peut retirer que le profit des avances qu'il a faites pour l'agriculture ; le fonds reste pour soutenir la même entreprise de culture ; ainsi il ne peut l'emprunter pour le rendre à des termes préfix ; et ces effets étant en mobilier, ceux qui pourraient lui prêter n'y trouveraient pas assez de sûreté pour placer leur argent à demeure. Il faut donc que les *fermiers* soient riches par eux-mêmes ; et le gouvernement doit avoir beaucoup d'égards à ces circonstances, pour relever un état si essentiel dans le royaume.

. . . .

La liberté de la vente de nos grains à l'étranger, est donc un moyen essentiel et même indispensable pour ranimer l'agriculture dans le royaume ; cependant ce seul moyen ne suffit pas. On apercevrait à la vérité que la culture des terres procurerait de plus grands profits ; mais il faut encore que le cultivateur ne soit pas inquiété par des impositions arbitraires et indéterminées : car si cet état n'est pas protégé, on n'exposera pas des richesses dans un emploi si dangereux. La sécurité dont on jouit dans les grandes villes, sera toujours préférable à l'apparence d'un profit qui peut occasionner la perte des fonds nécessaires pour former un établissement si peu solide.

Les enfants des *fermiers* redoutent trop la milice ; cependant la défense de l'état est un des premiers devoirs de la nation : personne à la rigueur n'en est exempt, qu'autant que le gouvernement qui règle l'emploi des hommes, en dispense pour le bien de l'état. Dans ces vues, il ne réduit pas à la simple condition de soldat ceux qui par leurs richesses ou par leurs professions peuvent être plus utiles à la société. Par cette raison l'état du *fermier* pourrait être distingué de celui du métayer, si ces deux états étaient bien connus.

Ceux qui sont assez riches pour embrasser l'état de *fermier*, ont par leurs facultés la facilité de choisir d'autres professions : ainsi le gouvernement ne peut les déterminer que par une protection décidée, à se livrer à l'agriculture.

. . . .

Les observations qu'on vient de faire sur l'accroissement du produit des bœufs et des troupeaux, doivent s'étendre sur les chevaux, sur les vaches, sur les veaux, sur les porcs, sur les volailles, sur les vers à soie, etc., car par le rétablissement de la grande culture on aurait de riches moissons, qui procureraient beaucoup de grains, de légumes et de fourrages. Mais en faisant valoir les terres médiocres par la culture des menus grains, des racines, des herbages, des prés artificiels, des mûriers, etc., on multiplierait beaucoup plus encore la nourriture des bestiaux, des volailles et des vers à soie, dont il résulterait un surcroît de revenu qui serait aussi considérable que celui qu'on tirerait des bestiaux que nous avons évalués ; ainsi il y aurait par le rétablissement total de la grande culture, une augmentation continuelle de richesses de plus d'un milliard.

Ces richesses se répandraient sur tous les habitants : elles leur procureraient de meilleurs aliments, elles satisferaient à leurs besoins, elles les rendraient heureux, elles augmenteraient la population, elles accroîtraient les revenus des propriétaires et ceux de l'état.

Les frais de la culture n'en seraient guère plus considérables, il faudrait seulement de plus grands fonds pour en former l'établissement ; mais ces fonds manquent dans les campagnes, parce qu'on les a attirés dans les grandes villes. Le gouvernement qui faisait mouvoir les ressorts de la société, qui dispose de l'ordre général, peut trouver les expédients convenables et intéressants pour les faire retourner d'eux-mêmes à l'agriculture, où ils seraient beaucoup plus profitables aux particuliers, et beaucoup plus avanta-

geux à l'état. Le lin, le chanvre, les laines, la soie, etc.,
seraient les matières premières de nos manufactures ; le
blé, les vins, l'eau-de-vie, les cuirs, les viandes salées,
le beurre, le fromage, les graisses, le suif, les toiles, les
cordages, les draps, les étoffes, formeraient le principal
objet de notre commerce avec l'étranger. Ces marchandises seraient indépendantes du luxe, les besoins des
hommes leur assurent une valeur réelle ; elles naîtraient de notre propre fonds, et seraient en pur profit
pour l'état ; ce serait des richesses toujours renais-
santes, et toujours supérieures à celles des autres
nations. Ces avantages, si essentiels au bonheur et à la
prospérité des sujets, en procureraient un autre qui ne
contribue pas moins à la force et aux richesses de
l'état ; ils favoriseraient la propagation et la conservation des hommes, surtout l'augmentation des habitants
de la campagne. Les *fermiers* riches occupent les
paysans, que l'attrait de l'argent détermine au travail :
ils deviennent laborieux, leur gain leur procure une
aisance qui les fixe dans les provinces, et qui les met en
état d'alimenter leurs enfants, de les retenir auprès
d'eux, et de les établir dans leur province. Les
habitants des campagnes se multiplient donc à proportion que les richesses y soutiennent l'agriculture, et
que l'agriculture augmente les richesses.

· ·

Les habitants des villes croient ingénument que ce
sont les bras des paysans qui cultivent la terre, et que
l'agriculture ne dépérit que parce que les hommes
manquent dans les campagnes. Il faut, dit-on, en
chasser les maîtres d'école, qui par les instructions
qu'ils donnent aux paysans, facilitent leur désertion :
on imagine ainsi des petits moyens, aussi ridicules que
désavantageux ; on regarde les paysans comme les
esclaves de l'état ; la vie rustique paraît la plus dure, la
plus pénible, et la plus méprisable, parce qu'on destine
les habitants des campagnes aux travaux qui sont
réservés aux animaux. [...] Dans les provinces riches
où la culture est bien entretenue, les paysans ont

beaucoup de ressources; ils ensemencent quelques arpents de terre en blé et autres grains; ce sont les *fermiers* pour lesquels ils travaillent qui en font les labours, et c'est la femme et les enfants qui en recueillent les produits : ces petites moissons qui leur donnent une partie de leur nourriture leur produisent des fourrages et des fumiers. Ils cultivent du lin, du chanvre, des herbes potagères, des légumes de toute espèce; ils ont des bestiaux et des volailles qui leur fournissent de bons aliments, et sur lesquels ils retirent des profits; ils se procurent par le travail de la moisson du laboureur, d'autres grains pour le reste de l'année; ils sont toujours employés aux travaux de la campagne; ils vivent sans contrainte et sans inquiétude; ils méprisent la servitude des domestiques, valets, esclaves des autres hommes; ils n'envient pas le sort du bas peuple qui habite les villes, qui loge au sommet des maisons; qui est borné à un gain à peine suffisant au besoin présent, qui étant obligé de vivre sans aucune prévoyance et sans aucune provision pour les besoins à venir, est continuellement exposé à languir dans l'indigence.

Les paysans ne tombent dans la misère et n'abandonnent la province, que quand ils sont trop inquiétés par les vexations auxquelles ils sont exposés, ou quand il n'y a pas de *fermiers* qui leur procurent du travail, et que la campagne est cultivée par de pauvres métayers bornés à une petite culture, qu'ils exécutent eux-mêmes fort imparfaitement. La portion que ces métayers retirent de leur petite récolte, qui est partagée avec le propriétaire, ne peut suffire que pour leurs propres besoins; ils ne peuvent réparer ni améliorer les biens.

Ces pauvres cultivateurs, si peu utiles à l'état, ne représentent point le vrai laboureur, le riche *fermier* qui cultive en grand, qui gouverne, qui commande, qui multiplie les dépenses pour augmenter les profits; qui, ne négligeant aucun moyen, aucun avantage particulier, fait le bien général; qui emploie utilement les habitants de la campagne, qui peut choisir et attendre les temps favorables pour le débit de ses grains, pour l'achat et pour la vente de ses bestiaux.

Ce sont les richesses des *fermiers* qui fertilisent les terres, qui multiplient les bestiaux, qui attirent, qui fixent les habitants des campagnes, et qui font la force et la prospérité de la nation.

Les manufactures et le commerce entretenus par les désordres du luxe, accumulent les hommes et les richesses dans les grandes villes, s'opposent à l'amélioration des biens, dévastent les campagnes, inspirent du mépris pour l'agriculture, augmentent excessivement les dépenses des particuliers, nuisent au soutien des familles, s'opposent à la propagation des hommes, et affaiblissent l'état.

La décadence des empires a souvent suivi de près un commerce florissant. Quand une nation dépense par le luxe ce qu'elle gagne par le commerce, il n'en résulte qu'un mouvement d'argent sans augmentation réelle de richesse. C'est la vente du superflu qui enrichit les sujets et le souverain. Les productions de nos terres doivent être la matière première des manufactures et l'objet du commerce : tout autre commerce qui n'est pas établi sur ces fondements, est peu assuré ; plus il est brillant dans un royaume, plus il excite l'émulation des nations voisines, et plus il se partage. Un royaume riche en terres fertiles, ne peut être imité dans l'agriculture par un autre qui n'a pas le même avantage. Mais pour en profiter il faut éloigner les causes qui font abandonner les campagnes, qui rassemblent et retiennent les richesses dans les grandes villes. Tous les seigneurs, tous les gens riches, tous ceux qui ont des rentes ou des pensions suffisantes pour vivre commodément, fixent leur séjour à Paris ou dans quelque autre grande ville, où ils dépensent presque tous les revenus des fonds du royaume. Ces dépenses attirent une multitude de marchands, d'artisans, de domestiques, et de manouvriers : cette mauvaise distribution des hommes et des richesses est inévitable, mais elle s'étend beaucoup trop loin ; peut-être y aura-t-on d'abord beaucoup contribué, en protégeant plus les citoyens que les habitants des campagnes. Les hommes sont attirés par l'intérêt et par la tranquillité. Qu'on procure ces avantages à la campagne, elle ne sera pas moins peuplée à proportion que les villes. Tous les habitants des villes ne sont pas riches, ni dans l'aisance. La campagne a ses richesses et ses agréments : on ne l'abandonne que pour éviter les vexations auxquelles on y est exposé ; mais le gouvernement peut remédier à ces inconvénients. Le commerce paraît florissant dans les villes, parce qu'elles sont remplies de riches marchands. Mais qu'en résulte-t-il, sinon que presque tout l'argent du royaume est employé à un commerce qui n'augmente point les richesses de la nation ? Locke le compare au jeu, où après le gain et la perte des joueurs, la somme d'argent reste la même qu'elle était auparavant. Le commerce intérieur est nécessaire pour procurer les besoins, pour entretenir le luxe, et pour faciliter la consommation ; mais il contribue peu à la force et à la prospérité de l'état. Si une partie des richesses immenses qu'il retient, et dont l'emploi produit si peu au royaume, était distribué à l'agriculture, elle procurerait des revenus bien plus réels et plus considérables.

. . . .

Cependant la répartition des impositions sur les laboureurs, présente aussi de grandes difficultés. Les taxes arbitraires sont trop effrayantes et trop injustes pour ne pas s'opposer toujours puissamment au rétablissement de l'agriculture.

. . . .

Si les habitants des campagnes étaient délivrés de l'imposition arbitraire de la taille, ils vivraient dans la même sécurité que les habitants des grandes villes : beaucoup de propriétaires iraient faire valoir eux-mêmes leurs biens ; on n'abandonnerait plus les campagnes ; les richesses et la population s'y rétabliraient : ainsi en éloignant d'ailleurs toutes les autres causes

préjudiciables aux progrès de l'agriculture, les forces
du royaume se répareraient peu à peu par l'augmentation des hommes, et par l'accroissement des revenus de
l'état.

(Quesnay)

FINANCES, s. f. (*Econ. polit.*), on comprend sous
ce mot les deniers publics du roi et de l'état. Qui ne
juge des *finances* que par l'argent, n'en voit que le
résultat, n'en aperçoit pas le principe ; il faut, pour en
avoir une idée juste, se la former plus noble et plus
étendue. On trouvera dans les *finances* mieux connues,
mieux développées, plus approfondies, le principe,
l'objet et le moyen des opérations les plus intéressantes
du gouvernement ; le principe qui les occasionne,
l'objet qui les fait entreprendre, le moyen qui les
assure.

Pour se prescrire à soi-même, dans une matière aussi
vaste, des points d'appui invariables et sûrs, ne
pourrait-on pas envisager les *finances* dans le principe
qui les produit, dans les richesses qu'elles renferment,
dans les ressources qu'elles procurent, dans l'administration qu'elles exigent ? Point de richesses sans principes, point de ressources sans richesses, point d'administration si l'on n'a rien à gouverner ; tout se lie, tout
se touche, tout se tient : les hommes et les choses se
représentent circulairement dans toutes les parties ; et
rien n'est indifférent dans aucune puisque dans les
finances, comme dans l'électricité, le moindre mouvement se communique avec rapidité depuis celui dont la
main approche le plus du globe, jusqu'à celui qui en est
le plus éloigné.

Les *finances* considérées dans leur principe, sont
produites par les hommes ; mot cher et respectable à
tous ceux qui sentent et qui pensent ; mot qui fait
profiter de leurs talents et ménager leurs travaux ; mot
précieux, qui rappelle ou qui devrait rappeler sans

cesse à l'esprit ainsi qu'au sentiment, cette belle maxime de Térence, que l'on ne saurait trop profondément graver dans sa mémoire et dans son cœur : *homo sum, nihil humani a me alienum puto :* « je suis homme, rien de ce qui touche l'humanité ne saurait m'être étranger ». Voilà le code du genre humain : voilà le plus doux lien de la société : voilà le germe des vues les plus grandes, et des meilleures vues ; idées que le vrai sage n'a jamais séparées.

Les hommes ne doivent, ne peuvent donc jamais être oubliés ; on ne fait rien que pour eux, et c'est par eux que tout se fait. Le premier de ces deux points mérite toute l'attention du gouvernement, le second toute sa reconnaissance et toute son affection. A chaque instant, dans chaque opération, les hommes se représentent sous différentes formes ou sous diverses dénominations ; mais le principe n'échappe point au philosophe qui gouverne, il le saisit au milieu de toutes les modifications qui le déguisent aux yeux du vulgaire. Que l'homme soit possesseur ou cultivateur, fabriquant ou commerçant ; qu'il soit consommateur oisif, ou que son activité fournisse à la consommation ; qu'il gouverne ou qu'il soit gouverné, c'est un homme : ce mot seul donne l'idée de tous les besoins, de tous les moyens d'y satisfaire.

. . . .

(Pesselier)

FINESSE, s. f. (*Gramm.*), ne signifie ni au propre ni au figuré *mince*, *léger*, *délié*, d'une contexture rare, faible, ténue : elle exprime quelque chose de *délicat* et de *fini*. Un drap léger, une toile lâche, une dentelle faible, un galon mince, ne sont pas toujours *fins*. Ce mot a du rapport avec *finir :* de là viennent les *finesses* de l'art ; ainsi l'on dit la *finesse* du pinceau de Vanderwerf, de Mieris ; on dit un *cheval fin*, de l'or *fin*, un *diamant fin*. Le *cheval fin* est opposé au *cheval grossier ;* le *diamant fin* au *faux ;* l'or *fin* ou *affiné,* à l'or *mêlé d'alliage.* La *finesse* se dit communément des choses déliées, et de la légèreté de la main-d'œuvre. Quoiqu'on dise un *cheval fin,* on ne dit guère la *finesse d'un cheval.* On dit la *finesse* des cheveux, d'une dentelle, d'une étoffe. Quand on veut par ce mot exprimer le défaut ou le mauvais emploi de quelque chose, on ajoute l'adverbe *trop.* Ce fil s'est cassé, il était *trop fin ;* cette étoffe est *trop fine* pour la saison.

La *finesse,* dans le sens figuré, s'applique à la conduite, aux discours, aux ouvrages d'esprit. Dans la conduite, *finesse* exprime toujours, comme dans les arts, quelque chose de délié ; elle peut quelquefois subsister sans l'habileté ; il est rare qu'elle ne soit pas mêlée d'un peu de fourberie, la politique l'admet, et la société la réprouve. Le proverbe des *finesses cousues de fil blanc,* prouve que ce mot, au sens figuré, vient du sens propre de *couture fine,* d'*étoffe fine.*

La *finesse* n'est pas tout à fait la subtilité. On tend un piège avec *finesse,* on en échappe avec subtilité ; on a une conduite *fine,* on joue un tour subtil ; on inspire la défiance, en employant toujours la *finesse.* On se trompe presque toujours en entendant *finesse* à tout. La *finesse* dans les ouvrages d'esprit, comme dans la conversation, consiste dans l'art de ne pas exprimer directement sa pensée, mais de la laisser aisément apercevoir : c'est une énigme dont les gens d'esprit devinent tout d'un coup le mot. Un chancelier offrant un jour sa protection au parlement, le premier président se tournant vers sa compagnie : *Messieurs,* dit-il, *remercions M. le chancelier, il nous donne plus que nous ne lui demandons ;* c'est là une repartie *très fine.* La *finesse* dans la conversation, dans les écrits, diffère de la délicatesse ; la première s'étend également aux choses piquantes et agréables, au blâme et à la louange même, aux choses même indécentes, couvertes d'un voile à travers lequel on les voit sans rougir. On dit des choses hardies avec *finesse.* La délicatesse exprime des sentiments doux et agréables, des louanges *fines ;* ainsi la *finesse* convient plus à l'épigramme, la délicatesse au madrigal. Il entre de la délicatesse dans les jalousies des amants ; il n'y entre point de *finesse*. Les louanges que donnait Despréaux à Louis XIV, ne sont pas toujours également délicates ; ses satires ne sont pas toujours assez *fines*. Quand Iphigénie dans Racine a reçu l'ordre de son père de ne plus revoir Achille, elle s'écrie : *dieux plus doux, vous n'aviez demandé que ma vie*. Le véritable caractère de ce vers est plutôt la délicatesse que la *finesse*.

(Voltaire)

FOIRE, s. f. *(Comm. et Politiq.).*
. . . .
On dit : « L'Etat ne peut se passer de revenus ; il est indispensable, pour subvenir à ses besoins, de charger les marchandises de taxes : cependant il n'est pas moins nécessaire de faciliter le débit de nos productions, surtout chez l'étranger ; ce qui ne peut se faire sans en baisser le prix autant qu'il est possible. Or on concilie ces deux objets en indiquant des lieux et des temps de franchise, où le bas prix des marchandises invite l'étranger, et produit une consommation extraordinaire, tandis que la consommation habituelle et nécessaire fournit suffisamment aux revenus publics. L'envie même de profiter de ces moments de grâce, donne aux vendeurs et aux acheteurs un empressement que la solennité de ces grandes *foires* augmente encore par une espèce de séduction, d'où résulte une augmentation dans la masse totale du commerce. » Tels sont les prétextes qu'on allègue pour soutenir l'utilité des grandes *foires*. Mais il n'est pas difficile de se convaincre qu'on peut par des arrangements généraux, et en favorisant également tous les membres de l'état, concilier avec bien plus d'avantage les deux objets que le gouvernement peut se proposer. En effet, puisque le prince consent à perdre une partie de ses droits, et à les

sacrifier aux intérêts du commerce, rien n'empêche qu'en rendant tous les droits uniformes, il ne diminue sur la totalité la même somme qu'il consent à perdre ; l'objet de décharger des droits la vente à l'étranger, en ne les laissant subsister que sur les consommations intérieures, sera même bien plus aisé à remplir en exemptant de droits toutes les marchandises qui sortent : car enfin on ne peut nier que nos *foires* ne fournissent à une grande partie de notre consommation intérieure. Dans cet arrangement, la consommation extraordinaire qui se fait dans le temps des *foires* diminuerait beaucoup ; mais il est évident que la modération des droits dans les temps ordinaires, rendrait la consommation générale bien plus abondante ; avec cette différence, que dans le cas du droit uniforme, mais modéré, le commerce gagne tout ce que le prince veut lui sacrifier : au lieu que dans le cas du droit général, plus fort avec des exemptions locales et momentanées, le roi peut sacrifier beaucoup, et le commerce ne gagner presque rien, ou, ce qui est la même chose, les denrées baisser de prix beaucoup moins que les droits ne diminuent ; et cela parce qu'il faut soustraire de l'avantage que donne cette diminution, les frais du transport des denrées nécessaires pour en profiter, le changement de séjour, les loyers des places de *foire* enchéris encore par le monopole des propriétaires, enfin le risque de ne pas vendre dans un espace de temps assez court, et d'avoir fait un long voyage en pure perte : or il faut toujours que la marchandise paie tous ses frais et ses risques. Il s'en faut donc beaucoup que le sacrifice des droits du prince soit aussi utile au commerce par les exemptions momentanées et locales, qu'il le serait par une modération légère sur la totalité des droits ; il s'en faut beaucoup que la consommation extraordinaire augmente autant par l'exemption particulière, que la consommation journalière diminue par la surcharge habituelle. Ajoutons, qu'il n'y a point d'exemption particulière qui ne donne lieu à des fraudes pour en profiter, à des gênes nouvelles, à des multiplications de commis et d'inspecteurs pour empêcher ces fraudes, à des peines pour les punir ; nouvelle perte d'argent et d'hommes pour l'état. Concluons que les grandes *foires* ne sont jamais aussi utiles, que la gêne qu'elles supposent est nuisible ; et que bien loin d'être la preuve de l'état florissant du commerce elles ne peuvent exister au contraire que dans des états où le commerce est gêné, surchargé de droits, et par conséquent médiocre.

(Turgot)

FONDATION, *s. f.* (*Politique et Droit naturel*). Les mots *fonder, fondement*, FONDATION, s'appliquent à tout établissement durable et permanent, par une métaphore bien naturelle, puisque le nom d'*établissement* est appuyé précisément sur la même métaphore.

Dans ce sens, on dit : *la fondation d'un empire, d'une république*. Mais nous ne parlerons point, dans cet article, de ces grands objets : ce que nous pourrions en dire tient aux principes primitifs du droit politique, à la première institution des gouvernements parmi les hommes.

On dit aussi : *fonder une secte*. Enfin on dit : *fonder une académie, un collège, un hôpital, un couvent, des messes, des prix à distribuer, des jeux publics*, etc. *Fonder* dans ce sens, c'est assigner un fonds ou une somme d'argent pour être employée à perpétuité à remplir l'objet que le fondateur s'est proposé, soit que cet objet regarde le culte divin ou l'utilité publique, soit qu'il se borne à satisfaire la vanité du fondateur, motif souvent l'unique véritable, lors même que les deux autres lui servent de voile.

. . . .

Notre but n'est [...] que d'examiner l'utilité des *fondations* en général par rapport au bien public, ou plutôt d'en montrer les inconvénients : puissent les

considérations suivantes concourir, avec l'esprit philosophique du siècle, à dégoûter des *fondations* nouvelles
et à détruire un reste de respect superstitieux pour les
anciennes !

1° Un *fondateur* est un homme qui veut éterniser
l'effet de ses volontés : or, quand on lui supposerait
toujours les intentions les plus pures, combien n'a-t-on
pas de raisons de se défier de ses lumières ? Combien
n'est-il pas aisé de faire le mal en voulant faire le bien ?
Prévoir avec certitude si un établissement produira
l'effet qu'on s'en est promis, et n'en aura pas un tout
contraire ; démêler à travers l'illusion d'un bien prochain et apparent, les maux réels qu'un long enchaînement de causes ignorées amènera à sa suite ; connaître
les véritables plaies de la société, remonter à leurs
causes ; distinguer les remèdes des palliatifs ; se défendre enfin des prestiges de la séduction ; porter un
regard sévère et tranquille sur un projet, au milieu de
cette atmosphère de gloire dont les éloges d'un public
aveugle et notre propre enthousiasme nous le montrent
environné : ce serait l'effort du plus profond génie, et
peut-être les sciences politiques ne sont-elles pas
encore assez avancées de nos jours pour y réussir.
Souvent on présentera à quelques particuliers des
secours contre un mal dont la cause est générale, et
quelquefois le remède même qu'on voudra opposer à
l'effet augmentera l'influence de la cause. Nous avons
un exemple frappant de cette espèce de maladresse,
dans quelques maisons destinées à servir d'asile aux
femmes repenties. Il faut faire preuve de débauche
pour y entrer. Je sais bien que cette précaution a dû
être imaginée pour empêcher que la *fondation* ne soit
détournée à d'autres objets ; mais cela seul ne prouve-t-
il pas que ce n'était point par de pareils établissements,
étrangers aux véritables causes du libertinage, qu'il
fallait le combattre ? Ce que j'ai dit du libertinage est
vrai de la pauvreté. Le pauvre a des droits incontestables sur l'abondance du riche ; l'humanité, la religion,
nous font également un devoir de soulager nos sembla-

bles dans le malheur : c'est pour accomplir ces devoirs indispensables que tant d'établissements de charité ont été élevés dans le monde chrétien pour soulager des besoins de toute espèce ; que des pauvres sans nombre sont rassemblés dans des hôpitaux, nourris à la porte des couvents par des distributions journalières. Qu'est-il arrivé ? C'est que, précisément dans les pays où ces ressources gratuites sont les plus abondantes, comme en Espagne et dans quelques parties de l'Italie, la misère est plus commune et plus générale qu'ailleurs. La raison en est bien simple, et mille voyageurs l'ont remarquée. Faire vivre gratuitement un grand nombre d'hommes, c'est soudoyer l'oisiveté et tous les désordres qui en sont la suite ; c'est rendre la condition du fainéant préférable à celle de l'homme qui travaille ; c'est, par conséquent, diminuer pour l'Etat la somme du travail et des productions de la terre, dont une partie devient nécessairement inculte ; de là, les disettes fréquentes, l'augmentation de la misère, et la dépopulation qui en est la suite : la race des citoyens industrieux est remplacée par une populace vile, composée de mendiants vagabonds et livrés à toutes sortes de crimes. Pour sentir l'abus de ces aumônes mal dirigées, qu'on suppose un Etat si bien administré, qu'il ne s'y trouve aucun pauvre (chose possible sans doute pour un Etat qui a des colonies à peupler), l'établissement d'un secours gratuit pour un certain nombre d'hommes y créerait tout aussitôt des pauvres, c'est-à-dire donnerait à autant d'hommes un intérêt de le devenir, en abandonnant leurs occupations ; d'où résulterait un vide dans le travail et la richesse de l'Etat, une augmentation du poids des charges publiques sur la tête de l'homme industrieux, et tous les désordres que nous remarquons dans la constitution présente des sociétés. C'est ainsi que les vertus les plus pures peuvent tromper ceux qui se livrent sans précaution à tout ce qu'elles leur inspirent.

. . . .

2° Mais, de quelque utilité que puisse être une *fondation*, elle porte dans elle-même un vice irrémédiable et qu'elle tient de sa nature, l'impossibilité d'en maintenir l'exécution. Les fondateurs s'abusent bien grossièrement, s'ils s'imaginent que leur zèle se communiquera de siècle en siècle aux personnes chargées d'en perpétuer les effets. Quand elles en auraient été animées quelque temps, il n'est point de corps qui n'ait à la longue perdu l'esprit de sa première origine. Il n'est point de sentiment qui ne s'amortisse par l'habitude même et la familiarité avec les objets qui l'excitent. Quels mouvements confus d'horreur, de tristesse, d'attendrissement sur l'humanité, de pitié pour les malheureux qui souffrent, n'éprouve pas un homme qui entre pour la première fois dans une salle d'hôpital ! Eh bien, qu'il ouvre les yeux et qu'il voie : dans ce lieu même, au milieu de toutes les misères humaines rassemblées, les ministres destinés à les secourir se promènent d'un air inattentif et distrait ; ils vont, machinalement et sans intérêt, distribuer, de malade en malade, des aliments et des remèdes prescrits quelquefois avec une négligence meurtrière ; leur âme se prête à des conversations indifférentes et peut-être aux idées les plus gaies et les plus folles ; la vanité, l'envie, la haine, toutes les passions règnent là comme ailleurs, s'occupent de leur objet, le poursuivent, et les gémissements, les cris aigus de la douleur, ne les détournent pas davantage que le murmure d'un ruisseau n'interromprait une conversation animée.

. . . .

3° Je veux supposer qu'une *fondation* ait eu dans son origine une utilité incontestable ; qu'on ait pris des précautions suffisantes pour empêcher que la paresse et la négligence ne la fassent dégénérer ; que la nature des fonds la mette à l'abri des révolutions du temps sur les richesses publiques : l'immutabilité que les fondateurs ont cherché à lui donner est encore un inconvénient considérable, parce que le temps amène de nouvelles révolutions qui font disparaître l'utilité dont elle pouvait être dans son origine, et qui peuvent même la rendre nuisible. La société n'a pas toujours les mêmes besoins : la nature et la distribution des propriétés, la division entre les différents ordres du peuple, les opinions, les mœurs, les occupations générales de la nation ou de ses différentes portions, le climat même, les maladies et les autres accidents de la vie humaine, éprouvent une variation continuelle ; de nouveaux besoins naissent, d'autres cessent de se faire sentir ; la proportion de ceux qui demeurent change de jour en jour dans la société, et avec eux disparaît ou diminue l'utilité des *fondations* destinées à y subvenir.

· ·

5° Malheur à moi si mon objet pouvait être, en présentant ces considérations, de concentrer l'homme dans son seul intérêt ; de le rendre insensible à la peine ou au bien-être de ses semblables ; d'éteindre en lui l'esprit de citoyen, et de substituer une prudence oisive et basse à la noble passion d'être utile aux hommes ! Je veux que l'humanité, que la passion du bien public procure aux hommes les mêmes biens que la vanité des *fondateurs*, mais plus sûrement, plus complètement, à moins de frais, et sans le mélange des inconvénients dont je me suis plaint. Parmi les différents besoins de la société qu'on voudrait remplir par la voie des établissements durables **ou** des *fondations*, distinguons-en deux sortes : les uns appartiennent à la société entière, et ne seront que le résultat des intérêts de chacune de ses parties : tels sont les besoins généraux de l'humanité, la nourriture pour tous les hommes, les bonnes mœurs et l'éducation des enfants, pour toutes les familles ; et cet intérêt est plus ou moins pressant pour les différents besoins, car un homme sent plus vivement le besoin de la nourriture que l'intérêt qu'il a de donner à ses enfants une bonne éducation. Il ne faut pas beaucoup de réflexion pour se convaincre que cette première espèce de besoins de la société n'est point de nature à être remplie par des *fondations*, ni par aucun autre moyen *gratuit ;* et qu'à cet égard le bien général doit être le résultat des efforts de chaque particulier pour son propre intérêt. Tout homme sain doit se procurer sa subsistance par son travail, parce que s'il était nourri sans travailler, il le serait aux dépens de ceux qui travaillent. Ce que l'Etat doit à chacun de ses membres, c'est la destruction des obstacles qui les gêneraient dans leur industrie, ou qui les troubleraient dans la jouissance des produits qui en sont la récompense. Si ces obstacles subsistent, les bienfaits particuliers ne diminueront point la pauvreté générale, parce que la cause restera tout entière.

De même, toutes les familles doivent l'éducation aux enfants qui naissent : elles y sont toutes intéressées immédiatement, et ce n'est que des efforts de chacune en particulier que peut naître la perfection générale de l'éducation. Si vous vous amusez à fonder des maîtres et des bourses dans des collèges, l'utilité ne s'en fera sentir qu'à un petit nombre d'hommes favorisés au hasard, et qui peut-être n'auront point les talents nécessaires pour en profiter : ce ne sera pour toute la nation d'une goutte d'eau répandue sur une vaste mer, et vous aurez fait à très grands frais de très petites choses. Et puis, faut-il accoutumer les hommes à tout demander, à tout recevoir, à ne rien devoir à eux-mêmes ? Cette espèce de mendicité qui s'étend dans toutes les conditions dégrade un peuple, substitue à toutes les passions hautes un caractère de bassesse et d'intrigue. Les hommes sont-ils puissamment intéressés au bien que vous voulez leur procurer, *laissez-les faire* : voilà le grand, l'unique principe. Vous paraissent-ils s'y porter avec moins d'ardeur que vous ne désireriez, augmentez leur intérêt. Vous voulez perfectionner l'éducation : proposez des prix à l'émulation des pères et des enfants ; mais que ces prix soient offerts à quiconque peut les mériter, du moins dans chaque ordre de citoyens ; que les emplois et les places en tout genre deviennent la récompense du mérite et la perspective assurée du travail, et vous verrez l'émulation s'allumer à la fois dans le sein de toutes les familles ; bientôt votre nation s'élèvera au-dessus d'elle-même ; vous aurez éclairé son esprit, vous lui aurez donné des mœurs, vous aurez fait de grandes choses, et il ne vous en aura pas tant coûté que pour fonder un collège.

L'autre classe de besoins publics auxquels on a voulu subvenir par des *fondations*, comprend ceux qu'on peut regarder comme accidentels, qui, bornés à certains lieux et à certains temps, entrent moins dans le système de l'administration générale, et peuvent demander des secours particuliers. Il s'agira de remédier aux maux d'une disette, d'une épidémie, de pourvoir à l'entretien de quelques vieillards, de quelques orphelins, à la conservation des enfants exposés ; de faire ou d'entretenir des travaux utiles à la commodité ou à la salubrité d'une ville ; de perfectionner l'agriculture ou quelques arts languissants dans un canton ; de récompenser des services rendus par un citoyen à la ville dont il est membre, d'y attirer des hommes célèbres par leurs talents, etc. Or, il s'en faut beaucoup que la voie des établissements publics et des *fondations* soit la meilleure pour procurer aux hommes tous ces biens dans la plus grande étendue possible. L'emploi libre des revenus d'une communauté, ou la contribution de tous ses membres dans le cas où le besoin serait pressant et général ; une association libre et des souscriptions volontaires de quelques citoyens généreux, dans le cas où l'intérêt serait moins prochain et moins universellement senti : voilà de quoi remplir parfaitement toutes sortes de vues vraiment utiles ; et cette méthode aura sur celle des *fondations* cet avantage inestimable, qu'elle n'est sujette à aucun abus important. Comme la contribution de chacun est entièrement volontaire, il est impossible que les fonds soient détournés de leur destination. S'ils l'étaient, la source en tarirait aussitôt ; il n'y a point d'argent perdu en frais inutiles, en luxe et en bâtiments. C'est une société du même genre que celles qui se font dans le commerce, avec cette différence qu'elle n'a pour objet que le bien public ; et, comme les fonds ne sont employés que sous les yeux des actionnaires, ils sont à portée de veiller à ce qu'ils le soient de la manière la plus avantageuse. Les ressources ne sont point éternelles pour des besoins passagers : le secours n'est jamais appliqué qu'à la partie de la société qui souffre, à la branche de commerce qui languit. Le besoin cesse-t-il, la libéralité cesse, et son cours se tourne vers d'autres besoins. Il n'y a jamais de doubles ni de triples emplois, parce que l'utilité actuelle reconnue est toujours ce qui détermine la générosité des bienfaiteurs publics. Enfin, cette méthode ne retire aucun fonds de la circulation générale ; les terres ne sont point irrévocablement possédées par des mains paresseuses, et leurs productions, sous la main d'un propriétaire actif, n'ont de borne que celle de leur propre fécondité. Qu'on ne dise point que ce sont là des idées chimériques : l'Angleterre, l'Ecosse et l'Irlande sont remplies de pareilles sociétés, et en ressentent, depuis plusieurs années, les heureux effets. Ce qui a lieu en Angleterre peut avoir lieu en France ; et quoi qu'on en dise, les Anglais n'ont pas le droit exclusif d'être citoyens. Nous avons même déjà dans quelques provinces des exemples de ces associations qui en prouvent la possibilité. Je citerai en particulier la ville de Bayeux, dont les habitants se sont cotisés librement pour bannir entièrement de leur ville la mendicité, et y ont réussi en fournissant du travail à tous les mendiants valides, et des aumônes à ceux qui ne le sont pas. Ce bel exemple mérite d'être proposé à l'émulation de toutes nos villes : rien ne sera si aisé, quand on le voudra bien, que de tourner vers des objets d'une utilité générale et certaine l'émulation et le goût d'une nation aussi sensible à l'honneur que la nôtre, et aussi facile à se plier à toutes les impressions que le gouvernement voudra et saura lui donner.

6° Ces réflexions doivent faire applaudir aux sages restrictions que le Roi a mises, par son édit de 1749, à la liberté de faire des fondations nouvelles. Ajoutons qu'elles ne doivent laisser aucun doute sur le droit incontestable qu'ont le gouvernement d'abord dans l'ordre civil, puis le gouvernement et l'église dans l'ordre de la religion, de disposer des fondations anciennes, d'en diriger les fonds à de nouveaux objets, ou mieux encore de les supprimer tout à fait. L'utilité publique est la loi suprême, et ne doit être balancée ni par un respect superstitieux pour ce qu'on appelle l'*intention des fondateurs,* comme si des particuliers ignorants et bornés avaient eu droit d'enchaîner à leurs volontés capricieuses les générations qui n'étaient point encore ; ni par la crainte de blesser les droits prétendus de certains corps, comme si les corps particuliers avaient quelques droits vis-à-vis de l'Etat. Les citoyens ont des droits, et des droits sacrés pour le corps même de la société ; ils existent indépendamment d'elle ; ils en sont les éléments nécessaires, et ils n'y entrent que pour se mettre, avec tous leurs droits, sous la protection de ces mêmes lois qui assurent leurs propriétés et leur liberté. Mais les corps particuliers n'existent point par eux-mêmes, ni pour eux ; ils ont été formés pour la société, et ils doivent cesser d'exister au moment qu'ils cessent d'être utiles.

Concluons qu'aucun ouvrage des hommes n'est fait pour l'immortalité ; et puisque les *fondations,* toujours multipliées par la vanité, absorberaient à la longue tous les fonds et toutes les propriétés particulières, il faut bien qu'on puisse à la fin les détruire. Si tous les hommes qui ont vécu avaient eu un tombeau, il aurait bien fallu, pour trouver des terres à cultiver, renverser ces monuments stériles et remuer les cendres des morts pour nourrir les vivants.

(Turgot)

FORDICIDES, s. f. (*Myth.*), fêtes que les Romains célébraient le quinze d'avril, et dans lesquelles ils immolaient à la terre des vaches pleines. *Fordicide*

vient de *forda*, vache pleine, et *caedo*, je tue ; et *forda* de
φòρας, φοραδός. Chaque curie immolait sa vache. Ce
qui n'est pas inutile à remarquer, c'est que ces
sacrifices furent institués par Numa, dans un temps de
stérilité commune aux campagnes et aux bestiaux. Il y
a de l'apparence que le législateur songea à affaiblir une
de ces calamités par l'autre, et qu'il fit tuer les vaches
pleines, parce que la terre n'avait pas fourni de quoi les
nourrir et leurs veaux ; mais la calamité passa, et le
sacrifice des vaches pleines se perpétua. Voilà l'inconvénient des cérémonies superstitieuses, toujours dic-
tées par quelque utilité générale, et respectables sous
ce point de vue ; elles deviennent onéreuses pendant
une longue suite de siècles à des peuples qu'elles n'ont
soulagés qu'un moment. Si l'intervention de la divinité
est un moyen presque sûr de plier l'homme grossier à
quelque usage favorable ou contraire à ses intérêts
actuels, à sa passion présente ; en revanche, c'est un pli
dont il ne revient plus quand il l'a pris ; il en a ressenti
une utilité passagère, et il y persiste moitié par crainte,
moitié par reconnaissance : plus alors le législateur a
montré de sagesse dans le moment, plus le mal qu'il a
fait pour la suite est grand. D'où je conclus qu'on ne
peut être trop circonspect, quand on ordonne aux
hommes quelque chose de la part des dieux.

(Diderot)

FORGE, s. m. (*Arts mécaniq.*). FORGES (GROSSES),
c'est ainsi qu'on appelle ordinairement les usines où
l'on travaille la mine du fer.

La manufacture du fer, le plus nécessaire de tous les
métaux, a été jusqu'ici négligée. On n'a point encore
cherché à connaître et suivre une veine de mine, à lui
donner ou ôter les adjoints nécessaires ou contraires à
la fusion, et la façon de la convertir en fers utiles au
public. Les fourneaux et les *forges* sont pour la plupart
à la disposition d'ouvriers ignorants. Le point utile

serait donc d'apprendre à chercher la mine, la fondre, la conduire au point de solidité et de dimension qui constituent les différentes espèces de fer ; à le travailler en grand au sortir des *forges,* dans les fonderies, batteries et fileries ; d'où il se distribuerait aux différents besoins de la société. Le fer remue la terre ; il ferme nos habitations ; il nous défend ; il nous orne : il est cependant assez commun de trouver des gens qui regardent d'un air dédaigneux le fer et le manufacturier. La distinction que méritent des manufactures de cette espèce, devrait être particulière : elles mettent dans la société des matières nouvelles et nécessaires ; il en revient au roi un produit considérable, et à la nation un accroissement de richesses égal à ce qui excède la consommation du royaume, et passe chez l'étranger.

· ·

(Diderot)

FORMULAIRE, s. m. *(Théol. et Hist. ecclés.).* On appelle ainsi en général toute formule de foi qu'on propose pour être reçue ou signée ; mais on donne aujourd'hui ce nom, comme par excellence, au fameux *formulaire* dont le clergé de France a ordonné la signature en 1661, et par lequel on condamne les cinq propositions dites de Jansénius.

Ce formulaire, auquel un petit nombre d'ecclésiastiques refuse encore d'adhérer, est une des principales causes des troubles dont l'église de France est affligée depuis cent ans. La postérité aura-t-elle pour les auteurs de ces troubles de la pitié ou de l'indignation, quand elle saura qu'une dissension si acharnée se réduit à savoir, si les cinq propositions expriment ou non la doctrine de l'évêque d'Ypres ? Car tous s'accordent à condamner ces propositions en elles-mêmes. On appelle très improprement *jansénistes,* ceux qui refusent de signer que Jansénius ait enseigné ces propositions. Ceux-ci de leur côté qualifient, non moins

ridiculement, leurs adversaires de *molinistes*, quoique
le molinisme n'ait rien de commun avec le *formulaire* ;
et ils appellent *athées* les hommes sages qui rient de ces
vaines contestations. Que les opinions de Luther et de
Calvin aient agité et divisé l'Europe, cela est triste sans
doute ; mais du moins ces opinions erronées roulaient
sur des objets réels et importants à la religion. Mais
que l'église et l'état aient été bouleversés pour savoir si
cinq propositions inintelligibles sont dans un livre que
personne ne lit ; que des hommes, tels qu'Arnaud, qui
auraient pu éclairer le genre humain par leurs écrits,
aient consacré leur vie et sacrifié leur repos à ces
querelles frivoles ; que l'on ait porté la démence
jusqu'à s'imaginer que l'Etre suprême ait décidé par
des miracles d'une controverse si digne des temps
barbares : c'est, il faut l'avouer, le comble de l'humiliation pour notre siècle. Le seul bien que ces disputes
aient produit, c'est d'avoir été l'occasion des *Provin-
ciales*, modèle de bonne plaisanterie dans une matière
qui en paraissait bien peu susceptible. Il ne manquerait
rien à cet immortel ouvrage, si les *fanatiques* [1] des deux
partis y étaient également tournés en ridicule : mais
Pascal n'a lancé ses traits que sur l'un des deux, sur
celui qui avait le plus de pouvoir, et qu'il croyait
mériter seul d'être immolé à la risée publique. M. de
Voltaire, dans son chapitre *du jansénisme*, qui fait
partie du Siècle de Louis XIV, a su faire de la
plaisanterie un usage plus impartial et plus utile ; elle
est distribuée à droite et à gauche, avec une finesse et
une légèreté qui doit couvrir tous ces hommes de parti
d'un mépris ineffaçable. Peut-être aucun ouvrage
n'est-il plus propre à faire sentir combien le gouvernement a montré de lumière et de sagesse, en ordonnant
enfin le silence sur ces matières, et combien il eût été à
désirer qu'une guerre aussi insensée eût été étouffée
dès sa naissance. Mais le cardinal Mazarin qui gouver-

---

1. Nous disons *les fanatiques* ; car en tout genre le fanatisme seul
est condamnable.

nait alors, pouvait-il prévoir que des hommes raisonnables s'acharneraient pendant plus de cent ans les uns contre les autres pour un pareil objet ? La faute que ce grand ministre fit en cette occasion, apprend à ceux qui ont l'autorité en main, que les querelles de religion, même les plus futiles, ne sont jamais à mépriser ; qu'il faut bien se garder de les aigrir par la persécution ; que le ridicule dont on peut les couvrir dès leur origine, est le moyen le plus sûr de les anéantir de bonne heure ; qu'on ne saurait surtout trop favoriser les progrès de l'esprit philosophique, qui, en inspirant aux hommes l'indifférence pour ces frivoles disputes, est le plus ferme appui de la paix dans la religion et dans l'état, et le fondement le plus sûr du bonheur des hommes.

(D'Alembert)

FORNICATION, s. f. *(Morale).*
. . . .

[...] la simple *fornication,* quoique péché en matière grave, est de toutes les unions illégitimes celle que le christianisme condamne le moins : l'adultère est traité avec raison par l'évangile, comme un crime beaucoup plus grand. En effet, au péché de la *fornication* il en joint deux autres ; le larcin, parce qu'on dérobe le bien d'autrui ; la fraude, par laquelle on donne à un citoyen des héritiers qui ne doivent pas l'être. Cependant, abstraction faite de la religion, de la probité même, et considérant uniquement l'économie de la société, il n'est pas difficile de sentir que la *fornication* lui est, en un sens, plus nuisible que l'adultère ; car elle tend, ou à multiplier dans la société la misère et le trouble, en y introduisant des citoyens sans état et sans ressource ; ou, ce qui est peut-être encore plus funeste, à faciliter la dépopulation par la ruine de la fécondité. Cette observation n'a point pour objet de diminuer la juste horreur qu'on doit avoir de l'adultère, mais seulement de faire sentir les différents aspects sous lesquels on peut envisager la morale, soit par rapport à la religion, soit par rapport à l'état. Les législateurs ont principalement décerné des peines contre les forfaits qui portent le trouble parmi les hommes ; il est d'autres crimes que la religion ne condamne pas moins, mais dont l'Etre suprême se réserve la punition. L'incrédulité, par exemple, est pour un chrétien un aussi grand crime, et peut-être un plus grand crime que le vol ; cependant il y a des lois contre le vol, et il n'y en a pas contre les incrédules qui n'attaquent point ouvertement la religion dominante ; c'est que les opinions, même absurdes, qu'on ne cherche point à répandre, n'apportent aux citoyens aucun dommage : aussi y a-t-il plus d'incrédules que de voleurs. En général, on peut observer, à la honte et au malheur du genre humain, que la religion n'est pas toujours un frein assez puissant contre les crimes que les lois ne punissent pas, ou même dont le gouvernement ne fait pas une recherche sévère, et qu'il aime mieux ignorer que punir. C'est donc avoir du christianisme une très fausse idée, et même lui faire injure, que de le regarder, par une politique toute humaine, comme uniquement destiné à être une digue aux forfaits. La nature des préceptes de la religion, les peines dont elle menace, à la vérité aussi certaines que redoutables, mais dont l'effet n'est jamais présent ; enfin, le juste pardon qu'elle accorde toujours à un repentir sincère, la rendent encore plus propre à procurer le bien de la société, qu'à y empêcher le mal. C'est à la morale douce et bienfaisante de l'évangile, qu'on doit le premier de ces effets ; les lois rigoureuses et bien exécutées produiront le second.

. . . .

(D'Alembert)

FORTUNE, s. f. *(Morale).*

. . . .

Les moyens de s'enrichir peuvent être *criminels* en morale, quoique permis par les lois ; il est contre le droit naturel et contre l'humanité que des millions d'hommes soient privés du nécessaire comme ils le sont dans certains pays, pour nourrir le luxe scandaleux d'un petit nombre de citoyens oisifs. Une injustice si criante et si cruelle ne peut être autorisée par le motif de fournir des ressources à l'état des temps difficiles. Multiplier les malheureux pour augmenter les ressources, c'est se couper un bras pour donner plus de nourriture à l'autre. Cette inégalité monstrueuse entre la *fortune* des hommes, qui fait que les uns périssent d'indigence, tandis que les autres regorgent de superflu, était un des principaux arguments des épicuriens contre la Providence, et devait paraître sans réplique à des philosophes privés des lumières de l'évangile. Les hommes engraissés de la substance publique, n'ont qu'un moyen de réconcilier leur opulence avec la morale, c'est de rendre abondamment à l'indigence ce qu'ils lui ont enlevé, supposé même que la morale soit parfaitement à couvert, quand on donne aux uns ce dont on a privé les autres. Mais pour l'ordinaire, ceux qui ont causé la misère du peuple, croient s'acquitter en la plaignant, ou même se dispensent de la plaindre.

Les moyens honnêtes de faire *fortune,* sont ceux qui viennent du talent et de l'industrie ; à la tête de ces moyens, on doit placer le commerce. Quelle différence pour le sage entre la *fortune* d'un courtisan faite à force de bassesses et d'intrigues, et celle d'un négociant qui ne doit son opulence qu'à lui-même, et qui par cette opulence procure le bien de l'état ! C'est une étrange barbarie dans nos mœurs, et en même temps une contradiction bien ridicule, que le commerce, c'est-à-dire la manière la plus noble de s'enrichir, soit regardé par les nobles avec mépris, et qu'il serve néanmoins à acheter la noblesse. Mais ce qui met le comble à la contradiction et à la barbarie, est qu'on puisse se procurer la noblesse avec des richesses acquises par toutes sortes de voies.

. . . .

(D'Alembert)

FRAGILITÉ (*Morale*). C'est une disposition à céder aux penchants de la nature malgré les lumières de la raison. Il y a si loin de ce que nous naissons, à ce que nous voulons devenir ; l'homme tel qu'il est, est si différent de l'homme qu'on veut faire ; la raison universelle et l'intérêt de l'espèce gênent si fort les penchants des individus ; les lumières reçues contrarient si souvent l'instinct ; il est si rare qu'on se rappelle toujours à propos ces devoirs qu'on respecterait ; il est si rare qu'on se rappelle à propos ce plan de conduite dont on va s'écarter, cette fuite de la vie qu'on va démentir ; le prix de la sagesse que montre la réflexion est vu de si loin ; le prix de l'égarement que peint le sentiment est vu de si près ; il est si facile d'oublier pour le plaisir, et les devoirs et la raison, et le bonheur même, que la *fragilité* est du plus au moins le caractère de tous les hommes. On appelle *fragiles*, les malheureux entraînés plus fréquemment que les autres, au-delà de leurs principes par leur tempérament et par leurs goûts.

Une des causes de la *fragilité* parmi les hommes, est l'opposition de l'état qu'ils ont dans la société où ils vivent avec leur caractère. Le hasard et les convenances de fortune les destinent à une place ; et la nature leur en marquait une autre. Ajoutez à cette cause de la *fragilité* les vicissitudes de l'âge, de la santé, des passions, de l'humeur, auxquelles la raison ne se prête peut-être pas toujours assez ; on est soumis à certaines lois qui nous convenaient dans un temps, et ne font que nous désespérer dans un autre.

Quoique nous nous connaissions une secrète disposition à nous dérober fréquemment à toute espèce de joug : quoique très sûrs que le regret de nous être écartés de ce que nous appellons *nos devoirs*, nous poursuivra longtemps ; nous nous laissons surcharger de lois inutiles, qu'on ajoute aux lois nécessaires à la société ; nous nous forgeons des chaînes qu'il est presque impossible de porter. On sème parmi nous les occasions des petites fautes, et des grands remords.

L'homme fragile diffère de l'homme faible, en ce que le premier cède à son cœur, à ses penchants ; et l'homme faible à des impulsions étrangères. La *fragilité* suppose des passions vives, et la faiblesse suppose l'inaction et le vide de l'âme. L'homme fragile pêche contre ses principes, et l'homme faible les abandonne ; il n'a que des opinions. L'homme fragile est incertain de ce qu'il fera ; et l'homme faible de ce qu'il veut. Il n'y a rien à dire à la faiblesse ; on ne la change pas, mais la philosophie n'abandonne pas l'homme fragile ; elle lui prépare des secours, et lui ménage l'indulgence des autres ; elle l'éclaire, elle le conduit, elle le soutient, elle lui pardonne.

(Saint-Lambert)

FRANCE (*Géog.*), grand royaume de l'Europe.

. . . .

Les peuples furent absolument esclaves en *France* jusque vers le temps de Philippe-Auguste. Les seigneurs furent tyrans jusqu'à Louis XI, tyran lui-même, qui ne travailla que pour la puissance royale. François Ier fit naître le commerce, la navigation, les lettres, et les arts, qui tous périrent avec lui. Henri le grand, le père et le vainqueur de ses sujets, fut assassiné au milieu d'eux, quand il allait faire leur bonheur. Le cardinal de Richelieu s'occupa du soin d'abaisser la maison d'Autriche, le calvinisme, et les grands. Le cardinal Mazarin ne songea qu'à se maintenir dans son poste avec adresse et avec art.

Aussi pendant neuf cents ans, les Français sont restés sans industrie, dans le désordre et dans l'ignorance : voilà pourquoi ils n'eurent part ni aux grandes découvertes, ni aux belles inventions des autres peuples. L'imprimerie, la poudre, les glaces, les télescopes, le compas de proportion, la circulation du sang, la machine pneumatique, le vrai système de l'univers, ne leur appartiennent point ; ils faisaient des tournois, pendant que les Portugais et les Espagnols découvraient et conquéraient de nouveaux mondes à l'orient et à l'occident du monde connu. Enfin les choses changèrent de face vers le milieu du dernier siècle ; les arts, les sciences, le commerce, la navigation et la marine, parurent sous Colbert, avec un éclat admirable, dont l'Europe fut étonnée : tant la nation française est propre à se porter à tout ; nation flexible, qui murmure le plus aisément, qui obéit le mieux, et qui oublie le plus tôt ses malheurs.

Je suis très dispensé d'entrer ici dans aucun détail de l'état présent du royaume. Sa force réelle et relative ; la nature de son gouvernement ; la religion du pays ; la puissance du monarque, ses revenus, ses ressources, et sa domination, tout cela n'est ignoré de personne. On ne sait pas moins que les richesses immenses de la *France,* qui montent peut-être en matière d'or et d'argent, à un milliard du titre de ce jour (le marc d'or à 680 livres et celui d'argent à 50 livres), se trouvent malheureusement réparties, comme l'étaient les richesses de Rome, lors de la chute de la république. On sait encore que la capitale forme, pour ainsi dire, l'état même ; que tout aborde à ce gouffre, à ce centre de puissance ; que les provinces se dépeuplent excessivement ; et que le laboureur accablé de sa pauvreté, craint de mettre au jour des malheureux. Il est vrai que Louis XIV s'apercevant, il y a près d'un siècle (en 1666), de ce mal invétéré, crut encourager la propagation de l'espèce, en promettant de récompenser ceux qui auraient dix enfants, c'est-à-dire, de récompenser des prodiges ; il eût mieux valu remonter aux causes du mal, et y porter les véritables remèdes. Or ces causes et ces remèdes ne sont pas difficiles à trouver. *Voyez les articles* IMPÔTS, TOLÉRANCE, *etc.*

(De Jaucourt)

FRANÇOIS, ou FRANÇAIS, s. m. (*Hist. Littérat.
et Morale*).

· ·

Le génie de cette langue est la clarté et l'ordre : car
chaque langue a son génie, et ce génie consiste dans la
facilité que donne le langage de s'exprimer plus ou
moins heureusement, d'employer ou de rejeter les
tours familiers aux autres langues. [...] L'ordre naturel, dans lequel on est obligé d'exprimer ses pensées et
de construire ses phrases, répand dans cette langue une
douceur et une facilité qui plaît à tous les peuples ; et le
génie de la nation se mêlant au génie de la langue, a
produit plus de livres agréablement écrits, qu'on n'en
voit chez aucun autre peuple.

La liberté et la douceur de la société n'ayant été
longtemps connues qu'en France, le langage en a reçu
une délicatesse d'expression et une finesse pleine de
naturel qui ne se trouvent guère ailleurs. On a
quelquefois outré cette finesse ; mais les gens de goût
ont su toujours la réduire dans de justes bornes.

Plusieurs personnes ont cru que la langue française
s'était appauvrie depuis le temps d'Amiot et de Montaigne : en effet on trouve dans ces auteurs plusieurs
expressions qui ne sont plus recevables ; mais ce sont
pour la plupart des termes familiers auxquels on a
substitué des équivalents. Elle s'est enrichie de quantité de termes nobles et énergiques ; et sans parler ici de
l'éloquence des choses, elle a acquis l'éloquence des
paroles. C'est dans le siècle de Louis XIV, comme on
l'a dit, que cette éloquence a eu son plus grand éclat, et
que la langue a été fixée. Quelques changements que le
temps et le caprice lui préparent, les bons auteurs du
XVIIe et du XVIIIe siècle serviront toujours de modèle.

On ne devait pas attendre que le *français* dût se
distinguer dans la philosophie. Un gouvernement
longtemps gothique étouffa toute lumière pendant près
de douze cents ans ; et des maîtres d'erreurs, payés
pour abrutir la nature humaine, épaissirent encore les

ténèbres : cependant aujourd'hui il y a plus de philosophie dans Paris que dans aucune ville de la terre, et
peut-être que dans toutes les villes ensemble, excepté
Londres. Cet esprit de raison pénètre même dans les
provinces. Enfin le génie *français* est peut-être égal
aujourd'hui à celui des Anglais en philosophie, peut-
être supérieur à tous les autres peuples depuis 80 ans,
dans la littérature, et le premier sans doute pour les
douceurs de la société, et pour cette politesse aisée, si
naturelle, qu'on appelle improprement *urbanité*.

. . . .

(Voltaire)

G

GENÈVE (*Hist. et Politiq.*).
. . . .
C'est une chose très singulière, qu'une ville qui compte à peine 24 000 âmes, et dont le territoire morcelé ne contient pas trente villages, ne laisse pas d'être un état souverain, et une des villes les plus florissantes de l'Europe : riche par sa liberté et son commerce, elle voit souvent autour d'elle tout en feu sans jamais s'en ressentir. Les événements qui agitent l'Europe ne sont pour elle qu'un spectacle dont elle jouit sans y prendre part : attachée aux Français par ses alliances et par son commerce, aux Anglais par son commerce et par la religion, elle prononce avec impartialité sur la justice des guerres que ces deux nations puissantes se font l'une à l'autre, quoiqu'elle soit d'ailleurs trop sage pour prendre aucune part à ces guerres, et juge tous les souverains de l'Europe, sans les flatter, sans les blesser et sans les craindre.
. . . .
A la tête de la république sont quatre syndics, qui ne peuvent l'être qu'un an, et ne le redevenir qu'après quatre ans. Aux syndics est joint le petit conseil, composé de vingt conseillers, d'un trésorier et de deux secrétaires d'état, et un autre corps qu'on appelle *de la justice*. Les affaires journalières et qui demandent expédition, soit criminelles, soit civiles, sont l'objet de ces deux corps.

Le grand conseil est composé de deux cent cinquante citoyens ou bourgeois ; il est juge des grandes causes civiles, il fait grâce, il bat monnaie, il élit les membres du petit conseil, il délibère sur ce qui doit être porté au conseil général. Ce conseil général embrasse le corps entier des citoyens et des bourgeois, excepté ceux qui n'ont pas vingt-cinq ans, les banqueroutiers, et ceux qui ont eu quelque flétrissure. C'est à cette assemblée qu'appartiennent le pouvoir législatif, le droit de la guerre et de la paix, les alliances, les impôts, et l'élection des principaux magistrats, qui se fait dans la cathédrale avec beaucoup d'ordre et de décence, quoique le nombre des votants soit d'environ quinze cents personnes.

On voit par ce détail, que le gouvernement de *Genève* a tous les avantages et aucun des inconvénients de la démocratie ; tout est sous la direction des syndics, tout émane du petit conseil pour la délibération, et tout retourne à lui pour l'exécution. Ainsi il semble que la ville de *Genève* ait pris pour modèle cette loi si sage du gouvernement des anciens Germains : *de minoribus rebus principes consultant, de majoribus omnes, ita tamen ut ea quorum penes plebem arbitrium est, apud principes praetractentur.* Tacite, *de mor. Germ.*

. . . .

On ne souffre point à *Genève* de comédie : ce n'est pas qu'on y désapprouve les spectacles en eux-mêmes ; mais on craint, dit-on, le goût de parure, de dissipation et de libertinage, que les troupes de comédiens répandent parmi la jeunesse. Cependant ne serait-il pas possible de remédier à cet inconvénient, par des lois sévères et bien exécutées sur la conduite des comédiens ? Par ce moyen, *Genève* aurait des spectacles et des mœurs, et jouirait de l'avantage des uns et des autres : les représentations théâtrales formeraient le goût des citoyens, et leur donneraient une finesse de tact, une délicatesse de sentiment qu'il est très difficile d'acquérir sans ce secours ; la littérature en profiterait, sans que le libertinage fît des progrès, et *Genève*

réunirait à la sagesse de Lacédémone la politesse
d'Athènes. Une autre considération digne d'une république si sage et si éclairée, devrait peut-être l'engager
à permettre les spectacles. Le préjugé barbare contre la
profession de comédien, l'espèce d'avilissement où
nous avons mis ces hommes si nécessaires au progrès et
au soutien des arts, est certainement une des principales causes qui contribuent au dérèglement que nous
leur reprochons : ils cherchent à se dédommager par
les plaisirs, de l'estime que leur état ne peut obtenir.
Parmi nous, un comédien qui a des mœurs est
doublement respectable ; mais à peine lui en sait-on
quelque gré. Le traitant qui insulte à l'indigence
publique et qui s'en nourrit, le courtisan qui rampe, et
qui ne paie point ses dettes, voilà l'espèce d'hommes
que nous honorons le plus. Si les comédiens étaient
non seulement soufferts à *Genève*, mais contenus
d'abord par des règlements sages, protégés ensuite, et
même considérés dès qu'ils en seraient dignes, enfin
absolument placés sur la même ligne que les autres
citoyens, cette ville aurait bientôt l'avantage de posséder ce qu'on croit si rare, et ce qui ne l'est que par
notre faute, une troupe de comédiens estimable.
Ajoutons que cette troupe deviendrait bientôt la meilleure de l'Europe ; plusieurs personnes pleines de goût
et de disposition pour le théâtre, et qui craignent de se
déshonorer parmi nous en s'y livrant, accourraient à
Genève, pour cultiver non seulement sans honte, mais
même avec estime, un talent si agréable et si peu
commun. Le séjour de cette ville, que bien des
Français regardent comme triste par la privation des
spectacles, deviendrait alors le séjour des plaisirs
honnêtes, comme il est celui de la philosophie et de la
liberté ; et les étrangers ne seraient plus surpris de voir
que dans une ville où les spectacles décents et réguliers
sont défendus, on permette des farces grossières et sans
esprit, aussi contraires au bon goût qu'aux bonnes
mœurs. Ce n'est pas tout : peu à peu l'exemple des
comédiens de *Genève*, la régularité de leur conduite, et

la considération dont elle les ferait jouir, serviraient de modèle aux comédiens des autres nations, et de leçon à ceux qui les ont traités jusqu'ici avec tant de rigueur et même d'inconséquence. On ne les verrait pas d'un côté pensionnés par le gouvernement, et de l'autre un objet d'anathème ; nos prêtres perdraient l'habitude de les excommunier, et nos bourgeois de les regarder avec mépris ; et une petite république aurait la gloire d'avoir réformé l'Europe sur ce point, plus important peut-être qu'on ne pense.

. . . .

Le clergé de *Genève* a des mœurs exemplaires : les ministres vivent dans une grande union ; on ne les voit point, comme dans d'autres pays, disputer entre eux avec aigreur sur des matières inintelligibles, se persécuter mutuellement, s'accuser indécemment auprès des magistrats : il s'en faut cependant beaucoup, qu'ils pensent tous de même sur les articles qu'on regarde ailleurs comme les plus importants à la religion. Plusieurs ne croient plus la divinité de Jésus-Christ, dont Calvin leur chef était si zélé défenseur, et pour laquelle il fit brûler Servet. Quand on leur parle de ce supplice, qui fait quelque tort à la charité et à la modération de leur patriarche, ils n'entreprennent point de le justifier ; ils avouent que Calvin fit une action très blâmable, et ils se contentent (si c'est un catholique qui leur parle) d'opposer au supplice de Servet cette abominable journée de la Saint-Barthélemy, que tout bon Français désirerait effacer de notre histoire avec son sang, et ce supplice de Jean Hus, que les catholiques mêmes, disent-ils, n'entreprennent plus de justifier, où l'humanité et la bonne foi furent également violées, et qui doit couvrir la mémoire de l'empereur Sigismond, d'un opprobre éternel.

« Ce n'est pas, dit M. de Voltaire, un petit exemple du progrès de la raison humaine, qu'on ait imprimé à *Genève* avec l'approbation publique (dans l'*Essai sur l'histoire universelle* du même auteur), que Calvin avait une âme atroce, aussi bien qu'un esprit éclairé. Le

meurtre de Servet paraît aujourd'hui abominable. »
Nous croyons que les éloges dus à cette noble liberté de
penser et d'écrire, sont à partager également entre
l'auteur, son siècle, et *Genève*. Combien de pays où la
philosophie n'a pas fait moins de progrès, mais où la
vérité est encore captive, où la raison n'ose élever la
voix pour foudroyer ce qu'elle condamne en silence, où
même trop d'écrivains pusillanimes, qu'on appelle
sages, respectent les préjugés qu'ils pourraient combattre avec autant de décence que de sûreté ! L'enfer, un
des points principaux de notre croyance, n'en est pas
un aujourd'hui pour plusieurs ministres de *Genève*. Ce
serait, selon eux, faire injure à la divinité, d'imaginer
que cet Etre plein de bonté et de justice, fût capable de
punir nos fautes par une éternité de tourments. Ils
expliquent le moins mal qu'ils peuvent, les passages
formels de l'Ecriture qui sont contraires à leur opinion ; prétendant qu'il ne faut jamais prendre à la lettre
dans les livres saints, tout ce qui paraît blesser
l'humanité et la raison. Ils croient donc qu'il y a des
peines dans une autre vie, mais pour un temps. Ainsi le
purgatoire, qui a été une des principales causes de la
séparation des protestants d'avec l'église romaine, est
aujourd'hui la seule peine que plusieurs d'entre eux
admettent après la mort : nouveau trait à ajouter à
l'histoire des contradictions humaines.

Pour tout dire en un mot, plusieurs pasteurs de
Genève n'ont d'autre religion qu'un socinianisme parfait, rejetant tout ce qu'on appelle *mystères*, et s'imagi-
nant que le premier principe d'une religion véritable,
est de ne rien proposer à croire qui heurte la raison :
aussi quand on les presse sur la *nécessité* de la révélation, ce dogme si essentiel du christianisme, plusieurs
y substituent le terme d'*utilité*, qui leur paraît plus
doux : en cela, s'ils ne sont pas orthodoxes, ils sont au
moins conséquents à leurs principes.

Un clergé qui pense ainsi, doit être tolérant, et l'est
en effet assez pour n'être pas regardé de bon œil par les
ministres des autres églises réformées. On peut dire

encore, sans prétendre approuver d'ailleurs la religion
de *Genève*, qu'il y a peu de pays où les théologiens et
les ecclésiastiques soient plus ennemis de la superstition. Mais en récompense, comme l'intolérance et la
superstition ne servent qu'à multiplier les incrédules,
on se plaint moins à *Genève* qu'ailleurs des progrès de
l'incrédulité, ce qui ne doit pas surprendre : la religion
y est presque réduite à l'adoration d'un seul Dieu, du
moins chez presque tout ce qui n'est pas peuple : le
respect pour J.-C. et pour les Ecritures, sont peut-être
la seule chose qui distingue d'un pur déisme le
christianisme de *Genève*.

Les ecclésiastiques font encore mieux à *Genève* que
d'être tolérants : ils se renferment uniquement dans
leurs fonctions, en donnant les premiers aux citoyens
l'exemple de la soumission aux lois. Le consistoire
établi pour veiller sur les mœurs, n'inflige que des
peines spirituelles. La grande querelle du sacerdoce et
de l'empire, qui dans les siècles d'ignorance a ébranlé
la couronne de tant d'empereurs, et qui, comme nous
ne le savons que trop, cause des troubles fâcheux dans
des siècles plus éclairés, n'est point connue à *Genève* ;
le clergé n'y fait rien sans l'approbation des magistrats.

Le culte est fort simple ; point d'images, point de
luminaire, point d'ornements dans les églises. On vient
pourtant de donner à la cathédrale un portail d'assez
bon goût ; peut-être parviendra-t-on peu à peu à
décorer l'intérieur des temples. Où serait en effet
l'inconvénient d'avoir des tableaux et des statues, en
avertissant le peuple, si l'on voulait, de ne leur rendre
aucun culte, et de ne les regarder que comme des
monuments destinés à retracer d'une manière frap-
pante et agréable les principaux événements de la
religion ? Les arts y gagneraient sans que la superstition en profitât. Nous parlons ici, comme le lecteur
doit le sentir, dans les principes des pasteurs genevois,
et non dans ceux de l'église catholique.

Le service divin renferme deux choses, les prédications, et le chant. Les prédications se bornent presque

uniquement à la morale, et n'en valent que mieux. Le chant est d'assez mauvais goût, et les vers français qu'on chante, plus mauvais encore. Il faut espérer que *Genève* se réformera sur ces deux points. On vient de placer un orgue dans la cathédrale, et peut-être parviendra-t-on à louer Dieu en meilleur langage et en meilleure musique. Du reste, la vérité nous oblige à dire que l'Etre suprême est honoré à *Genève* avec une décence et un recueillement qu'on ne remarque point dans nos églises.

Nous ne donnerons peut-être pas d'aussi grands articles aux plus vastes monarchies ; mais aux yeux du philosophe, la république des abeilles n'est pas moins intéressante que l'histoire des grands empires, et ce n'est peut-être que dans les petits Etats qu'on peut trouver le modèle d'une parfaite administration politique. Si la religion ne nous permet pas de penser que les Genevois aient efficacement travaillé à leur bonheur dans l'autre monde, la raison nous oblige à croire qu'ils sont à peu près aussi heureux qu'on peut l'être dans celui-ci :

O fortunatos nimium, sua si bona norint !

(D'Alembert)

GÉNIE (*Philosophie et Littérature*). L'étendue de l'esprit, la force de l'imagination, et l'activité de l'âme, voilà le *génie*. De la manière dont on reçoit ses idées, dépend celle dont on se les rappelle. L'homme jeté dans l'univers reçoit avec des sensations plus ou moins vives, les idées de tous les êtres. La plupart des hommes n'éprouvent de sensations vives que par l'impression des objets qui ont un rapport immédiat à leurs besoins, à leur goût, etc. Tout ce qui est étranger à leurs passions, tout ce qui est sans analogie à leur manière d'exister, ou n'est point aperçu par eux, ou n'en est vu qu'un instant sans être senti, et pour être à jamais oublié. L'homme de *génie* est celui dont l'âme plus étendue frappée par les sensations de tous les êtres, intéressée à tout ce qui est dans la nature, ne reçoit pas une idée qu'elle n'éveille un sentiment; tout l'anime et tout s'y conserve. Lorsque l'âme a été affectée par l'objet même, elle l'est encore par le souvenir; mais dans l'homme de *génie*, l'imagination va plus loin; il se rappelle des idées avec un sentiment plus vif qu'il ne les a reçues, parce qu'à ces idées mille autres se lient, plus propres à faire naître le sentiment.

Le *génie* entouré des objets dont il s'occupe, ne se souvient pas, il voit; il ne se borne pas à voir, il est ému : dans le silence et l'obscurité du cabinet, il jouit de cette campagne riante et féconde; il est glacé par le sifflement des vents; il est brûlé par le soleil; il est effrayé des tempêtes. L'âme se plaît souvent dans ces affections momentanées; elles lui donnent un plaisir qui lui est précieux; elle se livre à tout ce qui peut l'augmenter; elle voudrait par des couleurs vraies, par des traits ineffaçables, donner un corps aux fantômes qui sont son ouvrage, qui la transportent ou qui l'amusent.

. . . .

Dans la philosophie, où il faut peut-être toujours une attention scrupuleuse, une timidité, une habitude de réflexion qui ne s'accordent guère avec la chaleur de l'imagination, et moins encore avec la confiance que donne le *génie*, sa marche est distinguée comme dans les arts; il y répand fréquemment de brillantes erreurs; il y a quelquefois de grands succès. Il faut dans la philosophie chercher le vrai avec ardeur et l'espérer avec patience. Il faut des hommes qui puissent disposer de l'ordre et de la suite de leurs idées; en suivre la chaîne pour conclure, ou l'interrompre pour douter : il faut de la recherche, de la discussion, de la lenteur; et l'on n'a ces qualités ni dans le tumulte des passions, ni avec les fougues de l'imagination. Elles sont le partage de l'esprit étendu, maître de lui-même; qui ne reçoit point une perception sans la comparer avec une perception; qui cherche ce que divers objets ont de commun et ce qui les distingue entre eux ; qui pour rapprocher des idées éloignées, sait parcourir pas à pas un long intervalle ; qui pour saisir les liaisons singulières, délicates, fugitives, de quelques idées voisines, ou leur opposition et leur contraste, sait tirer un objet particulier de la foule des objets de même espèce ou d'espèce différente, poser le microscope sur un point imperceptible, et ne croit avoir bien vu qu'après avoir longtemps regardé. Ce sont ces hommes qui vont d'observations en observations à de justes conséquences, et ne trouvent que des analogies naturelles : la curiosité est leur mobile ; l'amour du vrai est leur passion ; le désir de le découvrir est en eux une volonté permanente qui les anime sans les échauffer, et qui conduit leur marche que l'expérience doit assurer.

Le *génie* est frappé de tout ; et dès qu'il n'est point livré à ses pensées et subjugué par l'enthousiasme, il étudie, pour ainsi dire, sans s'en apercevoir ; il est forcé, par les impressions que les objets font sur lui, à s'enrichir sans cesse de connaissances qui ne lui ont rien coûté ; il jette sur la nature des coups d'œil généraux et perce ses abîmes. Il recueille dans son sein des germes qui y entrent imperceptiblement, et qui produisent dans le temps des effets si surprenants, qu'il est lui-même tenté de se croire inspiré : il a pourtant le goût de l'observation ; mais il observe rapidement un grand espace, une multitude d'êtres.

Le mouvement, qui est son état naturel, est quelquefois si doux qu'à peine il l'aperçoit : mais le plus souvent ce mouvement excite des tempêtes, et le *génie* est plutôt emporté par un torrent d'idées, qu'il ne suit librement de tranquilles réflexions. Dans l'homme que l'imagination domine, les idées se lient par les circonstances et par le sentiment : il ne voit souvent des idées abstraites que dans leur rapport avec les idées sensibles. Il donne aux abstractions une existence indépendante de l'esprit qui les a faites ; il réalise ses fantômes ; son enthousiasme augmente au spectacle de ses créations, c'est-à-dire, de ses nouvelles combinaisons,

seules créations de l'homme. Emporté par la foule de
ses pensées, livré à la facilité de les combiner, forcé de
produire, il trouve mille preuves spécieuses, et ne peut
s'assurer d'une seule ; il construit des édifices hardis
que la raison n'oserait habiter, et qui lui plaisent par
leurs proportions et non par leur solidité ; il admire ses
systèmes comme il admirerait le plan d'un poème ; et il
les adopte comme beaux, en croyant les aimer comme
vrais.

Le vrai ou le faux dans les productions philosophiques ne sont point les caractères distinctifs du *génie*.

Il y a bien peu d'erreurs dans Locke et trop peu de
vérités dans milord Shaftesbury : le premier cependant
n'est qu'un esprit étendu, pénétrant, et juste ; et le
second est un *génie* du premier ordre. Locke a vu ;
Shaftesbury a créé, construit, édifié : nous devons à
Locke de grandes vérités froidement aperçues, métho-
diquement suivies, sèchement annoncées ; et à Shaftesbury des systèmes brillants, souvent peu fondés, pleins
pourtant de vérités sublimes ; et dans les moments
d'erreur, il plaît et persuade encore par les charmes de
son éloquence.

Le *génie* hâte cependant les progrès de la philosophie
par les découvertes les plus heureuses et les moins
attendues : il s'élève d'un vol d'aigle vers une vérité
lumineuse, source de mille vérités, auxquelles parviendra dans la suite en rampant, la foule timide des sages
observateurs. Mais à côté de cette vérité lumineuse, il
placera les ouvrages de son imagination : incapable de
marcher dans la carrière et de parcourir successivement les intervalles, il part d'un point et s'élance vers
le but ; il tire un principe fécond des ténèbres ; il est
rare qu'il suive la chaîne des conséquences ; il est
primesautier, pour me servir de l'expression de Montaigne. Il imagine plus qu'il n'a vu ; il produit plus
qu'il ne découvre ; il entraîne plus qu'il ne conduit. Il
anima les Platon, les Descartes, les Malebranche, les
Bacon, les Leibnitz ; et selon le plus ou le moins que
l'imagination domina dans ces grands hommes, il fit

éclore des systèmes brillants, ou découvrir de grandes vérités.

. . . .

Le *génie* dans les affaires n'est pas plus captivé par les circonstances, par les lois et par les usages, qu'il ne l'est dans les beaux-arts par les règles du goût, et dans la philosophie par la méthode. Il y a des moments où il sauve sa patrie ; qu'il perdrait dans la suite s'il y conservait du pouvoir. Les systèmes sont plus dangereux en politique qu'en philosophie ; l'imagination qui égare le philosophe ne lui fait faire que des erreurs ; l'imagination qui égare l'homme d'Etat, lui fait faire des fautes et le malheur des hommes.

Qu'à la guerre donc et dans le conseil le *génie* semblable à la divinité parcoure d'un coup d'œil la multitude des possibles, voie le mieux et l'exécute ; mais qu'il ne manie pas longtemps les affaires où il faut attention, combinaisons, persévérance. Qu'Alexandre et Condé soient maîtres des événements, et paraissent inspirés le jour d'une bataille, dans ces instants où manque le temps de délibérer, et où il faut que la première des pensées soit la meilleure ; qu'ils décident dans ces moments où il faut voir d'un coup d'œil les rapports d'une position et d'un mouvement avec ses forces, celles de son ennemi, et le but qu'on se propose : mais que Turenne et Marlborough leur soient préférés, quand il faudra diriger les opérations d'une campagne entière.

Dans les arts, dans les sciences, dans les affaires, le *génie* semble changer la nature des choses ; son caractère se répand sur tout ce qu'il touche ; et ses lumières s'élançant au-delà du passé et du présent, éclairent l'avenir : il devance son siècle qui ne peut le suivre ; il laisse loin de lui l'esprit qui le critique avec raison, mais qui dans sa marche égale ne sort jamais de l'uniformité de la nature. Il est mieux senti que connu par l'homme qui veut le définir : ce serait à lui-même à parler de lui ; et cet article que je n'aurais pas dû faire, devrait être l'ouvrage d'un de ces hommes extraordinaires, M. de Voltaire, par exemple, qui honore ce siècle, et qui pour connaître le *génie,* n'aurait eu qu'à regarder en lui-même.

· · · · · · · · · · · · · · · · · · · · · · · · · · · · · · ·

(Saint-Lambert)

GOUVERNEMENT, s. m. (*Droit nat. et Polit.*).

· ·

Il est certain qu'une société a la liberté de former un *gouvernement* de la manière qu'il lui plaît, de le mêler et de le combiner de différentes façons. Si le pouvoir législatif a été donné par un peuple à une personne, ou à plusieurs à vie, ou pour un temps limité, quand ce temps-là est fini, le pouvoir souverain retourne à la société dont il émane. Dès qu'il y est retourné, la société peut de nouveau en disposer comme il lui plaît, le remettre entre les mains de ceux qu'elle trouve bons, de la manière qu'elle juge à propos, et ainsi ériger une nouvelle forme de *gouvernement.* Que Pufendorf qualifie tant qu'il voudra toutes les sortes de *gouvernements* mixtes du nom d'*irréguliers,* la véritable régularité sera toujours celle qui sera le plus conforme au bien des sociétés civiles.

Quelques écrivains politiques prétendent que tous les hommes étant nés sous un *gouvernement,* n'ont point la liberté d'en instituer un nouveau : chacun, disent-ils, naît sujet de son père ou de son prince, et par conséquent chacun est dans une perpétuelle obligation de sujétion ou de fidélité. Ce raisonnement est plus spécieux que solide. Jamais les hommes n'ont regardé aucune sujétion naturelle dans laquelle ils soient nés, à l'égard de leur père ou de leur prince, comme un lien qui les oblige sans leur propre consentement à se soumettre à eux. L'histoire sacrée et profane nous fournissent de fréquents exemples d'une multitude de gens qui se sont retirés de l'obéissance et de la juridiction sous laquelle ils étaient nés, de la famille et

de la communauté dans laquelle ils avaient été nourris,
pour établir ailleurs de nouvelles sociétés et de nouveaux gouvernements.

. . . .

Ce n'est pas assez que d'abroger les lois qui sont des
défauts dans un état, il faut que le bien du peuple soit
la grande fin du *gouvernement*. Les gouverneurs sont
nommés pour la remplir ; et la constitution civile qui
les revêt de ce pouvoir, y est engagée par les lois de la
nature, et par la loi de la raison, qui a déterminé cette
fin dans toute forme de *gouvernement*, comme le mobile
de son bonheur. Le plus grand bien du peuple, c'est sa
liberté. La liberté est au corps de l'état, ce que la santé
est à chaque individu ; sans la santé, l'homme ne peut
goûter de plaisir ; sans la liberté, le bonheur est banni
des états. Un gouverneur patriote verra donc que le
droit de défendre et de maintenir la liberté, est le plus
sacré de ses devoirs.

. . . .

S'il arrive que ceux qui tiennent les rênes du
gouvernement trouvent de la résistance, lorsqu'ils se
servent de leur pouvoir pour la destruction, et non
pour la conservation des choses qui appartiennent en
propre au peuple, ils doivent s'en prendre à eux-
mêmes, parce que le bien public et l'avantage de la
société sont la fin de l'institution d'un *gouvernement*.
D'où résulte nécessairement que le pouvoir ne peut
être arbitraire, et qu'il doit être exercé suivant des lois
établies, afin que le peuple puisse connaître son devoir,
et se trouver en sûreté à l'ombre des lois ; et afin qu'en
même temps les gouverneurs soient retenus dans de
justes bornes, et ne soient point tentés d'employer le
pouvoir qu'ils ont en main, pour faire des choses
nuisibles à la société politique.

. . . .

(De Jaucourt)

GRAINS (*Economie polit.*), les principaux objets du Commerce en France, sont les *grains*, les vins et eaux-de-vie, le sel, les chanvres et les lins, les laines, et les autres produits que fournissent les bestiaux ; les manu-factures des toiles et des étoffes communes peuvent augmenter beaucoup la valeur des chanvres, des lins et des laines, et procurer la subsistance à beaucoup d'hommes qui seraient occupés à des travaux si avantageux. Mais on aperçoit aujourd'hui que la production et le commerce de la plupart de ces denrées sont presque anéantis en France. Depuis longtemps les manufactures de luxe ont séduit la nation ; nous n'avons ni la soie ni les laines convenables pour fabriquer les belles étoffes et les draps fins ; nous nous sommes livrés à une industrie qui nous était étrangère ; et on y a employé une multitude d'hommes, dans le temps que le royaume se dépeuplait et que les cam-pagnes devenaient désertes. On a fait baisser le prix de nos blés, afin que la fabrication et la main-d'œuvre fussent moins chères que chez l'étranger : les hommes et les richesses se sont accumulés dans les villes ; l'Agriculture, la plus féconde et la plus noble partie de notre commerce, la source des revenus du royaume, n'a pas été envisagée comme le fonds primitif de nos richesses ; elle n'a paru intéresser que le fermier et le paysan : on a borné leurs travaux à la subsistance de la nation, qui par l'achat des denrées paie les dépenses de la culture ; et on a cru que c'était un commerce ou un trafic établi sur l'industrie, qui devait apporter l'or et l'argent dans le royaume. On a défendu de planter des vignes ; on a recommandé la culture des mûriers ; on a arrêté le débit des productions de l'Agriculture et diminué le revenu des terres, pour favoriser des manufactures préjudiciables à notre propre commerce.

La France peut produire abondamment toutes les matières de premier besoin ; elle ne peut acheter de l'étranger que des marchandises de luxe : le trafic mutuel entre les nations est nécessaire pour entretenir le Commerce. Mais nous nous sommes principalement attachés à la fabrication et au commerce des denrées que nous pouvions tirer de l'étranger ; et par un commerce de concurrence trop recherché, nous avons voulu nuire à nos voisins, et les priver du profit qu'ils retireraient de nous par la vente de leurs marchandises.

Par cette politique, nous avons éteint entre eux et nous un commerce réciproque qui était pleinement à notre avantage ; ils ont interdit chez eux l'entrée de nos denrées, et nous achetons d'eux par contrebande et fort cher les matières que nous employons dans nos manufactures. Pour gagner quelques millions à fabriquer et à vendre de belles étoffes, nous avons perdu des milliards sur le produit de nos terres ; et la nation, parée de tissus d'or et d'argent, a cru jouir d'un commerce florissant.

Ces manufactures nous ont plongés dans un luxe désordonné qui s'est un peu étendu parmi les autres nations, et qui a excité leur émulation : nous les avons peut-être surpassées par notre industrie ; mais cet avantage a été principalement soutenu par notre propre consommation. La consommation qui se fait par les sujets est la source des revenus du souverain ; et la vente du superflu à l'étranger augmente les richesses des sujets. La prospérité de l'état dépend du concours de ces deux avantages : mais la consommation entretenue par le luxe est trop bornée ; elle ne peut se soutenir que par l'opulence ; les hommes peu favorisés de la fortune ne peuvent s'y livrer qu'à leur préjudice et au désavantage de l'état.

Le ministère plus éclairé sait que la consommation qui peut procurer de grands revenus au souverain, et qui fait le bonheur de ses sujets, est cette consommation générale qui satisfait aux besoins de la vie. Il n'y a que l'indigence qui puisse nous réduire à boire de l'eau, à manger de mauvais pain, et à nous couvrir de haillons ; tous les hommes tendent par leurs travaux à se procurer de bons aliments et de bons vêtements : on ne peut trop favoriser leurs efforts ; car ce sont les

revenus du royaume, les gains et les dépenses du
peuple qui font la richesse du souverain.

· ·

Observations sur les avantages de la culture des grains.
Les frais de la culture restent dans le royaume, et le
produit total est tout entier pour l'état. Les bestiaux
égalent au moins la moitié de la richesse annuelle des
récoltes ; ainsi le produit de ces deux parties de
l'Agriculture serait environ de trois milliards : celui
des vignes est de plus de cinq cents millions, et
pourrait beaucoup augmenter, si la population s'ac-
croissait dans le royaume, et si le commerce des vins et
des eaux-de-vie était moins gêné. Les produits de
l'Agriculture seraient au moins de quatre milliards,
sans y comprendre les produits des chanvres, des bois,
de la pêche, etc. Nous ne parlons pas non plus des
revenus des maisons, des rentes, du sel, des mines, ni
des produits des Arts et Métiers, de la Navigation,
etc., qui augmenteraient à proportion que les revenus
et la population s'accroîtraient ; mais le principe de
tous ces avantages est dans l'Agriculture, qui fournit
les matières de premier besoin, qui donne des revenus
au roi et aux propriétaires, des dîmes au clergé, des
profits aux cultivateurs. Ce sont ces premières
richesses, toujours renouvelées, qui soutiennent tous
les autres états du royaume, qui donnent de l'activité à
toutes les autres professions, qui font fleurir le Commerce, qui favorisent la population, qui animent
l'industrie, qui entretiennent la prospérité de la nation.
Mais il s'en faut beaucoup que la France jouisse de tous
ces milliards de revenus que nous avons entrevu qu'elle
pourrait tirer d'elle-même. On n'estime guère qu'à
deux milliards la consommation ou la dépense annuelle
de la nation. Or la dépense est à peu près égale aux
revenus, confondus avec les frais de la main-d'œuvre,
qui procurent la subsistance aux ouvriers de tous
genres, et qui sont presque tous payés par les productions de la terre ; car, à la réserve de la pêche et du sel,
les profits de la navigation ne peuvent être eux-mêmes

fort considérables, que par le commerce des denrées de notre cru. On regarde continuellement l'Agriculture et le Commerce comme les deux ressources de nos richesses ; le Commerce, ainsi que la main-d'œuvre, n'est qu'une branche de l'Agriculture : mais la main-d'œuvre est beaucoup plus étendue et beaucoup plus considérable que le Commerce. Ces deux états ne subsistent que par l'Agriculture. C'est l'Agriculture qui fournit la matière de la main-d'œuvre et du Commerce, et qui paie l'une et l'autre : mais ces deux branches restituent leurs gains à l'agriculture, qui renouvelle les richesses, qui se dépensent et se consomment chaque année. En effet, sans les produits de nos terres, sans les revenus et les dépenses des propriétaires et des cultivateurs, d'où naîtrait le profit du Commerce et le salaire de la main-d'œuvre ? La distinction du Commerce d'avec l'Agriculture, est une abstraction qui ne présente qu'une idée imparfaite, et qui séduit des auteurs qui écrivent sur cette matière, même ceux qui en ont la direction, et qui rapportent au commerce productif le commerce intérieur qui ne produit rien, qui sert à la nation, et qui est payé par la nation.

. . . .

MAXIMES DE GOUVERNEMENT ÉCONOMIQUE

I. *Les travaux d'industrie ne multiplient pas les richesses.*

. . . .

II. *Les travaux d'industrie contribuent à la population et à l'accroissement des richesses.*

. . . .

III. *Les travaux d'industrie qui occupent les hommes au préjudice de la culture des biens-fonds, nuisent à la population et à l'accroissement des richesses.*

. . . .

IV. *Les richesses des cultivateurs font naître les richesses de la culture.*

. . . .

V. *Les travaux de l'industrie contribuent à l'augmentation des revenus des biens-fonds, et les revenus des biens-fonds soutiennent les travaux d'industrie.*

. . . .

VI. *Une nation qui a un grand commerce de denrées de son cru, peut toujours entretenir, du moins pour elle, un grand commerce de marchandises de main-d'œuvre.*

. . . .

VII. *Une nation qui a peu de commerce de denrées de son cru, et qui est réduite pour subsister à un commerce d'industrie, est dans un état précaire et incertain.*

. . . .

VIII. *Un grand commerce intérieur de marchandises de main-d'œuvre ne peut subsister que par les revenus des biens-fonds.*

. . . .

IX. *Une nation qui a un grand territoire, et qui fait baisser le prix des denrées de son cru pour favoriser la fabrication des ouvrages de main-d'œuvre, se détruit de toutes parts.*

. . . .

X. *Les avantages du commerce extérieur ne consistent pas dans l'accroissement des richesses pécuniaires.*

. . . .

XI. *On ne peut connaître par l'état de la balance du commerce entre diverses nations, l'avantage du commerce et l'état des richesses de chaque nation.*

. . . .

XII. *C'est par le commerce intérieur et par le commerce extérieur, et surtout par l'état du commerce intérieur, qu'on peut juger de la richesse d'une nation.*

. . . .

XIII. *Une nation ne doit point envier le commerce de ses voisins quand elle tire de son sol, de ses hommes, et de sa navigation, le meilleur produit possible.*

. . . .

XIV. *Dans le commerce réciproque, les nations qui
vendent les marchandises les plus nécessaires ou les plus
utiles, ont l'avantage sur celles qui vendent les marchandises de luxe.*

Une nation qui est assurée par ses biens-fonds d'un
commerce de denrées de son cru, et par conséquent
aussi d'un commerce intérieur de marchandises de
main-d'œuvre, est indépendante des autres nations.
Elle ne commerce avec celles-ci que pour entretenir,
faciliter, et étendre son commerce extérieur ; et elle
doit, autant qu'il est possible, pour conserver son
indépendance et son avantage dans le commerce réciproque, ne tirer d'elles que des marchandises de luxe,
et leur vendre des marchandises nécessaires aux
besoins de la vie.

Elles croiront que par la valeur réelle de ces différentes marchandises, ce commerce réciproque leur est
plus favorable. Mais l'avantage est toujours pour la
nation qui vend les marchandises les plus utiles et les
plus nécessaires.

Car alors son commerce est établi sur le besoin des
autres ; elle ne leur vend que son superflu, et ses achats
ne portent que sur son opulence. Ceux-là ont plus
d'intérêt de lui vendre, qu'elle n'a besoin d'acheter ; et
elle peut plus facilement se retrancher sur le luxe, que
les autres ne peuvent épargner sur le nécessaire.

Il faut même remarquer que les états qui se livrent
aux manufactures de luxe, éprouvent des vicissitudes
fâcheuses. Car lorsque les temps sont malheureux, le
commerce de luxe languit, et les ouvriers se trouvent
sans pain et sans emploi.

La France pourrait, le commerce étant libre, produire abondamment les denrées de premier besoin, qui
pourraient suffire à une grande consommation et à un
grand commerce extérieur, et qui pourraient soutenir
dans le royaume un grand commerce d'ouvrages de
main-d'œuvre. Mais l'état de sa population ne lui
permet pas d'employer beaucoup d'hommes aux

ouvrages de luxe; et elle a même intérêt pour faciliter le commerce extérieur des marchandises de son cru, d'entretenir par l'achat des marchandises de luxe, un commerce réciproque avec l'étranger.

D'ailleurs elle ne doit pas prétendre pleinement à un commerce général. Elle doit en sacrifier quelques branches les moins importantes à l'avantage des autres parties qui lui sont les plus profitables, et qui augmenteraient et assureraient les revenus des biens-fonds du royaume.

Cependant tout commerce doit être libre, parce qu'il est de l'intérêt des marchands de s'attacher aux branches de commerce extérieur les plus sûres et les plus profitables.

Il suffit au gouvernement de veiller à l'accroissement des revenus des biens du royaume, de ne point gêner l'industrie, de laisser aux citoyens la facilité et le choix des dépenses.

De ranimer l'agriculture par l'activité du commerce dans les provinces où les denrées sont tombées en non-valeur. De supprimer les prohibitions et les empêchements préjudiciables au commerce intérieur et au commerce réciproque extérieur.

D'abolir ou de modérer les droits excessifs de rivière et de péage, qui détruisent les revenus des provinces éloignées, où les denrées ne peuvent être commerçables que par de longs transports; ceux à qui ces droits appartiennent, seront suffisamment dédommagés par leur part de l'accroissement général des revenus des biens du royaume.

Il n'est pas moins nécessaire d'éteindre les privilèges surpris par des provinces, par des villes, par des communautés, pour leurs avantages particuliers.

Il est important aussi de faciliter partout les communications et les transports des marchandises par les réparations des chemins et la navigation des rivières.

. . . .

(Quesnay)

GUERRE *(Droit naturel et Politique)*, c'est, comme on l'a dit plus haut, un différend entre des souverains, qu'on vide par la voie des armes.

Nous avons hérité de nos premiers aïeux,
Dès l'enfance du monde ils se faisaient la guerre.

Elle a régné dans tous les siècles sur les plus légers fondements ; on l'a toujours vue désoler l'univers, épuiser les familles d'héritiers, remplir les états de veuves et d'orphelins ; malheurs déplorables, mais ordinaires ! De tout temps les hommes, par ambition, par avarice, par jalousie, par méchanceté, sont venus à se dépouiller, se brûler, s'égorger les uns les autres. Pour le faire plus ingénieusement, ils ont inventé des règles et des principes qu'on appelle l'*Art militaire,* et ont attaché à la pratique de ces règles l'honneur, la noblesse et la gloire.

Cependant cet honneur, cette noblesse et cette gloire consistent seulement à la défense de sa religion, de sa patrie, de ses biens et de sa personne, contre des tyrans et d'injustes agresseurs. Il faut donc reconnaître que la *guerre* sera légitime ou illégitime, selon la cause qui la produira ; la *guerre* est légitime, si elle se fait pour des raisons évidemment justes ; elle est illégitime, si on la fait sans une raison juste et suffisante.

Les souverains sentant la force de cette vérité, ont grand soin de répandre des manifestes pour justifier la *guerre* qu'ils entreprennent, tandis qu'ils cachent soigneusement au public, ou qu'ils se cachent à eux-mêmes les vrais motifs qui les déterminent. Ainsi dans la *guerre* d'Alexandre contre Darius, les raisons justificatives qu'employait ce conquérant, roulaient sur les injures que les Grecs avaient reçues des Perses ; les vrais motifs de son entreprise étaient l'ambition de se signaler, soutenue de tout l'espoir du succès. Il ne serait que trop aisé d'apporter des exemples de *guerres* modernes entreprises de la même manière, et par des vues également odieuses ; mais nous n'approcherons point si près des temps où nos passions nous rendent moins équitables, et peut-être encore moins clair-voyants.

Dans une *guerre* parfaitement juste, il faut non seulement que la raison justificative soit très légitime, mais encore qu'elle se confonde avec le motif, c'est-à-dire que le souverain n'entreprenne la *guerre* que par la nécessité où il est de pourvoir à sa conservation. La vie des états est comme celle des hommes, dit très bien l'auteur de l'*Esprit des lois* ; ceux-ci ont droit de tuer dans le cas de la défense naturelle, ceux-là ont droit de faire la *guerre* pour leur propre conservation : dans le cas de la défense naturelle, j'ai droit de tuer, parce que ma vie est à moi, comme la vie de celui qui m'attaque est à lui ; de même un état fait la *guerre* justement, parce que sa conservation est juste, comme tout autre conservation.

. . . .

Mais toute *guerre* est injuste dans ses causes : 1° Lorsqu'on l'entreprend sans aucune raison justifica-tive, ni motif d'utilité apparente, si tant est qu'il y ait des exemples de cette barbarie ; 2° Lorsqu'on attaque les autres pour son propre intérêt, sans qu'ils nous aient fait de tort réel, et ce sont là de vrais brigandages ; 3° Lorsqu'on a des motifs fondés sur des causes justificatives spécieuses, mais qui bien examinées sont réellement illégitimes ; 4° Lorsqu'avec de bonnes rai-sons justificatives, on entreprend la *guerre* par des motifs qui n'ont aucun rapport avec le tort qu'on a reçu, comme pour acquérir une vaine gloire, se rendre redoutable, exercer ses troupes, étendre sa domina-tion, etc. Ces deux dernières sortes de *guerre* sont très communes et très iniques. Il faut dire la même chose de l'envie qu'aurait un peuple de changer de demeure et de quitter une terre ingrate, pour s'établir à force ouverte dans un pays fertile ; il n'est pas moins injuste d'attenter par la voie des armes, sur la liberté, les vies et les domaines d'un autre peuple, par exemple des

Américains, sous prétexte de leur idolâtrie. Quiconque a l'usage de la raison, doit jouir de la liberté de choisir lui-même ce qu'il croit être le plus avantageux.

. . . .

Quelque juste sujet qu'on ait de faire la *guerre* offensive ou défensive, cependant puisqu'elle entraîne après elle inévitablement une infinité de maux, d'injustices et de désastres, on ne doit se porter à cette extrémité terrible qu'après les plus mûres considérations. Plutarque dit là-dessus, que parmi les anciens Romains, lorsque les prêtres, nommés *féciaux*, avaient conclu que l'on pouvait justement entreprendre la *guerre*, le Sénat examinait encore s'il serait avantageux de s'y engager.

. . . .

Quant aux suites de la prise des armes, il est vrai qu'elles dépendent du temps, des lieux, des personnes, de mille événements imprévus, qui variant sans cesse, ne peuvent être déterminés. Mais il n'en est pas moins vrai, qu'aucun souverain ne devrait entreprendre de *guerres*, qu'après avoir reconnu dans sa conscience qu'elles sont justes, nécessaires au bien public, indispensables, et qu'en même temps il y a plus à espérer qu'à craindre dans l'événement auquel il s'expose.

Non seulement ce sont là des principes de prudence et de religion, mais les lois de la sociabilité et de l'amour de la paix ne permettent pas aux hommes de suivre d'autres maximes. C'est un devoir indispensable aux souverains de s'y conformer ; la justice du gouvernement les y oblige par une suite de la nature même, et du but de l'autorité qui leur est confiée ; ils sont obligés d'avoir un soin particulier des biens et de la vie de leurs sujets ; le sang du peuple ne veut être versé que pour sauver ce même peuple dans les besoins extrêmes ; malheureusement les conseils flatteurs, les fausses idées de gloire, les vaines jalousies, l'avidité qui se couvre de vains prétextes, le faux honneur de prouver sa puissance, les alliances, les engagements insensibles qu'on a contractés par les suggestions des courtisans et des ministres, entraînent presque toujours les rois dans des *guerres* où ils hasardent tout sans nécessité, épuisent leurs provinces, et font autant de mal à leurs pays et à leurs sujets, qu'à leurs propres ennemis.

Supposé cependant, qu'une *guerre* ne soit entreprise qu'à l'extrémité pour un juste sujet, pour celui de sa conservation, il faut encore qu'en la faisant on reste dans les termes de la justice, et qu'on ne pousse pas les actes d'hostilité au-delà de leurs bornes et de leurs besoins absolus.

. . . .

Il est certain qu'on peut tuer innocemment un ennemi qui a les armes à la main, je dis *innocemment*, aux termes de la justice extérieure et qui passe pour telle chez toutes les nations, mais encore selon la justice intérieure et les lois de la conscience. En effet, le but de la *guerre* demande nécessairement que l'on ait ce pouvoir ; autrement ce serait en vain que l'on prendrait les armes pour sa conservation, et que les lois de la nature le permettraient. Par la même raison les lois de la *guerre* permettent d'endommager les biens de l'ennemi, et de les détruire, parce qu'il n'est point contraire à la nature de dépouiller de son bien une personne à qui l'on peut ôter la vie. Enfin, tous ces actes d'hostilité subsistent sans injustice, jusqu'à ce qu'on se soit mis à l'abri des dangers dont l'ennemi nous menaçait, ou qu'on ait recouvré ce qu'il nous avait injustement enlevé. Mais quoique ces maximes soient vraies en vertu du droit rigoureux de la *guerre*, la loi de nature met néanmoins des bornes à ce droit ; elle veut que l'on considère si tels ou tels actes d'hostilité contre un ennemi sont dignes de l'humanité ou même de la générosité ; ainsi, tant qu'il est possible, et que notre défense et notre sûreté pour l'avenir le permettent, il faut toujours tempérer par ces sentiments si naturels et si justes, les maux que l'on fait à un ennemi.

Pour ce qui est des voies mêmes que l'on emploie légitimement contre un ennemi, il est sûr que la terreur et la force ouverte dont on se sert, sont le caractère propre de la *guerre* : on peut encore mettre en œuvre l'adresse, la ruse et l'artifice, pourvu qu'on le fasse sans perfidie ; mais on ne doit pas violer les engagements qu'on a contractés, soit de bouche ou autrement.

Les lois militaires de l'Europe n'autorisent point à ôter la vie de propos délibéré aux prisonniers de *guerre*, ni à ceux qui demandent quartier, ni à ceux qui se rendent, moins encore aux vieillards, aux femmes, aux enfants, et en général à aucun de ceux qui ne sont ni d'un âge, ni d'une profession à porter les armes, et qui n'ont d'autre part à la *guerre*, que de se trouver dans le pays ou dans le parti ennemi.

A plus forte raison les droits de la *guerre* ne s'étendent pas jusqu'à autoriser les outrages à l'honneur des femmes, car une telle conduite ne contribue point à notre défense, à notre sûreté, ni au maintien de nos droits ; elle ne peut servir qu'à satisfaire la brutalité du soldat effréné.

Il y a néanmoins mille autres licences infâmes, et mille sortes de rapines et d'horreurs qu'on souffre honteusement dans la *guerre*. Les lois, dit-on, doivent se taire parmi le bruit des armes ; je réponds que s'il faut que les lois civiles, les lois des tribunaux particuliers de chaque état, qui n'ont lieu qu'en temps de paix, viennent à se taire, il n'en est pas de même des lois éternelles, qui sont faites pour tous les temps, pour tous les peuples, et qui sont écrites dans la nature : mais la *guerre* étouffe la voix de la nature, de la justice, de la religion et de l'humanité. Elle n'enfante que des brigandages et des crimes ; avec elle marchent l'effroi, la famine et la désolation ; elle déchire l'âme des mères, des épouses et des enfants ; elle ravage les campagnes, dépeuple les provinces, et réduit les villes en poudre. Elle épuise les états florissants au milieu des plus grands succès ; elle expose les vainqueurs aux tragiques revers de la fortune ; elle déprave les mœurs de toutes les nations, et fait encore plus de misérables qu'elle n'en emporte. Voilà les fruits de la *guerre*. Les gazettes ne retentissent actuellement (1757) que des maux

qu'elle cause sur terre et sur mer, dans l'ancien et le
nouveau monde, à des peuples qui devraient resserrer
les liens d'une bienveillance qui n'est déjà que trop
faible, et non pas les couper.

(De Jaucourt)

H

HEUREUX, HEUREUSE, HEUREUSEMENT (*Gram., Morale*), ce mot vient évidemment d'*heur*, dont *heure* est l'origine. De là ces anciennes expressions, *à la bonne heure, à la mal'heure* ; car nos pères qui n'avaient pour toute philosophie que quelques préjugés des nations plus anciennes, admettaient des *heures* favorables et funestes.

On pourrait, en voyant que le *bonheur* n'était autrefois qu'une *heure fortunée,* faire plus d'honneur aux anciens qu'ils ne méritent, et conclure de là qu'ils regardaient le bonheur comme une chose passagère telle qu'elle est en effet.

Ce qu'on appelle *bonheur,* est une idée abstraite, composée de quelques idées de plaisir ; car qui n'a qu'un moment de plaisir n'est point un homme *heureux ;* de même qu'un moment de douleur ne fait point un homme *malheureux.* Le plaisir est plus rapide que le *bonheur,* et le *bonheur* plus passager que la *félicité.* Quand on dit *je suis heureux* dans ce moment, on abuse du mot, et cela ne veut dire que *j'ai du plaisir :* quand on a des plaisirs un peu répétés, on peut dans cet espace de temps se dire *heureux ;* quand ce bonheur dure un peu plus, c'est un état de félicité ; on est quelquefois bien loin d'être *heureux* dans la prospérité, comme un malade dégoûté ne mange rien d'un grand festin préparé pour lui.

L'ancien adage, *on ne doit appeler personne heureux avant sa mort,* semble rouler sur de bien faux principes ; on dirait par cette maxime qu'on ne devrait le nom d'*heureux,* qu'à un homme qui le serait constamment depuis sa naissance jusqu'à sa dernière heure. Cette série continuelle de moments agréables est impossible par la constitution de nos organes, par celle des éléments de qui nous dépendons, par celle des hommes dont nous dépendons davantage. Prétendre être toujours *heureux* est la pierre philosophale de l'âme ; c'est beaucoup pour nous de n'être pas longtemps dans un état triste ; mais celui qu'on supposerait avoir toujours joui d'une vie *heureuse,* et qui périrait misérablement, aurait certainement mérité le nom d'*heureux* jusqu'à la mort ; et on pourrait prononcer hardiment qu'il a été le plus *heureux* des hommes. Il se peut très bien que Socrate ait été le plus *heureux* des Grecs, quoique des juges ou superstitieux et absurdes, ou iniques, ou tout cela ensemble, l'aient empoisonné juridiquement à l'âge de soixante et dix ans, sur le soupçon qu'il croyait en un seul Dieu.

Cette maxime philosophique tant rebattue, *nemo ante obitum felix,* paraît donc absolument fausse en tout sens et si elle signifie qu'un homme *heureux* peut mourir d'une mort *malheureuse,* elle ne signifie rien que de trivial. Le proverbe du peuple, *heureux comme un roi,* est encore plus faux ; quiconque a lu, quiconque a vécu, doit savoir combien le vulgaire se trompe.

On demande s'il y a une condition plus *heureuse* qu'une autre, si l'homme en général est plus heureux que la femme ; il faudrait avoir été homme et femme comme Tirésias et Iphis, pour décider cette question ; encore faudrait-il avoir vécu dans toutes les conditions avec un esprit également propre à chacune ; et il faudrait avoir passé par tous les états possibles de l'homme et de la femme pour en juger.

On demande encore si de deux hommes l'un est plus *heureux* que l'autre ; il est bien clair que celui qui a la pierre et la goutte, qui perd son bien, son honneur, sa femme et ses enfants, et qui est condamné à être pendu immédiatement après avoir été taillé, est moins *heureux* dans ce monde, à tout prendre, qu'un jeune sultan vigoureux, ou que le savetier de La Fontaine.

Mais si on veut savoir quel est le plus *heureux* de deux hommes également sains, également riches, et d'une condition égale, il est clair que c'est leur humeur qui en décide. Le plus modéré, le moins inquiet, et en même temps le plus sensible, est le plus heureux ; mais *malheureusement* le plus sensible est toujours le moins modéré : ce n'est pas notre condition, c'est la trempe de notre âme qui nous rend *heureux*. Cette disposition de notre âme dépend de nos organes, et nos organes ont été arrangés sans que nous y ayons la moindre part : c'est au lecteur à faire là-dessus ses réflexions ; il y a bien des articles sur lesquels il peut s'en dire plus qu'on ne lui en doit dire : en fait d'arts, il faut l'instruire, en fait de morale, il faut le laisser penser. Il y a des chiens qu'on caresse, qu'on peigne, qu'on nourrit de biscuits, à qui on donne de jolies chiennes ; il y en a d'autres qui sont couverts de gale, qui meurent de faim, qu'on chasse et qu'on bat, et qu'ensuite un jeune chirurgien dissèque lentement, après leur avoir enfoncé quatre gros clous dans les pattes ; a-t-il dépendu de ces pauvres chiens d'être *heureux* ou *malheureux ?*

. . . .

(Voltaire)

HISTOIRE, s. f., c'est le récit des faits donnés pour vrais ; au contraire de la fable, qui est le récit des faits donnés pour faux.

Il y a l'*histoire* des opinions, qui n'est guère que le recueil des erreurs humaines ; l'*histoire* des arts, peut-être la plus utile de toutes, quand elle joint à la connaissance de l'invention et du progrès des arts, la description de leur mécanisme ; l'*histoire naturelle*, improprement dite *histoire*, et qui est une partie essentielle de la physique.

L'*histoire* des événements se divise en sacrée et profane. L'*histoire* sacrée est une suite des opérations divines et miraculeuses, par lesquelles il a plu à Dieu de conduire autrefois la nation juive, et d'exercer aujourd'hui notre foi. Je ne toucherai point à cette matière respectable.

. . . .

De l'utilité de l'histoire. Cet avantage consiste dans la comparaison qu'un homme d'état, un citoyen peut faire des lois et des mœurs étrangères avec celles de son pays : c'est ce qui excite les nations modernes à enchérir les unes sur les autres dans les arts, dans le commerce, dans l'agriculture. Les grandes fautes passées servent beaucoup en tout genre. On ne saurait trop remettre devant les yeux les crimes et les malheurs causés par des querelles absurdes. Il est certain qu'à force de renouveler la mémoire de ces querelles, on les empêche de renaître.

C'est pour avoir lu les détails des batailles de Crécy, de Poitiers, d'Azincourt, de Saint-Quentin, de Gravelines, etc., que le célèbre maréchal de Saxe se déterminait à chercher, autant qu'il pouvait, ce qu'il appelait des *affaires de poste*.

Les exemples sont d'un grand effet sur l'esprit d'un prince qui lit avec attention. Il verra qu'Henri IV n'entreprenait sa grande guerre, qui devait changer le système de l'Europe, qu'après s'être assez assuré du nerf de la guerre, pour la pouvoir soutenir plusieurs années sans aucun secours de finances.

Il verra que la reine Elisabeth, par les seules ressources du commerce et d'une sage économie, résista au puissant Philippe II, et que de cent vaisseaux qu'elle mit en mer contre la flotte invincible, les trois quarts étaient fournis par les villes commerçantes d'Angleterre.

. . . .

Enfin la grande utilité de l'*histoire* moderne, et l'avantage qu'elle a sur l'ancienne, est d'apprendre à tous les potentats, que depuis le xve siècle on s'est toujours réuni contre une puissance trop prépondérante. Ce système d'équilibre a toujours été inconnu des anciens, et c'est la raison des succès du peuple romain, qui ayant formé une milice supérieure à celle des autres peuples, les subjugua l'un après l'autre, du Tibre jusqu'à l'Euphrate.

De la certitude de l'histoire. Toute certitude qui n'est pas démonstration mathématique, n'est qu'une extrême probabilité. Il n'y a pas d'autre certitude historique.

Quand Marco Polo parla le premier, mais le seul, de la grandeur et de la population de la Chine, il ne fut pas cru, et il ne put exiger de croyance. Les Portugais qui entrèrent dans ce vaste empire plusieurs siècles après, commencèrent à rendre la chose probable. Elle est aujourd'hui certaine, de cette certitude qui naît de la disposition unanime de mille témoins oculaires de différentes nations, sans que personne ait réclamé contre leur témoignage.

Si deux ou trois historiens seulement avaient écrit l'aventure du roi Charles XII, qui s'obstinant à rester dans les états du Sultan son bienfaiteur, malgré lui, se battit avec ses domestiques contre une armée de Janissaires et de Tartares, j'aurais suspendu mon jugement ; mais ayant parlé à plusieurs témoins oculaires, et n'ayant jamais entendu révoquer cette action en doute, il a bien fallu la croire, parce qu'après tout, si elle n'est ni sage, ni ordinaire, elle n'est contraire ni aux lois de la nature, ni au caractère du héros.

Ce qui répugne au cours ordinaire de la nature ne doit point être cru, à moins qu'il ne soit attesté par des hommes animés de l'esprit divin. (...)

Incertitude de l'histoire. On a distingué les temps en fabuleux et historiques. Mais les temps historiques auraient dû être distingués eux-mêmes en vérités et en fables. Je ne parle pas ici des fables reconnues aujourd'hui pour telles; il n'est pas question, par exemple, des prodiges dont Tite-Live a embelli ou gâté son *histoire*. Mais dans les faits les plus reçus, que de raisons de douter!

. . . .

De la méthode, de la manière d'écrire l'histoire, et du style. On en a tant dit sur cette matière, qu'il faut ici en dire très peu. On sait assez que la méthode et le style de Tite-Live, sa gravité, son éloquence sage, conviennent à la majesté de la république romaine; que Tacite est plus fait pour peindre des tyrans, Polybe pour donner des leçons de la guerre, Denys d'Halicarnasse pour développer les antiquités.

Mais en se modelant en général sur ces grands maîtres, on a aujourd'hui un fardeau plus pesant que le leur à soutenir. On exige des historiens modernes plus de détails, des faits plus constatés, des dates précises, des autorités, plus d'attention aux usages, aux lois, aux mœurs, au commerce, à la finance, à l'agriculture, à la population. Il en est de l'*histoire* comme des mathématiques et de la physique. La carrière s'est prodigieusement accrue. Autant il est aisé de faire un recueil de gazettes, autant il est difficile aujourd'hui d'écrire l'*histoire*.

. . . .

On exige que l'*histoire* d'un pays étranger ne soit point jetée dans le même moule que celle de votre patrie.

Si vous faites l'*histoire* de France, vous n'êtes pas obligé de décrire le cours de la Seine et de la Loire; mais si vous donnez au public les conquêtes des Portugais en Asie, on exige une topographie des pays découverts. On veut que vous meniez votre lecteur par la main le long de l'Afrique, et des côtes de la Perse, et de l'Inde; on attend de vous des instructions sur les mœurs, les lois, les usages de ces nations nouvelles pour l'Europe.

Nous avons vingt *histoires* de l'établissement des Portugais dans les Indes; mais aucune ne nous a fait connaître les divers gouvernements de ce pays, ses religions, ses antiquités, les Brahmes, les disciples de Jean, les Guèbres, les Banians. Cette réflexion peut s'appliquer à presque toutes les *histoires* des pays étrangers.

Si vous n'avez autre chose à nous dire, sinon qu'un barbare a succédé à un autre barbare sur les bords de l'Oxus et de l'Iaxarte, en quoi êtes-vous utile au public ?

La méthode convenable à l'*histoire* de votre pays n'est pas propre à écrire les découvertes du nouveau monde. Vous n'écrirez point sur une ville comme sur un grand empire ; vous ne ferez point la vie d'un particulier comme vous écrirez l'*histoire* d'Espagne ou d'Angleterre.

Ces règles sont assez connues. Mais l'art de bien écrire l'*histoire* sera toujours très rare. On sait assez qu'il faut un style grave, pur, varié, agréable. Il en est des lois pour écrire l'*histoire* comme de celles de tous les arts de l'esprit ; beaucoup de préceptes, et peu de grands artistes.

(Voltaire)

HOBBISME, ou PHILOSOPHIE DE HOBBES
(*Hist. de la Philos. ancienne et moderne*).

. . . .

La philosophie de M. Rousseau de Genève, est presque l'inverse de celle de Hobbes. L'un croit l'homme de la nature bon, et l'autre le croit méchant. Selon le philosophe de Genève, l'état de nature est un état de paix ; selon le philosophe de Malmesbury, c'est un état de guerre. Ce sont les lois et la formation de la société qui ont rendu l'homme meilleur, si l'on en croit Hobbes ; et qui l'ont dépravé, si l'on en croit M. Rousseau. L'un était né au milieu du tumulte et des factions ; l'autre vivait dans le monde, et parmi les savants. Autres temps, autres circonstances, autre philosophie. M. Rousseau est éloquent et pathétique ;

Hobbes sec, austère et vigoureux. Celui-ci voyait le
trône ébranlé, les citoyens armés les uns contre les
autres, et sa patrie inondée de sang par les fureurs du
fanatisme presbytérien, et il avait pris en aversion le
dieu, le ministre .et les autels. Celui-là voyait des
hommes versés dans toutes les connaissances, se déchirer, se haïr, se livrer à leurs passions, ambitionner la
considération, la richesse, les dignités, et se conduire
d'une manière peu conforme aux lumières qu'ils
avaient acquises, et il méprisa la science et les savants.
Ils furent outrés tous les deux. Entre le système de l'un
et de l'autre, il y en a un autre qui peut-être est le vrai ;
c'est que, quoi que l'état de l'espèce humaine soit dans
une vicissitude perpétuelle, sa bonté et sa méchanceté
sont les mêmes ; son bonheur et son malheur circons-
crits par des limites qu'elle ne peut franchir. Tous les
avantages artificiels se compensent par des maux ; tous
les maux naturels par des biens.

. . . .

    Sa définition du méchant me paraît sublime. Le
méchant de Hobbes est un enfant robuste : *malus est*
puer robustus. En effet, la méchanceté est d'autant plus
grande que la raison est faible, et que les passions sont
fortes. Supposez qu'un enfant eût à six semaines
l'imbécillité de jugement de son âge, et les passions et
la force d'un homme de quarante ans, il est certain
qu'il frappera son père, qu'il violera sa mère, qu'il
étranglera sa nourrice, et qu'il n'y aura nulle sécurité
pour tout ce qu'il approchera. Donc la définition de
Hobbes est fausse, ou l'homme devient bon à mesure
qu'il s'instruit.

. . . .

                                            (Diderot)

    HÔPITAL, s. m. *(Gramm. Morale et Politiq.).*
. . . .
    Il serait beaucoup plus important de travailler à
prévenir la misère, qu'à multiplier des asiles aux

misérables. Un moyen sûr d'augmenter les revenus présents des *hôpitaux*, ce serait de diminuer le nombre des pauvres. Partout où un travail modéré suffira pour subvenir aux besoins de la vie, et où un peu d'économie dans l'âge robuste préparera à l'homme prudent une ressource dans l'âge des infirmités, il y aura peu de pauvres.

Il ne doit y avoir de pauvres dans un état bien gouverné, que des hommes qui naissent dans l'indigence, ou qui y tombent par accident.

Je ne puis mettre au nombre des pauvres, ces paresseux jeunes et vigoureux, qui trouvant dans notre charité mal entendue des secours plus faciles et plus considérables que ceux qu'ils se procureraient par le travail, remplissent nos rues, nos temples, nos grands chemins, nos bourgs, nos villes et nos campagnes. Il ne peut y avoir de cette vermine que dans un état où la valeur des hommes est inconnue.

Rendre la condition des mendiants de profession et des vrais pauvres égale en les confondant dans les mêmes maisons, c'est oublier qu'on a des terres incultes à défricher, des colonies à peupler, des manufactures à soutenir, des travaux publics à continuer.

S'il n'y a, dans une société, d'asiles que pour les vrais pauvres, il est conforme à la religion, à la raison, à l'humanité, et à la saine politique, qu'ils y soient le mieux qu'il est possible.

Il ne faut pas que les *hôpitaux* soient des lieux redoutables aux malheureux, mais que le gouvernement soit redoutable aux fainéants.

Entre les vrais pauvres, les uns sont sains, les autres malades.

Il n'y a aucun inconvénient à ce que les habitations des pauvres sains soient dans les villes ; il y a, ce me semble, plusieurs raisons qui demandent que celles des pauvres malades soient éloignées de la demeure des hommes sains.

Un *hôpital* de malades est un édifice où l'architecture

doit subordonner son art aux vues du médecin : confondre les malades dans un même lieu, c'est les détruire les uns par les autres.

Il faut sans doute des *hôpitaux* partout ; mais ne faudrait-il pas qu'ils fussent tous liés par une correspondance générale ?

Si les aumônes avaient un réservoir général, d'où elles se distribuassent dans toute l'étendue d'un royaume, on dirigerait ces eaux salutaires partout où l'incendie serait le plus violent.

Une disette subite, une épidémie, multiplient tout à coup les pauvres d'une province ; pourquoi ne transférerait-on pas le superflu habituel ou momentané d'un *hôpital* à un autre ?

Qu'on écoute ceux qui se récrieront contre ce projet, et l'on verra que ce sont la plupart des hommes horribles qui boivent le sang du pauvre, et qui trouvent leur avantage particulier dans le désordre général.

Le souverain est le père de tous ses sujets ; pourquoi ne serait-il pas le caissier général de ses pauvres sujets ?

· ·

(Diderot)

HUMAINE ESPÈCE (*Hist. nat.*).

· ·

Quoiqu'en général les Nègres aient peu d'esprit, ils ne manquent pas de sentiment. Ils sont sensibles aux bons et aux mauvais traitements. Nous les avons réduits, je ne dis pas à la condition d'esclaves, mais à celle des bêtes de somme ; et nous sommes raisonnables ! Et nous sommes chrétiens !

· ·

(Diderot)

I

IDOLE, IDOLÂTRE, IDOLÂTRIE.

. . . .

On ne peut guère lire l'histoire, sans concevoir de l'horreur pour le genre humain. Il est vrai que chez les Juifs Jephté sacrifia sa fille, et que Saül fut prêt d'immoler son fils. Il est vrai que ceux qui étaient voués au Seigneur par anathème, ne pouvaient être rachetés, ainsi qu'on rachetait les bêtes, et qu'il fallait qu'ils périssent : mais Dieu qui a créé les hommes, peut leur ôter la vie quand il le veut et comme il le veut : et ce n'est pas aux hommes à se mettre à la place du maître de la vie et de la mort, et à usurper les droits de l'Etre suprême.

Pour consoler le genre humain de l'horrible tableau de ces pieux sacrilèges, il est important de savoir que chez presque toutes les nations nommées *idolâtres*, il y avait la Théologie sacrée, et l'erreur populaire ; le culte secret, et les cérémonies publiques ; la religion des sages, et celle du vulgaire. On n'enseignait qu'un seul Dieu aux initiés dans les mystères ; il n'y a qu'à jeter les yeux sur l'hymne attribué à Orphée, qu'on chantait dans les mystères de Cérès Eleusine, si célèbres en Europe et en Asie.

« Contemple la nature divine, illumine ton esprit, gouverne ton cœur, marche dans la voie de la justice ; que le Dieu du ciel et de la terre soit toujours présent à tes yeux. Il est unique, il existe seul par lui-même ; tous les êtres tiennent de lui leur existence ; il les soutient tous ; il n'a jamais été vu des yeux mortels, et il voit toutes choses. » Qu'on lise encore ce passage du philosophe Maxime de Madaure, dans sa lettre à saint Augustin. « Quel homme assez grossier, assez stupide, pour douter qu'il soit un Dieu suprême, éternel, infini, et qui n'a rien engendré de semblable à lui-même, et qui est le père commun de toutes choses ? » Il y a mille témoignages que les sages abhorraient non seulement l'*idolâtrie,* mais encore le polythéisme. Épictète, ce modèle de résignation et de patience, cet homme si grand dans une condition si basse, ne parle jamais que d'un seul Dieu : voici une de ses maximes. « Dieu m'a créé, Dieu est au-dedans de moi ; je le porte partout ; pourrais-je le souiller par des pensées obscènes, par des actions injustes, par d'infâmes désirs ? Mon devoir est de remercier Dieu de tout, de le louer de tout, et de ne cesser de le bénir qu'en cessant de vivre. » Toutes les idées d'Épictète roulent sur ce principe.

Marc-Aurèle, aussi grand peut-être sur le trône de l'empire romain qu'Épictète dans l'esclavage, parle souvent à la vérité des dieux, soit pour se conformer au langage reçu, soit pour exprimer des êtres mitoyens entre l'Être suprême et les hommes. Mais en combien d'endroits ne fait-il pas voir qu'il ne reconnaît qu'un Dieu, éternel, infini ? *Notre âme,* dit-il, *est une émanation de la divinité ; mes enfants, mon corps, mes esprits viennent de Dieu.*

Les Stoïciens, les Platoniciens admettaient une nature divine et universelle ; les Épicuriens la niaient ; les pontifes ne parlaient que d'un seul Dieu dans les mystères ; où étaient donc les *idolâtres ?*

. . . .

(Voltaire)

ILLAPS, s. m. (*Théolog.*), espèce d'extase contemplative où l'on tombe par les degrés insensibles où les sens extérieurs s'aliènent, et où les organes intérieurs s'échauffent, s'agitent, et mettent dans un état fort tendre et fort doux, peu différent de celui qui succède à la possession d'une femme bien aimée et bien estimée.

(Diderot)

ILLICITE, adj. (*Gramm. et Morale*), qui est défendu par la loi. Une chose *illicite* n'est pas toujours mauvaise en soi ; le défaut de presque toutes les législations c'est d'avoir multiplié le nombre des actions *illicites* par la bizarrerie des défenses. On rend les hommes méchants en les exposant à devenir infracteurs ; et comment ne deviendront-ils pas infracteurs, quand la loi leur défendra une chose vers laquelle l'impulsion constante et invincible de la nature les emporte sans cesse ? Mais quand ils auront foulé aux pieds les lois de la société, comment respecteront-ils celles de la nature ; surtout s'il arrive que l'ordre des devoirs moraux soit renversé, et que le préjugé leur fasse regarder comme des crimes atroces, des actions presque indifférentes ? Par quel motif celui qui se regardera comme un sacrilège, balancera-t-il à se rendre menteur, voleur, calomniateur ? Le concubinage est *illicite* chez les chrétiens ; le trafic des armes est *illicite* en pays étrangers ; il ne faut pas se défendre par des voies *illicites*. Heureux celui qui sortirait de ce monde sans avoir rien fait d'*illicite* ! plus heureux encore celui qui en sort sans avoir rien fait de mal ! Est-il, ou n'est-il pas *illicite* de parler contre une superstition consacrée par les lois ? Lorsque Cicéron écrivit ses livres sur la divination, fit-il une action *illicite* ? Hobbes ne sera pas embarrassé de ma question ; mais osera-t-on avouer les principes d'Hobbes, surtout dans les contrées où la puissance temporelle est distinguée de la puissance spirituelle ?

(Diderot)

IMPERCEPTIBLE, adj. (*Gramm.*). Il se dit au simple de tout ce qui échappe par sa petitesse à l'organe de la vue ; et au figuré, de tout ce qui agit en nous et sur nous d'une manière fugitive et secrète qui échappe quelquefois à notre examen le plus scrupuleux. Il y a, je ne dis pas des éléments des corps, des corps composés, des mixtes, des surcomposés, des tissus, mais des corps organisés, vivants, des animaux qui nous sont *imperceptibles,* et ces animaux qui se dérobent à nos yeux et à nos microscopes, sont peut-être une vermine qui les dévore, et ainsi de suite. Qui sait où s'arrête le progrès de la nature organisée et vivante ? Qui sait quelle est l'étendue de l'échelle selon laquelle l'organisation se simplifie ? Qui sait où aboutit le dernier terme de cette simplicité, où l'état de nature vivante cesse, et celui de nature brute commence ? Nous sommes quelquefois entraînés dans nos jugements et dans nos goûts par des mouvements de cœur et d'esprit qui, pour être très *imperceptibles,* n'en sont pas moins puissants.

(Diderot)

IMPÉRISSABLE, adj. (*Gramm. et Philosoph.*), qui ne peut périr. Ceux qui regardent la matière comme éternelle, la regardent aussi comme *impérissable.* Rien, selon eux, ne se perd de la quantité du mouvement, rien de la quantité de la matière. Les êtres naissants s'accroissent et disparaissent, mais leurs éléments sont éternels. La destruction d'une chose a été, est et sera à jamais la génération d'une autre. Ce sentiment a été celui de presque tous les anciens philosophes, qui n'avaient aucune idée de la création.

(Diderot)

IMPÔTS, s. m. *(Droit polit. et Finances).*

. . . .

Il y a cent projets pour rendre l'état riche, contre un seul dont l'objet soit de faire jouir chaque particulier de la richesse de l'état. Gloire, grandeur, puissance d'un royaume ! Que ces mots sont vains et vides de sens, auprès de ceux de liberté, aisance, et bonheur des sujets ! Quoi donc, ne serait-ce pas rendre une nation riche et puissante, que de faire participer chacun de ses membres aux richesses de l'état ? Voulez-vous y parvenir en France ? Les moyens s'offrent en foule à l'esprit ; j'en citerai quelques-uns par lesquels je ne puis mieux terminer cet article. 1° Il s'agit de favoriser puissamment l'Agriculture, la population et le commerce, source des richesses du sujet et du souverain ; 2° Proportionner le bénéfice des affaires de finance à celui que donnent le négoce et le défrichement des terres en général ; car alors les entreprises de finances seront encore les meilleures, puisqu'elles sont sans risque, outre qu'il ne faut jamais oublier que le profit des financiers est toujours une diminution des revenus du peuple et du roi ; 3° Restreindre l'usage immodéré des richesses et des charges inutiles ; 4° Abolir les monopoles, les péages, les privilèges exclusifs, les lettres de maîtrise, le droit d'aubaine, les droits de franc-fiefs, le nombre et les vexations des fermiers ; 5° Retrancher la plus grande partie des fêtes ; 6° Corriger les abus et les gênes de la taille, de la milice et de l'imposition du sel ; 7° Ne point faire de traités extraordinaires, ni d'affaiblissement dans les monnaies ; 8° Souffrir le transport des espèces, parce que c'est une chose juste et avantageuse ; 9° Tenir l'intérêt de l'argent aussi bas que le permet le nombre combiné des prêteurs et des emprunteurs dans l'état ; 10° Enfin, alléger les *impôts*, et les répartir suivant les principes de la justice distributive, cette justice par laquelle les rois sont les représentants de Dieu sur la terre. La France serait trop puissante, et les Français seraient trop heureux, si ces moyens étaient mis en usage. Mais l'aurore d'un si beau jour est-elle prête à paraître ?

(De Jaucourt)

INDIGENT, adj. *(Gramm.)*, homme qui manque des choses nécessaires à la vie, au milieu de ses semblables, qui jouissent avec un faste qui l'insulte, de toutes les superfluités possibles. Une des suites les plus fâcheuses de la mauvaise administration, c'est de diviser la société en deux classes d'hommes, dont les uns sont dans l'opulence et les autres dans la misère. L'*indigence* n'est pas un vice, c'est pis. On accueille le vicieux, on fuit l'*indigent*. On ne le voit jamais que la main ouverte et tendue. Il n'y a point d'*indigent* parmi les sauvages.

(Diderot)

INDISSOLUBLE, adj. *(Gramm.)*, qui ne peut être dissous, rompu. Le mariage est un engagement *indissoluble*. L'homme sage frémit à l'idée seule d'un engagement *indissoluble*. Les législateurs qui ont préparé aux hommes des liens *indissolubles*, n'ont guère connu son inconstance naturelle. Combien ils ont fait de criminels et de malheureux ?

(Diderot)

INDUSTRIE *(Droit polit. et Commerce)*. Ce mot signifie deux choses ; ou le simple travail des mains, ou les inventions de l'esprit en machines utiles, relativement aux arts et aux métiers ; l'*industrie* renferme tantôt l'une, tantôt l'autre de ces deux choses, et souvent les réunit toutes les deux.

Elle se porte à la culture des terres, aux manufactures, et aux arts ; elle fertilise tout, et répand partout l'abondance et la vie : comme les nations destructrices font des maux qui durent plus qu'elles, les nations industrieuses font des biens qui ne finissent pas même avec elles.

. . . .

Bien loin de mettre des impôts sur l'*industrie*, il faut donner des gratifications à ceux qui auront le mieux cultivé leurs champs, et aux ouvriers qui auront porté plus loin le mérite de leurs ouvrages. Personne n'ignore combien cette pratique a réussi dans les trois royaumes de la Grande-Bretagne. On a établi de nos jours par cette seule voie en Irlande, une des plus importantes manufactures de toile qui soit en Europe.

Comme la consommation des marchandises augmente par le bon marché du prix de la main-d'œuvre, l'*industrie* influe sur le prix de cette main-d'œuvre, toutes les fois qu'elle peut diminuer le travail, ou le nombre de mains employées. Tel est l'effet des moulins à eau, des moulins à vent, des métiers, et de tant d'autres machines, fruits d'une *industrie* précieuse. On en peut citer pour exemple les machines inventées par M. de Vaucanson, celle à mouliner les soies connue en Angleterre depuis vingt ans, les moulins à scier les planches, par lesquels sous l'inspection d'un seul homme, et le moyen d'un seul axe, on travaille dans une heure de vent favorable, jusqu'à quatre-vingts planches de trois toises de long ; les métiers de rubans à plusieurs navettes, ont encore mille avantages ; mais toutes ces choses sont si connues qu'il est inutile de nous y étendre. M. Melon a dit très bien, que faire avec un homme, par le secours des machines de l'*industrie*, ce qu'on ferait sans elles avec deux ou trois hommes, c'est doubler ou tripler le nombre des citoyens.

Les occasions d'emploi pour les manufacturiers, ne connaissent de bornes que celles de la consommation ; la consommation n'en reçoit que du prix du travail. Donc la nation qui possédera la main-d'œuvre au meilleur marché, et dont les négociants se contenteront du gain le plus modéré, fera le commerce le plus lucratif, toutes circonstances égales. Tel est le pouvoir de l'*industrie*, lorsqu'en même temps les voies du commerce intérieur et extérieur sont libres. Alors elle fait ouvrir à la consommation des marchés nouveaux, et forcer même l'entrée de ceux qui lui sont fermés. Qu'on ne vienne plus objecter contre l'utilité des inventions de l'*industrie*, que toute machine qui diminue la main-d'œuvre de moitié, ôte à l'instant à la moitié des ouvriers du métier, les moyens de subsister ; que les ouvriers sans emploi deviendront plutôt des mendiants à charge à l'état, que d'apprendre un autre métier ; que la consommation a des bornes ; de sorte qu'en la supposant même augmentée du double, par la ressource que nous vantons tant, elle diminuera dès que l'étranger se sera procuré des machines pareilles aux nôtres ; enfin, qu'il ne restera au pays inventeur aucun avantage de ses inventions d'*industrie*. Le caractère de pareilles objections est d'être dénué de bon sens et de lumières ; elles ressemblent à celles que les bateliers de la Tamise alléguaient contre la construction du pont de Westminster. N'ont-ils pas trouvé, ces bateliers, de quoi s'occuper, tandis que la construction du pont dont il s'agit répandait de nouvelles commodités, dans la ville de Londres ? Vaut-il pas mieux prévenir l'*industrie* des autres peuples à se servir de machines, que d'attendre qu'ils nous forcent à en adopter l'usage, pour nous conserver la concurrence dans les mêmes marchés ? Le profit le plus sûr sera toujours pour la nation qui aura été la première industrieuse ; et toutes choses égales, la nation dont l'*industrie* sera la plus libre, sera la plus industrieuse. Nous ne voulons pas néanmoins désapprouver le soin qu'on aura dans un gouvernement de préparer avec quelque prudence l'usage des machines industrieuses, capables de faire subitement un trop grand tort dans les professions qui emploient les hommes ; cependant cette prudence même n'est nécessaire que dans l'état de gêne, premier vice qu'il faut commencer par détruire. D'ailleurs, soit découragement d'invention, soit progrès dans les arts, l'*industrie* semble être parvenue au point que ses gradations sont aujourd'hui très douces, et ses secousses violentes fort peu à craindre.

. . . .

(De Jaucourt)

INOCULATION, s. f. *(Chirurgie, Médecine, Morale, Politique)*, ce nom synonyme d'*insertion*, a prévalu pour désigner l'opération par laquelle on communique artificiellement la petite vérole, dans la vue de prévenir le danger et les ravages de cette maladie contractée naturellement.

. . . .

Quand toute la France serait persuadée de l'importance et de l'utilité de cette pratique, elle ne peut s'introduire parmi nous sans la faveur du gouvernement ; et le gouvernement se déterminera-t-il jamais à la favoriser sans consulter les témoignages les plus décisifs en pareille matière ?

C'est donc aux facultés de théologie et de médecine ; c'est aux académies ; c'est aux chefs de la magistrature, aux savants, aux gens de lettres, qu'il appartient de bannir des scrupules fomentés par l'ignorance, et de faire sentir au peuple que son utilité propre, que la charité chrétienne, que le bien de l'état, que la conservation des hommes sont intéressés à l'établissement de l'*inoculation*. Quand il s'agit du bien public, il est du devoir de la partie pensante de la nation, d'éclairer ceux qui sont susceptibles de lumière, et d'entraîner par le poids de l'autorité cette foule sur qui l'évidence n'a point de prise.

Faut-il encore des expériences ? Ne sommes-nous pas assez instruits ? Qu'on ordonne aux hôpitaux de distinguer soigneusement dans leurs listes annuelles, le nombre de malades et de morts de chaque espèce de maladie, comme on le pratique en Angleterre ; usage dont on reconnaîtrait avec le temps de plus en plus l'utilité : que dans un de ces hôpitaux l'expérience de l'*inoculation* se fasse sur cent sujets qui s'y soumettront volontairement ; qu'on en traite cent autres de même âge, attaqués de la petite vérole naturelle ; que tout se passe avec le concours des différents maîtres en l'art de guérir, sous les yeux et sous la direction d'un administrateur dont les lumières égalent le zèle et les bonnes intentions. Que l'on compare ensuite la liste des morts de part et d'autre, et qu'on la donne au public : les moyens de s'éclaircir et de résoudre les doutes, s'il en reste, ne manqueront pas, quand, avec le pouvoir, on aura la volonté.

L'*inoculation,* je le répète, s'établira quelque jour en France et l'on s'étonnera de ne l'avoir pas adoptée plus tôt ; mais quand arrivera ce jour ? Oserai-je le dire ? Ce ne sera peut-être que lorsqu'un événement pareil à celui qui répandit parmi nous en 1752 de si vives alarmes, et qui se convertit en transport de joie (la petite vérole de M. le dauphin), réveillera l'attention publique ; ou, ce dont le ciel veuille nous préserver, ce sera dans le temps funeste d'une catastrophe semblable à celle qui plongea la nation dans le deuil, et parut ébranler le trône en 1711. Alors si l'*inoculation* eût été connue, la douleur récente du coup qui venait de nous frapper, la crainte de celui qui menaçait encore nos plus chères espérances, nous eussent fait recevoir comme un présent du ciel ce préservatif que nous négligeons aujourd'hui. Mais à la honte de cette fière raison, qui ne nous distingue pas toujours assez de la brute, le passé, le futur, font à peine impression sur nous : le présent seul nous affecte. Ne serons-nous jamais sages qu'à force de malheurs ? Ne construirons-nous un pont à Neuilly, qu'après que Henri IV aura couru le risque de la vie en y passant le bac ? N'élargirons-nous nos rues qu'après qu'il les aura teintes de son sang ?

· ·

(Tronchin)

INTENDANTS ET COMMISSAIRES *départis pour sa Majesté dans les provinces et généralités du royaume.*

. . . .

L'autorité des intendants est, comme on le voit, très étendue dans les pays d'élection, puisqu'ils y décident seuls de la répartition des impôts, de la quantité et du moment des corvées, des nouveaux établissements de commerce, de la distribution des troupes dans les différents endroits de la province, du prix et de la répartition des fourrages accordés aux gens de guerre ; qu'enfin c'est par leur ordre et par leurs lois que se font les achats des denrées, pour remplir les magasins du roi ; que ce sont eux qui président à la levée des milices, et décident les difficultés qui surviennent à cette occasion ; que c'est par eux que le ministère est instruit de l'état des provinces, de leurs productions, de leurs débouchés, de leurs charges, de leurs pertes, de leurs ressources, etc., qu'enfin sous le nom d'*intendants* de justice, police et finances, ils embrassent presque toutes les parties d'administration.

Les états provinciaux sont le meilleur remède aux inconvénients d'une grande monarchie ; ils sont même de l'essence de la monarchie, qui veut non des *pouvoirs* mais des corps *intermédiaires* entre le prince et le peuple. Les états provinciaux font pour le prince une partie de ce que feraient les préposés du prince ; et s'ils sont à la place du préposé, ils ne veulent ni ne peuvent se mettre à celle du prince ; c'est tout au plus ce que l'on pourrait craindre des états généraux.

Le prince peut avoir la connaissance de l'ordre général, des lois fondamentales, de sa situation par rapport à l'étranger, des droits de sa nation, etc.

Mais sans le secours des états provinciaux, il ne peut jamais savoir quelles sont les richesses, les forces, les ressources ; ce qu'il peut, ce qu'il doit lever de troupes, d'impôts, etc.

En France, l'autorité du roi n'est nulle part plus

respectée que dans les pays d'états ; c'est dans leurs augustes assemblées où elle paraît dans toute sa splendeur. C'est le roi qui convoque et révoque ces assemblées ; il en nomme le président, il peut en exclure qui bon lui semble : il est présent par ses commissaires. On n'y fait jamais entrer en question les bornes de l'autorité ; on ne balance que sur le choix des moyens d'obéir, et ce sont les plus prompts que d'ordinaire on choisit. Si la province se trouve hors d'état de payer les charges qu'on lui impose, elle se borne à des représentations, qui ne sont jamais que l'exposition de leur subvention présente, de leurs efforts passés, de leurs besoins actuels, de leurs moyens, de leur zèle et de leur respect. Soit que le roi persévère dans sa volonté, soit qu'il la change, tout obéit. L'approbation que les notables qui composent ces états donnent aux demandes du prince, servent à persuader aux peuples qu'elles étaient justes et nécessaires ; ils sont intéressés à faire obéir le peuple promptement : on donne plus que dans les pays d'élection, mais on donne librement, volontairement, avec zèle, et on est content.

Dans les pays éclairés par la continuelle discussion des affaires, la taille sur les biens s'est établie sans difficulté ; on n'y connaît plus les barbaries et les injustices de la taille personnelle. On n'y voit point un collecteur suivi d'huissiers ou de soldats épier s'il pourra découvrir et faire vendre quelques lambeaux qui restent au misérable pour couvrir ses enfants, et qui sont à peine échappés aux exécutions de l'année précédente. On n'y voit point cette multitude d'hommes de finance qui absorbe une partie des impôts et tyrannise le peuple. Il n'y a qu'un trésorier général pour toute la province ; ce sont les officiers préposés par les états ou les officiers municipaux qui, sans frais, se chargent de la régie.

. . . .

On ne voit point dans les pays d'états trois cents collecteurs, baillis ou maires d'une seule province gémir une année entière et plusieurs mourir dans les prisons, pour n'avoir point apporté la taille de leurs villages qu'on a rendus insolvables. On n'y voit point charger de 7 000 livres d'impôts un village dont le territoire produit 4 000 livres. Le laboureur ne craint point de jouir de son travail, et de paraître augmenter son aisance ; il sait que ce qu'il paiera de plus sera exactement proportionné à ce qu'il aura acquis. Il n'a point à corrompre ou à fléchir un collecteur ; il n'a point à plaider à une élection de l'élection, devant l'*intendant* de l'*intendant* au conseil.

Le roi ne supporte point les pertes dans les pays d'états, la province fournit toujours exactement la somme qu'on a exigée d'elle ; et les répartitions faites avec équité, toujours sur la proportion des fonds, n'accablent point un laboureur aisé, pour soulager le malheureux que pourtant on indemnise.

. . . .

Les ordres des états s'éclairent mutuellement, aucun n'ayant d'autorité, ne peut opprimer l'autre ; tous discutent, et le roi ordonne. Il se forme dans ces assemblées des hommes capables d'affaires ; c'est en faisant élire les consuls d'Aix, et exposant à l'assemblée les intérêts de la Provence, que le cardinal de Janson était devenu un célèbre négociateur.

On ne traverse point le royaume sans s'apercevoir de l'excellente administration des états, et de la funeste administration des pays d'élection. Il n'est pas nécessaire de faire de question ; il ne faut que voir les habitants des campagnes, pour savoir si on est en pays d'états, ou en pays d'élection ; de quelle ressource infinie ces pays d'états ne sont-ils pas pour le royaume !

Comparez ce que le roi tire de la Normandie, et ce qu'il tire du Languedoc, ces provinces sont de même étendue, les sables et l'aridité de la dernière envoient plus d'argent au trésor royal que les bagages opulents et les fertiles campagnes de la première. Que serait-ce

que ces pays d'états, si les domaines du roi y étaient
affermés et mis en valeur par les états mêmes ?

. . . .

(Boucher d'Argis)

INTOLÉRANCE, s. f. *(Morale)*. Il est impie
d'exposer la religion aux imputations odieuses de
tyrannie, de dureté, d'injustice, d'insociabilité, même
dans le dessein d'y ramener ceux qui s'en seraient
malheureusement écartés.

L'esprit ne peut acquiescer qu'à ce qui lui paraît
vrai ; le cœur ne peut aimer que ce qui lui semble bon.
La violence fera de l'homme un hypocrite, s'il est
faible ; un martyr s'il est courageux. Faible et courageux, il sentira l'injustice de la persécution et s'en
indignera.

L'instruction, la persuasion et la prière, voilà les
seuls moyens légitimes d'étendre la religion.

Tout moyen qui excite la haine, l'indignation et le
mépris, est impie.

Tout moyen qui réveille les passions et qui tient à
des vues intéressées, est impie.

Tout moyen qui relâche les liens naturels et éloigne
les pères des enfants, les frères des frères, les sœurs des
sœurs, est impie.

Tout moyen qui tendrait à soulever les hommes, à
armer les nations et tremper la terre de sang, est impie.

Il est impie de vouloir imposer des lois à la
conscience, règle universelle des actions. Il faut l'éclairer et non la contraindre.

Les hommes qui se trompent de bonne foi sont à
plaindre, jamais à punir.

Il ne faut tourmenter ni les hommes de bonne foi ni
les hommes de mauvaise foi, mais en abandonner le
jugement à Dieu.

Si l'on rompt le lien avec celui qu'on appelle impie,
on rompra le lien avec celui qu'on appellera avare,

impudique, ambitieux, colère, vicieux. On conseillera une rupture aux autres, et trois ou quatre *intolérants* suffiront pour déchirer toute la société.

Si l'on peut arracher un cheveu à celui qui pense autrement que nous, on pourra disposer de sa tête, parce qu'il n'y a point de limites à l'injustice. Ce sera ou l'intérêt, ou le fanatisme, ou le moment, ou la circonstance qui décidera du plus ou du moins de mal qu'on se permettra.

Si un prince infidèle demandait aux missionnaires d'une religion *intolérante* comment elle en use avec ceux qui n'y croient point, il faudrait ou qu'ils avouassent une chose odieuse, ou qu'ils mentissent, ou qu'ils gardassent un honteux silence.

Qu'est-ce que le Christ a recommandé à ses disciples en les envoyant chez les nations ? Est-ce de tuer ou de mourir ? Est-ce de persécuter ou de souffrir ?

Saint Paul écrivait aux Thessaloniciens : *si quelqu'un vient vous annoncer un autre Christ, vous proposer un autre esprit, vous prêcher un autre évangile, vous les souffrirez. Intolérants*, est-ce ainsi que vous en usez même avec celui qui n'annonce rien, ne propose rien, ne prêche rien ?

Il écrivait encore : *ne traitez point en ennemi celui qui n'a pas les mêmes sentiments que vous, mais avertissez-le en frère. Intolérants*, est-ce là ce que vous faites ?

Si vos opinions vous autorisent à me haïr, pourquoi mes opinions ne m'autoriseront-elles pas à vous haïr aussi ? Si vous criez « c'est moi qui ai la vérité de mon côté », je crierai aussi haut que vous « c'est moi qui ai la vérité de mon côté » ; mais j'ajouterai : et qu'importe qui se trompe ou de vous ou de moi, pourvu que la paix soit entre nous ? Si je suis aveugle, faut-il que vous frappiez un aveugle au visage ?

Si un *intolérant* s'expliquait nettement sur ce qu'il est, quel est le coin de la terre qui ne lui fût fermé ? Et quel est l'homme sensé qui osât aborder le pays qu'habite l'*intolérant*.

On lit dans Origène, dans Minucius Felix, dans les

pères des trois premiers siècles : *la religion se persuade et ne se commande pas. L'homme doit être libre dans le choix de son culte ; le persécuteur fait haïr son Dieu ; le persécuteur calomnie sa religion.* Dites-moi si c'est l'ignorance ou l'imposture qui a fait ces maximes ?

Dans un état *intolérant*, le prince ne serait qu'un bourreau aux gages du prêtre. Le prince est le père commun de ses sujets ; et son apostolat est de les rendre tous heureux.

S'il suffisait de publier une loi pour être en droit de sévir, il n'y aurait point de tyran.

Il y a des circonstances où l'on est aussi fortement persuadé de l'erreur que de la vérité. Cela ne peut être contesté que par celui qui n'a jamais été sincèrement dans l'erreur. Si votre vérité me proscrit, mon erreur que je prends pour la vérité, vous proscrira.

Cessez d'être violents, ou cessez de reprocher la violence aux Païens et aux Musulmans.

Lorsque vous haïssez votre frère, et que vous prêchez la haine à votre prochain, est-ce l'esprit de Dieu qui vous inspire ?

Le Christ a dit : *mon royaume n'est pas de ce monde ;* et vous, son disciple, vous voulez tyranniser ce monde ! Il a dit, *je suis doux et humble de cœur ;* êtes-vous doux et humble de cœur ?

Il a dit : *bienheureux les débonnaires, les pacifiques, et les miséricordieux.* Sondez votre conscience, et voyez si vous méritez cette bénédiction ; êtes-vous débonnaire, pacifique, miséricordieux ?

Il a dit, *je suis l'agneau qui a été mené à la boucherie sans se plaindre ;* et vous êtes tout prêt à prendre le couteau du boucher, et à égorger celui pour qui le sang de l'agneau a été versé.

Il a dit, *si l'on vous persécute, fuyez ;* et vous chassez ceux qui vous laissent dire, et qui ne demandent pas mieux que de paître doucement à côté de vous.

Il a dit : *vous voudriez que je fisse tomber le feu du ciel sur vos ennemis : vous ne savez quel esprit vous anime ;* et je vous le répète avec lui, *intolérants*, vous ne savez quel esprit vous anime.

Ecoutez saint Jean : *mes petits enfants, aimez-vous les uns les autres.*

. . . .

Si un prince incrédule a un droit incontestable à l'obéissance de son sujet, un sujet mécroyant a un droit incontestable à la protection de son prince. C'est une obligation réciproque.

Si le prince dit que le sujet est indigne de vivre, n'est-il pas à craindre que le sujet ne dise que le prince infidèle est indigne de régner ? *Intolérants*, hommes de sang, voyez les suites de vos principes et frémissez-en. Hommes que j'aime, quels que soient vos sentiments ; c'est pour vous que j'ai recueilli ces pensées que je vous conjure de méditer. Méditez-les, et vous abdiquerez un système atroce qui ne convient ni à la droiture de l'esprit ni à la bonté du cœur.

Opérez votre salut. Priez pour le mien, et croyez que tout ce que vous vous permettez au-delà est d'une injustice abominable aux yeux de Dieu et des hommes.

(Diderot)

IRRÉLIGIEUX, adj. (*Gram.*), qui n'a point de religion, qui manque de respect pour les choses saintes, et qui n'admettant point de Dieu, regarde la piété et les autres vertus qui tiennent à leur existence et à leur culte, comme des mots vides de sens.

On n'est irréligieux que dans la société dont on est membre : il est certain qu'on ne fera à Paris aucun crime à un mahométan, de son mépris pour la loi de Mahomet, ni à Constantinople aucun crime à un chrétien de l'oubli de son culte.

Il n'en est pas ainsi des principes moraux : ils sont les mêmes partout. L'inobservance en est et en sera répréhensible dans tous les lieux et dans tous les temps. Les peuples sont partagés en différents cultes religieux ou *irréligieux*, selon l'endroit de la surface de la terre où ils se transportent ou qu'ils habitent : la morale est la même partout.

C'est la loi universelle que le doigt de Dieu a gravée dans tous les cœurs.

C'est le précepte éternel de la sensibilité et des besoins communs.

Il ne faut donc pas confondre l'immoralité et l'irréligion. La moralité peut être sans la religion, et la religion, peut être, est même souvent avec l'immoralité.

Sans étendre ses vues au-delà de cette vie, il y a une foule de raisons qui peuvent démontrer à un homme que pour être heureux dans ce monde, tout bien pesé, il n'y a rien de mieux à faire que d'être vertueux.

Il ne faut que du sens et de l'expérience pour sentir qu'il n'y a aucun vice qui n'entraîne avec lui quelque portion de malheur, et aucune vertu qui ne soit accompagnée de quelque portion de bonheur ; qu'il est impossible que le méchant soit tout à fait heureux, et l'homme de bien tout à fait malheureux, et que malgré l'intérêt et l'attrait du moment, il n'a pourtant qu'une conduite à tenir.

. . . .

(Diderot)

J

JÉSUITE, s. m. (*Hist. ecclés.*).

· ·

Lisez l'ouvrage intitulé les *Assertions*, et publié cette
année 1762, par arrêt du parlement de Paris, et
frémissez des horreurs que les théologiens de cette
société ont débitées depuis son origine, sur la simonie,
le blasphème, le sacrilège, la magie, l'irréligion, l'astrologie, l'impudicité, la fornication, la pédérastie, le
parjure, la fausseté, le mensonge, la direction d'intention, le faux témoignage, la prévarication des juges, le
vol, la compensation occulte, l'homicide, le suicide, la
prostitution, et le régicide ; ramas d'opinions, qui
comme le dit M. le procureur général du roi au
parlement de Bretagne, dans son second compte
rendu, page 73, attaque ouvertement les principes les
plus sacrés, tend à détruire la loi naturelle, à rendre la
foi humaine douteuse, à rompre tous les liens de la
société civile, en autorisant l'infraction de ses lois ; à
étouffer tout sentiment d'humanité parmi les hommes,
à anéantir l'autorité royale, à porter le trouble et la
désolation dans les empires, par l'enseignement du
régicide, à renverser les fondements de la révélation, et
à substituer au christianisme des superstitions de toute
espèce.

Lisez dans l'arrêt du parlement de Paris, publié le
6 août 1762, la liste infamante des condamnations

qu'ils ont subies à tous les tribunaux du monde chrétien, et la liste plus infamante encore des qualifications qu'on leur a données.

On s'arrêtera sans doute ici pour se demander comment cette société s'est affermie, malgré tout ce qu'elle a fait pour se perdre ; illustrée, malgré tout ce qu'elle a fait pour s'avilir ; comment elle a obtenu la confiance des souverains en les assassinant, la protection du clergé en le dégradant, une si grande autorité dans l'Eglise en la remplissant de troubles, et en pervertissant sa morale et ses dogmes.

C'est ce qu'on a vu en même temps dans le même corps, la raison assise à côté du fanatisme, la vertu à côté du vice, la religion à côté de l'impiété, le rigorisme à côté du relâchement ; la science à côté de l'ignorance, l'esprit de retraite à côté de l'esprit de cabale et d'intrigue, tous les contrastes réunis. Il n'y a que l'humilité qui n'a jamais pu trouver asile parmi ces hommes.

Ils ont eu des poètes, des historiens, des orateurs, des philosophes, des géomètres, et des érudits.

Je ne sais si ce sont les talents et la sainteté de quelques particuliers qui ont conduit la société au haut degré de considération dont elle jouissait il n'y a qu'un moment ; mais j'assurerai sans crainte d'être contredit, que ces moyens étaient les seuls qu'elle eût de s'y conserver ; et c'est ce que ces hommes ont ignoré.

Livrés au commerce, à l'intrigue, à la politique, et à des occupations étrangères à leur état, et indignes de leur profession, il a fallu qu'ils tombassent dans le mépris qui a suivi, et qui suivra, dans tous les temps et dans toutes les maisons religieuses, la décadence des études, et la corruption des mœurs.

Ce n'était pas l'or, ô mes pères, ni la puissance qui pouvaient empêcher une petite société comme la vôtre, enclavée dans la grande, d'en être étouffée. C'était au respect qu'on doit et qu'on rend toujours à la science et à la vertu, à vous soutenir et à écarter les efforts de vos ennemis, comme on voit au milieu des flots tumul-

tueux d'une populace assemblée, un homme vénérable
demeurer immobile et tranquille au centre d'un espace
libre et vide que la considération forme et réserve
autour de lui. Vous avez perdu ces notions si communes, et la malédiction de saint François de Borgia, le
troisième de vos généraux, s'est accomplie sur vous. Il
vous disait, ce saint et bon homme : « Il viendra un
temps où vous ne mettrez plus de bornes à votre
orgueil et à votre ambition, où vous ne vous occuperez
plus qu'à accumuler des richesses et à vous faire du
crédit, où vous négligerez la pratique des vertus ; alors
il n'y aura puissance sur la terre qui puisse vous
ramener à votre première perfection, et s'il est possible
de vous détruire, on vous détruira. »

Il fallait que ceux qui avaient fondé leur durée sur la
même base qui soutient l'existence et la fortune des
grands, passassent comme eux, la prospérité des
Jésuites n'a été qu'un songe un peu plus long.

Mais en quel temps le colosse s'est-il évanoui ? Au
moment où il paraissait le plus grand et le mieux
affermi.

Il n'y a qu'un moment que les *Jésuites* remplissaient
les palais de nos rois ; il n'y a qu'un moment que la
jeunesse, qui fait l'espérance des premières familles de
l'état, remplissait leurs écoles, il n'y a qu'un moment
que la religion les avait portés à la confiance la plus
intime du monarque, de sa femme et de ses enfants ;
moins protégés que protecteurs de notre clergé : ils
étaient l'âme de ce grand corps. Que ne se croyaient-ils
pas ? J'ai vu ces chênes orgueilleux toucher le ciel de
leur cime ; j'ai tourné la tête, et ils n'étaient plus.

Mais tout événement a ses causes. Quelles ont été
celles de la chute inopinée et rapide de cette société ?
En voici quelques-unes, telles qu'elles se présentent à
mon esprit. L'esprit philosophique a décrié le célibat,
et les *Jésuites* se sont ressentis, ainsi que tous les autres
ordres religieux, du peu de goût qu'on a aujourd'hui
pour le cloître.

Les *Jésuites* se sont brouillés avec les gens de lettres,

au moment où ceux-ci allaient prendre parti pour eux contre leurs implacables et tristes ennemis. Qu'en est-il arrivé ? C'est qu'au lieu de couvrir leur côté faible, on l'a exposé, et qu'on a marqué du doigt aux sombres enthousiastes qui les menaçaient, l'endroit où ils devaient frapper.

Il ne s'est plus trouvé parmi eux d'homme qui se distinguât par quelque grand talent ; plus de poètes, plus de philosophes, plus d'orateurs, plus d'érudits, aucun écrivain de marque, et on a méprisé le corps.

Une anarchie interne les divisait depuis quelques années ; et si par hasard ils avaient un bon sujet, ils ne pouvaient le garder.

On les a reconnus pour les auteurs de tous nos troubles intérieurs, et on s'est lassé d'eux.

Leur journaliste de Trévoux, bon homme, à ce qu'on dit, mais auteur médiocre et pauvre politique, leur a fait avec son livret bleu mille ennemis redoutables, et ne leur a pas fait un ami.

Il a bêtement irrité contre sa société notre de Voltaire, qui a fait pleuvoir sur elle et sur lui le mépris et le ridicule, le peignant lui, comme un imbécile, et ses confrères, tantôt comme des gens dangereux et méchants ; tantôt comme des ignorants, donnant l'exemple et le ton à tous nos plaisants subalternes, et nous apprenant qu'on pouvait impunément se moquer d'un *Jésuite*, et aux gens du monde qu'ils en pouvaient rire sans conséquence. Les *Jésuites* étaient mal depuis très longtemps avec les dépositaires des lois, et ils ne songeaient pas que les magistrats, aussi durables qu'eux, seraient à la longue les plus forts.

Ils ont ignoré la différence qu'il y a entre des hommes nécessaires et des moines turbulents, et que si l'état était jamais dans le cas de prendre un parti, il tournerait le dos avec dédain à des gens que rien ne recommandait plus.

Ajoutez qu'au moment où l'orage a fondu sur eux, dans cet instant où le ver de terre qu'on foule aux pieds montre quelque énergie, ils étaient si pauvres de talents et de ressources, que dans tout l'ordre il ne s'est pas trouvé un homme qui sût dire un mot qui fît ouvrir les oreilles. Ils n'avaient plus de voix, et ils avaient fermé d'avance toutes les bouches qui auraient pu s'ouvrir en leur faveur. Ils étaient haïs ou enviés.

Pendant que les études se relevaient dans l'université, elles achevaient de tomber dans leur collège, et cela lorsqu'on était à demi convaincu que pour le meilleur emploi du temps, la bonne culture de l'esprit, et la conservation des mœurs et de la santé, il n'y avait guère de comparaison à faire entre l'institution publique et l'éducation domestique.

Ces hommes se sont mêlés de trop d'affaires diverses ; ils ont eu trop de confiance en leur crédit.

Leur général s'était ridiculement persuadé que son bonnet à trois cornes couvrait la tête d'un potentat, et il a insulté lorsqu'il fallait demander grâce.

Le procès avec les créanciers du père La Valette les a couverts d'opprobre.

Ils furent bien imprudents, lorsqu'ils publièrent leurs constitutions ; ils le furent bien davantage, lorsqu'oubliant combien leur existence était précaire, ils mirent des magistrats qui les haïssaient à portée de connaître de leur régime, et de comparer ce système de fanatisme, d'indépendance et de machiavélisme, avec les lois de l'état.

Et puis, cette révolte des habitants du Paraguay, ne dut-elle pas attirer l'attention des souverains, et leur donner à penser ? Et ces deux parricides exécutés dans l'intervalle d'une année ?

Enfin, le moment fatal était venu ; le fanatisme l'a connu, et en a profité.

Qu'est-ce qui aurait pu sauver l'ordre, contre tant de circonstances réunies qui l'avaient amené au bord du précipice ? Un seul homme, comme Bourdaloue peut-être, s'il eût existé parmi les *Jésuites,* mais il fallait en connaître le prix, laisser aux mondains le soin d'accumuler les richesses, et songer à ressusciter Cheminais de sa cendre. Ce n'est ni par haine, ni par ressentiment

contre les *Jésuites*, que j'ai écrit ces choses : mon but a
été de justifier le gouvernement qui les a abandonnés,
les magistrats qui en ont fait justice, et d'apprendre
aux religieux de cet ordre qui tenteront un jour de se
rétablir dans ce royaume, s'ils y réussissent, comme je
le crois, à quelles conditions ils peuvent espérer de s'y
maintenir.

(Diderot)

JOUISSANCE, s. f. (*Gram. et morale*). Jouir, c'est
connaître, éprouver, sentir les avantages de posséder :
on possède souvent sans jouir. A qui sont ces magnifiques palais ? qui est-ce qui a planté ces jardins
immenses ? c'est le souverain ; qui est-ce qui en jouit ?
c'est moi.

Mais laissons ces palais magnifiques que le souverain
a construits pour d'autres que lui, ces jardins enchan-
teurs où il ne se promène jamais, et arrêtons-nous à la
volupté qui perpétue la chaîne des êtres vivants, et à
laquelle on a consacré le mot de *jouissance*.

Entre les objets que la nature offre de toutes parts à
nos désirs, vous qui avez une âme, dites-moi, y en a-t-il
un plus digne de notre poursuite, dont la possession et
la *jouissance* puissent nous rendre aussi heureux, que
celles de l'être qui pense et sent comme vous, qui a les
mêmes idées, qui éprouve la même chaleur, les mêmes
transports, qui porte ses bras tendres et délicats vers
les vôtres, qui vous enlace, et dont les caresses seront
suivies de l'existence d'un nouvel être qui sera semblable à l'un de vous, qui dans ses premiers mouvements
vous cherchera pour vous serrer, que vous élèverez à
vos côtés, que vous aimerez ensemble, qui vous
protégera dans votre vieillesse, qui vous respectera en
tout temps, et dont la naissance heureuse a déjà fortifié
le lien qui vous unissait ?

Les êtres brutes, insensibles, immobiles, privés de
vie, qui nous environnent, peuvent servir à notre

bonheur ; mais c'est sans le savoir, et sans le partager :
et notre *jouissance* stérile et destructive qui les altère
tous, n'en reproduit aucun.

S'il y avait quelque homme pervers qui pût s'offen-
ser de l'éloge que je fais de la plus auguste et la plus
générale des passions, j'évoquerais devant lui la
Nature, je la ferais parler, et elle lui dirait : Pourquoi
rougis-tu d'entendre prononcer le nom d'une volupté,
dont tu ne rougis pas d'éprouver l'attrait dans l'ombre
de la nuit ? Ignores-tu quel est son but et ce que tu lui
dois ? Crois-tu que ta mère eût exposé sa vie pour te la
donner, si je n'avais pas attaché un charme inexprima-
ble aux embrassements de son époux ? Tais-toi, malheureux, et songe que c'est le plaisir qui t'a tiré du
néant.

La propagation des êtres est le plus grand objet de la
nature. Elle y sollicite impérieusement les deux sexes,
aussitôt qu'ils en ont reçu ce qu'elle leur destinait de
force et de beauté. Une inquiétude vague et mélancoli-
que les avertit du moment ; leur état est mêlé de peine
et de plaisir. C'est alors qu'ils écoutent leurs sens, et
qu'ils portent une attention réfléchie sur eux-mêmes.
Un individu se présente-t-il à un individu de la même
espèce et d'un sexe différent, le sentiment de tout autre
besoin est suspendu ; le cœur palpite ; les membres
tressaillent ; des images voluptueuses errent dans le
cerveau ; des torrents d'esprits coulent dans les nerfs,
les irritent, et vont se rendre au siège d'un nouveau
sens qui se déclare et qui tourmente. La vue se trouble,
le délire naît ; la raison esclave de l'instinct se borne à le
servir, et la nature est satisfaite.

C'est ainsi que les choses se passaient à la naissance
du monde, et qu'elles se passent encore au fond de
l'antre du sauvage adulte.

Mais lorsque la femme commença à discerner,
lorsqu'elle parut mettre de l'attention dans son choix,
et qu'entre plusieurs hommes sur lesquels la passion
promenait ses regards, il y en eut un qui les arrêta, qui
put se flatter d'être préféré, qui crut porter dans un

cœur qu'il estimait l'estime qu'il faisait de lui-même, et
qui regarda le plaisir comme la récompense de quelque
mérite ; lorsque les voiles que la pudeur jeta sur les
charmes laissèrent à l'imagination enflammée le pouvoir d'en disposer à son gré, les illusions les plus
délicates concoururent avec le sens le plus exquis, pour
exagérer le bonheur ; l'âme fut saisie d'un enthousiasme presque divin ; deux jeunes cœurs éperdus
d'amour se vouèrent l'un à l'autre pour jamais, et le
ciel entendit les premiers serments indiscrets.

Combien le jour n'eut-il pas d'instants heureux,
avant celui où l'âme tout entière chercha à s'élancer et à
se perdre dans l'âme de l'objet aimé ! On eut des
jouissances du moment où l'on espéra.

Cependant la confiance, le temps, la nature et la
liberté des caresses, amenèrent l'oubli de soi-même ;
on jura, après avoir éprouvé la dernière ivresse, qu'il
n'y en avait aucune autre qu'on pût lui comparer ; et
cela se trouva vrai toutes les fois qu'on y apporta des
organes sensibles et jeunes, un cœur tendre et une âme
innocente qui ne connût ni la méfiance, ni le remords.

(Diderot)

JOURNAL *(Littérature).*
. . . .
Nous avons maintenant en France une foule de
journaux ; on a trouvé qu'il était plus facile de rendre
compte d'un bon livre que d'écrire une bonne ligne, et
beaucoup d'esprits stériles se sont tournés de ce côté.
Nous avons eu les feuilles périodiques de l'abbé
Desfontaines, continuées par M. Fréron et par
M. l'abbé de la Porte : ces deux collègues se sont
séparés, et l'un a travaillé sous le titre de l'*Année
littéraire,* et l'autre sous le titre d'*Observateur littéraire.*
Nous avons eu des *Annales typographiques ;* un *Journal
étranger ;* nous avons un *Journal encyclopédique* qui se
fait et s'imprime à Liège ; un *Journal chrétien ;* un

Journal économique ; un *Journal pour les dames ;* un *Journal villageois ;* une *Feuille nécessaire ;* une *Semaine littéraire,* etc., que sais-je encore ?

C'est là que les gens du monde vont puiser les lumières sublimes, d'après lesquelles ils jugent les productions en tout genre. Quelques-uns de ces journalistes donnent aussi le ton à la province ; on achète ou on laisse un livre d'après le bien ou le mal qu'ils en disent ; moyen sûr d'avoir dans sa bibliothèque presque tous les mauvais livres qui ont paru et qu'ils ont loués, et de n'en avoir aucun des bons qu'ils ont déchirés.

Il serait plus sûr de se conduire par une règle contraire, et de prendre tout ce qu'ils déprisent, et de rejeter tout ce qu'ils relèvent. Il faut cependant excepter de cette règle le petit nombre de ces journalistes qui jugent avec candeur, et qui ne cherchent point, comme d'autres, à intéresser le public par la malignité et par la fureur avec laquelle ils avilissent et déchirent des auteurs et des ouvrages estimables.

JOURNALISTE, s. m. (*Littérat.*), auteur qui s'occupe à publier des extraits et des jugements des ouvrages de littérature, des sciences et des arts, à mesure qu'ils paraissent ; d'où l'on voit qu'un homme de cette espèce ne ferait jamais rien, si les autres se reposaient. Il ne serait pourtant pas sans mérite, s'il avait les talents nécessaires pour la tâche qu'il s'est imposée. Il aurait à cœur les progrès de l'esprit humain ; il aimerait la vérité, et rapporterait tout à ces deux objets.

Un journal embrasse une si grande variété de matières, qu'il est impossible qu'un seul homme fasse un médiocre journal. On n'est point à la fois grand géomètre, grand orateur, grand poète, grand historien, grand philosophe : on n'a point l'érudition universelle.

Un journal doit être l'ouvrage d'une société de savants, sans quoi l'on y remarquera en tout genre les bévues les plus grossières. Le journal de Trévoux, que je citerai ici entre une infinité d'autres dont nous sommes inondés, n'est pas exempt de ce défaut ; et si jamais j'en avais le temps et le courage, je pourrais publier un catalogue qui ne serait pas court, des marques d'ignorance qu'on y rencontre en géométrie, en littérature, en chimie, etc. Les *journalistes* de Trévoux paraissent surtout n'avoir pas la moindre teinture de cette dernière science.

Mais ce n'est pas assez qu'un *journaliste* ait des connaissances, il faut encore qu'il soit équitable ; sans cette qualité, il élèvera jusqu'aux nues des productions médiocres, et en rabaissera d'autres pour lesquelles il aurait dû réserver ses éloges. Plus la matière sera importante, plus il se montrera difficile ; et quelque amour qu'il ait pour la religion, par exemple, il sentira qu'il n'est pas permis à tout écrivain de se charger de la cause de Dieu, et il fera main basse sur tous ceux qui, avec des talents médiocres, osent approcher de cette fonction sacrée, et mettre la main à l'arche pour la soutenir.

Qu'il ait un jugement solide et profond, de la logique, du goût, de la sagacité, une grande habitude de la critique. Son art n'est point celui de faire rire, mais d'analyser et d'instruire. Un *journaliste* plaisant est un plaisant *journaliste*.

Qu'il ait de l'enjouement, si la matière le comporte ; mais qu'il laisse là le ton satirique qui décèle toujours la partialité.

S'il examine un ouvrage médiocre, qu'il indique les questions difficiles dont l'auteur aurait dû s'occuper, qu'il les approfondisse lui-même, qu'il jette des vues, et que l'on dise qu'il a fait un bon extrait d'un mauvais livre. Que son intérêt soit entièrement séparé de celui du libraire et de l'écrivain.

Qu'il n'arrache pas à un auteur les morceaux saillants de son ouvrage, pour se les approprier ; et qu'il se garde bien d'ajouter à cette injustice, celle d'exagérer les défauts des endroits faibles qu'il aura l'attention de souligner.

Qu'il ne s'écarte point des égards qu'il doit aux talents supérieurs et aux hommes de génie ; il n'y a qu'un sot qui puisse être l'ennemi de Voltaire, de Montesquieu, de Buffon, et de quelques autres de la même trempe.

Qu'il sache remarquer leurs fautes, mais qu'il ne dissimule point les belles choses qui les rachètent.

Qu'il se garantisse surtout de la fureur d'arracher à son concitoyen et à son contemporain le mérite d'une invention, pour en transporter l'honneur à un homme d'une autre contrée ou d'un autre siècle.

Qu'il ne prenne point la chicane de l'art pour le fond de l'art ; qu'il cite avec exactitude, et qu'il ne déguise et n'altère rien.

S'il se livre quelquefois à l'enthousiasme, qu'il choisisse bien son moment.

Qu'il rappelle les choses aux principes, et non à son goût particulier, aux circonstances passagères des temps, à l'esprit de sa nation ou de son corps, aux préjugés courants.

Qu'il soit simple, pur, clair, facile, et qu'il évite toute affectation d'éloquence et d'érudition.

Qu'il loue sans fadeur, qu'il reprenne sans offense. Qu'il s'attache surtout à nous faire connaître les ouvrages étrangers.

Mais je m'aperçois qu'en portant ces observations plus loin, je ne ferais que répéter ce que nous avons dit à l'*article* CRITIQUE. *Voyez* cet *article*.

(Diderot)

JOURNALIER, s. m. (*Gram.*), ouvrier qui travaille de ses mains, et qu'on paie au jour la journée. Cette espèce d'hommes forme la plus grande partie d'une nation ; c'est son sort qu'un bon gouvernement doit avoir principalement en vue. Si le *journalier* est misérable, la nation est misérable.

(Diderot)

JUIF, s. m. (*Hist. anc. et mod.*).

. . . .

Quand on pense aux horreurs que les *juifs* ont éprouvées depuis J.-C., au carnage qui s'en fit sous quelques empereurs romains, et à ceux qui ont été répétés tant de fois dans tous les états chrétiens, on conçoit avec étonnement que ce peuple subsiste encore ; cependant, non seulement il subsiste, mais selon les apparences, il n'est pas moins nombreux aujourd'hui qu'il l'était autrefois dans le pays de Chanaan. On n'en doutera point si après avoir calculé le nombre de *juifs* qui sont répandus dans l'Occident, on y joint le prodigieux essaim de ceux qui pullulent en Orient, à la Chine, entre la plupart des nations de l'Europe et de l'Afrique, dans les Indes orientales et occidentales, et même dans les parties intérieures de l'Amérique. Leur ferme attachement à la loi de Moïse n'est pas moins remarquable, surtout si l'on considère leurs fréquentes apostasies lorsqu'ils vivaient sous le gouvernement de leurs rois, de leurs juges, et à l'aspect de leurs temples. Le judaïsme est maintenant, de toutes les religions du monde, celle qui est le plus rarement abjurée ; et c'est en partie le fruit des persécutions qu'elle a souffertes. Ses sectateurs, martyrs perpétuels de leur croyance, se sont regardés de plus en plus comme la source de toute sainteté, et ne nous ont envisagés que comme des *juifs* rebelles qui ont changé la loi de Dieu en suppliciant ceux qui la tenaient de sa propre main.

. . . .

Leur dispersion ne se comprend pas moins aisément. Si, pendant que Jérusalem subsistait avec son temple, les *juifs* ont été quelquefois chassés de leur patrie par les vicissitudes des empires, ils l'ont encore été plus souvent par un zèle aveugle de tous les pays où ils se sont habitués depuis les progrès du christianisme et du mahométisme.

Réduits à courir de terres en terres, de mers en mers, pour gagner leur vie, partout déclarés incapables de posséder aucuns biens-fonds et d'avoir aucun emploi, ils se sont vus obligés de se disperser de lieux en lieux, et de ne pouvoir s'établir fixement dans aucune contrée, faute d'appui, de puissance pour s'y maintenir, et de lumières dans l'art militaire.

Cette dispersion n'aurait pas manqué de ruiner le culte religieux de toute autre nation; mais celui des *juifs* s'est soutenu par la nature et la force de ses lois. Elles leur prescrivent de vivre ensemble autant qu'il est possible, dans un même corps, ou du moins dans une même enceinte; de ne point s'allier aux étrangers, de se marier entre eux, de ne manger de la chair que des bêtes dont ils ont répandu le sang, ou préparée à leur manière. Ces ordonnances, et autres semblables, les lient plus étroitement, les fortifient dans leur croyance, les séparent des autres hommes, et ne leur laissent, pour subsister, de ressources que le commerce, profession longtemps méprisée par la plupart des peuples de l'Europe.

De là vient qu'on la leur abandonna dans les siècles barbares; et comme ils s'y enrichirent nécessairement, on les traita d'infâmes usuriers. Les rois ne pouvant fouiller dans la bourse de leurs sujets, mirent à la torture les *juifs*, qu'ils ne regardaient pas comme des citoyens. Ce qui se passa en Angleterre à leur égard, peut donner une idée de ce qu'on exécuta contre eux dans les autres pays. Le roi Jean ayant besoin d'argent, fit emprisonner les riches *juifs* de son royaume pour en extorquer de leurs mains; il y en eut peu qui échappèrent aux poursuites de sa chambre de justice.

. . . .

On n'oublia pas d'employer en France les mêmes traitements contre les *juifs*; on les mettait en prison, on les pillait, on les vendait, on les accusait de magie, de sacrifier des enfants, d'empoisonner les fontaines; on les chassait du royaume; on les y laissait rentrer pour de l'argent; et dans le temps même qu'on les tolérait, on les distinguait des autres habitants par des marques infamantes.

. . . .

Depuis ce temps-là, les princes ont ouvert les yeux sur leurs propres intérêts, et ont traité les *juifs* avec plus de modération. On a senti, dans quelques endroits du nord et du midi, qu'on ne pouvait se passer de leur secours. Mais, sans parler du grand-duc de Toscane, la Hollande et l'Angleterre animées de plus nobles principes, leur ont accordé toutes les douceurs possibles, sous la protection invariable de leur gouvernement. Ainsi, répandus de nos jours avec plus de sûreté qu'ils n'en avaient encore eu dans tous les pays de l'Europe où règne le commerce, ils sont devenus des instruments par le moyen desquels les nations les plus éloignées peuvent converser et correspondre ensemble. Il en est d'eux comme des chevilles et des clous qu'on emploie dans un grand édifice, et qui sont nécessaires pour en joindre toutes les parties. On s'est fort mal trouvé en Espagne de les avoir chassés, ainsi qu'en France d'avoir persécuté des sujets dont la croyance différait en quelques points de celle du prince. L'amour de la religion chrétienne consiste dans sa pratique : et cette pratique ne respire que douceur, qu'humanité, que charité.

(De Jaucourt)

L

LÉGISLATEUR, s. m. (*Politiq.*).
. . . .
Quelques législateurs ont profité du progrès des lumières qui, depuis cinquante années, se sont répandues rapidement d'un bout de l'Europe à l'autre ; elles ont éclairé sur les détails de l'administration, sur les moyens de favoriser la population, d'exciter l'industrie, de conserver les avantages de sa situation, et de s'en procurer de nouveaux. On peut croire que les lumières conservées par l'imprimerie, ne peuvent s'éteindre, et peuvent encore augmenter. Si quelque despote voulait replonger sa nation dans les ténèbres, il se trouvera des nations libres qui lui rendront le jour.

Dans les siècles éclairés, il est impossible de fonder une législation sur des erreurs, la charlatanerie même et la mauvaise foi des ministres sont d'abord aperçues, et ne font qu'exciter l'indignation. Il est également difficile de répandre un fanatisme destructeur, tel que celui des disciples d'Odin et de Mahomet ; on ne ferait recevoir aujourd'hui chez aucun peuple de l'Europe des préjugés contraires au droit des gens et aux lois de la nature.

Tous les peuples ont aujourd'hui des idées assez justes de leurs voisins, et par conséquent ils ont moins que dans le temps d'ignorance l'enthousiasme de la patrie ; il n'y a guère d'enthousiasme quand il y a beaucoup de lumières ; il est presque toujours le mouvement d'une âme plus passionnée qu'instruite ; les peuples en comparant dans toutes les nations les lois aux lois, les talents aux talents, les mœurs aux mœurs, trouveront si peu de raison de se préférer à d'autres, que s'ils conservent pour la patrie cet amour qui est le fruit de l'intérêt personnel, ils n'auront plus du moins cet enthousiasme qui est le fruit d'une estime exclusive.

On ne pourrait aujourd'hui, par des suppositions, par des imputations, par des artifices politiques, inspirer des haines nationales aussi vives qu'on en inspirait autrefois ; les libelles que nos voisins publient contre nous ne font guère d'effet que sur une faible et vile partie des habitants d'une capitale qui renferme la dernière des populaces et le premier des peuples.

La religion de jour en jour plus éclairée, nous apprend qu'il ne faut point haïr ceux qui ne pensent pas comme nous ; on sait distinguer aujourd'hui l'esprit sublime de la religion, des suggestions de ses ministres ; nous avons vu de nos jours les puissances protestantes en guerre avec les puissances catholiques, et aucune ne réussir dans le dessein d'inspirer aux peuples ce zèle brutal et féroce qu'on avait autrefois l'un contre l'autre, même pendant la paix, chez les peuples de différentes sectes.

Tous les hommes de tous les pays se sont devenus nécessaires pour l'échange des fruits de l'industrie et des productions de leur sol ; le commerce est pour les hommes un lien nouveau ; chaque nation a intérêt aujourd'hui qu'une autre nation conserve ses richesses, son industrie, ses banques, son luxe et son agriculture ; la ruine de Leipzig, de Lisbonne et de Lima, a fait faire des banqueroutes sur toutes les places de l'Europe, et a influé sur la fortune de plusieurs millions de citoyens.

Le commerce, comme les lumières, diminue la férocité, mais aussi comme les lumières ôtent l'enthousiasme d'estime, il ôte peut-être l'enthousiasme de vertu ; il éteint peu à peu l'esprit de désintéressement, qu'il remplace par celui de justice ; il adoucit les mœurs que les lumières polissent ; mais en tournant moins les esprits au beau qu'à l'utile, au grand qu'au sage, il altère peut-être la force, la générosité et la noblesse des mœurs.

De l'esprit de commerce et de la connaissance que les hommes ont aujourd'hui des vrais intérêts de chaque nation, il s'ensuit que les *législateurs* doivent être moins occupés de défenses et de conquêtes qu'ils ne l'ont été autrefois ; il s'ensuit qu'ils doivent favoriser la culture des terres et des arts, la consommation et le produit de leurs productions, mais ils doivent veiller en même temps à ce que les mœurs polies ne s'affaiblissent point trop, et à maintenir l'estime des vertus guerrières.

Car il y aura toujours des guerres en Europe ; on peut s'en fier là-dessus aux intérêts des ministres ; mais ces guerres qui étaient de nation à nation ne seront souvent que de *législateur* à *législateur*.

Ce qui doit encore embraser l'Europe, c'est la différence des gouvernements. Cette belle partie du monde est partagée en républiques et en monarchies : l'esprit de celles-ci est actif ; et quoiqu'il ne soit pas de leur intérêt de s'étendre, elles peuvent entreprendre des conquêtes dans les moments où elles sont gouvernées par des hommes que l'intérêt de leur nation ne conduit pas ; l'esprit des républiques est pacifique, mais l'amour de la liberté, une crainte superstitieuse de la perdre, porteront souvent les états républicains à faire la guerre pour abaisser ou pour réprimer les états monarchiques ; cette situation de l'Europe entretiendra l'émulation des vertus fortes et guerrières ; cette diversité de sentiments et de mœurs qui naissent de différents gouvernements, s'opposeront au progrès de cette mollesse, de cette douceur excessive des mœurs, effet du commerce, du luxe et des longues paix.

(Saint-Lambert)

LIBELLE (*Gouvern. politiq.*), écrit satirique, injurieux, contre la probité, l'honneur et la réputation de
quelqu'un. La composition et la publication de pareils
écrits méritent l'opprobre des sages ; mais laissant aux
libelles toute leur flétrissure morale, il s'agit ici de les
considérer en politique.

. . . .

Dans les monarchies éclairées, les libelles sont moins
regardés comme un crime, que comme un objet de
police. Les Anglais abandonnent les *libelles* à leur
destinée, et les regardent comme un inconvénient d'un
gouvernement libre, qu'il n'est pas dans la nature des
choses humaines d'éviter. Ils croient qu'il faut laisser
aller, non la licence effrénée de la satire, mais la liberté
des discours et des écrits, comme des gages de la liberté
civile et politique d'un état, parce qu'il est moins
dangereux que quelques gens d'honneur soient mal à
propos diffamés, que si l'on n'osait éclairer son pays
sur la conduite des gens puissants en autorité. Le
pouvoir a de si grandes ressources pour jeter l'effroi et
la servitude dans les âmes, il a tant de pente à
s'accroître injustement, qu'on doit beaucoup plus
craindre l'adulation qui le suit, que la hardiesse de
démasquer ses allures. Quand les gouverneurs d'un
état ne donnent aucun sujet réel à la censure de leur
conduite, ils n'ont rien à redouter de la calomnie et du
mensonge. Libres de tout reproche, ils marchent avec
confiance, et n'appréhendent point de rendre compte
de leur administration : les traits de la satire passent
sur leurs têtes, et tombent à leurs pieds. Les honnêtes
gens embrassent le parti de la vertu, et punissent la
calomnie par le mépris. Les *libelles* sont encore moins
redoutables par rapport aux opinions spéculatives. La
vérité a un ascendant si victorieux sur l'erreur ! Elle n'a
qu'à se montrer pour s'attirer l'estime et l'admiration.
Nous la voyons tous les jours briser les chaînes de la
fraude et de la tyrannie, ou percer au travers des
nuages de la superstition et de l'ignorance. Que ne

produirait-elle point, si l'on ouvrait toutes les barrières qu'on oppose à ses pas !

On aurait tort de conclure de l'abus d'une chose à la nécessité de sa destruction. Les peuples ont souffert de grands maux de leurs rois et de leurs magistrats ; faut-il, pour cette raison, abolir la royauté et les magistratures ? Tout bien est, d'ordinaire, accompagné de quelque inconvénient, et n'en peut être séparé. Il s'agit de considérer qui doit l'emporter, et déterminer notre choix en faveur du plus grand avantage.

Enfin, disent ces mêmes politiques, toutes les méthodes employées jusqu'à ce jour, pour prévenir ou proscrire les *libelles* dans les gouvernements monarchiques, ont été sans succès ; soit avant, soit surtout depuis que l'imprimerie est répandue dans toute l'Europe. Les *libelles* odieux, et justement défendus, ne sont, par la punition de leurs auteurs, que plus recherchés et plus multipliés.

. . . .

Un auteur français très moderne, qui est bien éloigné de prendre le parti des *libelles*, et qui les condamne sévèrement, n'a pu cependant s'empêcher de réfléchir que certaines flatteries peuvent être encore plus dangereuses, et par conséquent plus criminelles aux yeux d'un prince ami de la gloire, que des *libelles* faits contre lui. Une flatterie, dit-il, peut, à son insu, détourner un bon prince du chemin de la vertu, lorsqu'un *libelle* peut quelquefois y ramener un tyran : c'est souvent par la bouche de la licence que les plaintes des opprimés s'élèvent jusqu'au trône qui les ignore.

A Dieu ne plaise que je prétende que les hommes puissent insolemment répandre la satire et la calomnie sur leurs supérieurs ou leurs égaux ! La religion, la morale, les droits de la vérité, la nécessité de la subordination, l'ordre, la paix et le repos de la société, concourent ensemble à détester cette audace ; mais je ne voudrais pas, dans un état policé, réprimer la licence par des moyens qui détruiraient inévitablement toute liberté. On peut punir les abus par des lois sages, qui, dans leur prudente exécution, réuniront la justice avec le plus grand bonheur de la société et la conservation du gouvernement.

(De Jaucourt)

LIBERTÉ NATURELLE (*Droit naturel*), droit que la nature donne à tous les hommes de disposer de leurs personnes et de leurs biens, de la manière qu'ils jugent la plus convenable à leur bonheur, sous la restriction qu'ils le fassent dans les termes de la loi naturelle, et qu'ils n'en abusent pas au préjudice des autres hommes. Les lois naturelles sont donc la règle et la mesure de cette *liberté*; car quoique les hommes, dans l'état primitif de nature, soient dans l'indépendance les uns à l'égard des autres, ils sont tous sous la dépendance des lois naturelles, d'après lesquelles ils doivent diriger leurs actions.

Le premier état que l'homme acquiert par la nature, et qu'on estime le plus précieux de tous les biens qu'il puisse posséder, est l'état de *liberté*; il ne peut ni se changer contre un autre, ni se vendre, ni se perdre; car naturellement, tous les hommes naissent libres, c'est-à-dire, qu'ils ne sont pas soumis à la puissance d'un maître, et que personne n'a sur eux un droit de propriété.

En vertu de cet état, tous les hommes tiennent de la nature même le pouvoir de faire ce que bon leur semble, et de disposer à leur gré de leurs actions et de leurs biens, pourvu qu'ils n'agissent pas contre les lois du gouvernement auquel ils se sont soumis.

Chez les Romains, un homme perdait sa *liberté naturelle*, lorsqu'il était pris par l'ennemi dans une guerre ouverte, ou que, pour le punir de quelque crime, on le réduisait à la condition d'esclave. Mais les chrétiens ont aboli la servitude en paix et en guerre, jusque-là, que les prisonniers qu'ils font à la guerre sur les infidèles, sont censés des hommes libres; de manière que celui qui tuerait un de ces prisonniers, serait regardé et puni comme homicide.

De plus, toutes les puissances chrétiennes ont jugé qu'une servitude qui donnerait au maître un droit de vie et de mort sur ses esclaves, était incompatible avec la perfection à laquelle la religion chrétienne appelle les hommes. Mais comment les puissances chrétiennes n'ont-elles pas jugé que cette même religion, indépendamment du droit naturel, réclamait contre l'esclavage des nègres ? C'est qu'elles en ont besoin pour leurs colonies, leurs plantations et leurs mines. *Auri sacra fames !*

(De Jaucourt)

LIBERTÉ CIVILE (*Droit des nations*), c'est la liberté naturelle dépouillée de cette partie qui faisait l'indépendance des particuliers, et la communauté des biens, pour vivre sous des lois qui leur procurent la sûreté et la propriété. Cette liberté civile consiste en même temps à ne pouvoir être forcé de faire une chose que la loi n'ordonne pas ; et l'on ne se trouve dans cet état, que parce qu'on est gouverné par des lois civiles ; ainsi, plus ces lois sont bonnes, plus la *liberté* est heureuse.

Il n'y a point de mots, comme le dit M. de Montesquieu, qui ait frappé les esprits de tant de manières différentes, que celui de *liberté*. Les uns l'ont pris pour la facilité de déposer celui à qui ils avaient donné un pouvoir tyrannique ; les autres, pour la facilité d'élire celui à qui ils devaient obéir ; tels ont pris ce mot pour le droit d'être armé, et de pouvoir exercer la violence ; et tels autres, pour le privilège de n'être gouvernés que par un homme de leur nation, ou par leurs propres lois. Plusieurs ont attaché ce nom à une forme de gouvernement, et en ont exclu les autres. Ceux qui avaient goûté du gouvernement républicain, l'ont mise dans ce gouvernement ; tandis que ceux qui avaient joui du gouvernement monarchique, l'ont placée dans la monarchie. Enfin, chacun a appelé *liberté,* le gouvernement qui était conforme à ses coutumes et à ses inclinations : mais la *liberté* est le droit de faire tout ce que les lois permettent ; et si un citoyen pouvait faire ce qu'elles défendent, il n'y aurait plus de *liberté,* parce que les autres auraient tous de même ce pouvoir. Il est vrai que cette liberté ne se trouve que dans les gouvernements modérés, c'est-à-dire dans les gouvernements dont la constitution est telle, que personne n'est contraint de faire les choses auxquelles la loi ne l'oblige pas, et à ne point faire celles que la loi lui permet. La *liberté civile* est donc fondée sur les meilleures lois possibles ; et dans un état qui les aurait en partage, un homme à qui on ferait son procès selon les lois, et qui devrait être pendu le lendemain, serait plus libre qu'un pacha ne l'est en Turquie. Par conséquent il n'y a point de *liberté* dans les états où la puissance législative et la puissance exécutrice sont dans la même main. Il n'y en a point, à plus forte raison, dans ceux où la puissance de juger est réunie à la législatrice et à l'exécutrice.

(De Jaucourt)

LIBERTÉ POLITIQUE (*Droit politique*). La liberté politique d'un état est formée par des lois fondamentales qui y établissent la distribution de la puissance législative, de la puissance exécutrice des choses qui dépendent du droit des gens, et de la puissance exécutrice de celles qui dépendent du droit civil, de manière que ces trois pouvoirs sont liés les uns par les autres.

La *liberté politique* du citoyen, est cette tranquillité d'esprit qui procède de l'opinion que chacun a de sa sûreté ; et pour qu'on ait cette sûreté, il faut que le gouvernement soit tel, qu'un citoyen ne puisse pas craindre un citoyen. De bonnes lois civiles et politiques assurent cette *liberté ;* elle triomphe encore, lorsque les lois criminelles tirent chaque peine de la nature particulière du crime.

Il y a dans le monde une nation qui a pour objet direct de sa constitution la *liberté politique* ; et si les principes sur lesquels elle la fonde sont solides, il faut en reconnaître les avantages.

. . . .

Je ne prétends point décider que les Anglais jouissent actuellement de la prérogative dont je parle ; il me suffit de dire avec M. de Montesquieu, qu'elle est établie par leurs lois, et qu'après tout, cette *liberté politique* extrême ne doit point mortifier ceux qui n'en ont qu'une modérée, parce que l'excès même de la raison n'est pas toujours désirable, et que les hommes en général s'accommodent presque toujours mieux des milieux que des extrémités.

(De Jaucourt)

LOI FONDAMENTALE (*Droit politique*), toute *loi* primordiale de la constitution d'un gouvernement.

Les *lois fondamentales* d'un état, prises dans toute leur étendue, sont non seulement des ordonnances par lesquelles le corps entier de la nation détermine quelle doit être la forme du gouvernement, et comment on succédera à la couronne ; mais encore ce sont des conventions entre le peuple, et celui ou ceux à qui il défère la souveraineté ; lesquelles conventions règlent la manière dont on doit gouverner et prescrivent des bornes à l'autorité souveraine.

Ces règlements sont appelés *lois fondamentales*, parce qu'ils sont la base et le fondement de l'état, sur lesquels l'édifice du gouvernement est élevé, et que les peuples les considèrent comme ce qui en fait toute la force et la sûreté. Ce n'est pourtant que d'une manière, pour ainsi dire abusive, qu'on leur donne le nom de *lois* ; car, à proprement parler, ce sont de véritables conventions ; mais ces conventions étant obligatoires entre les parties contractantes, elles ont la force des *lois* mêmes.

Toutefois pour en assurer le succès dans une monarchie limitée, le corps entier de la nation peut se
réserver le pouvoir législatif, la nomination de ses
magistrats, confier à un sénat, à un parlement, le
pouvoir judiciaire, celui d'établir des subsides, et
donner au monarque, entre autres prérogatives, le
pouvoir militaire et exécutif. Si le gouvernement est
fondé sur ce pied-là par l'acte primordial d'association,
cet acte primordial porte le nom de *lois fondamentales*
de l'état, parce qu'elles en constituent la sûreté et la
liberté. Au reste, de telles *lois* ne rendent point la
souveraineté imparfaite ; mais au contraire elles la
perfectionnent, et réduisent le souverain à la nécessité
de bien faire, en le mettant pour ainsi dire dans
l'impuissance de faillir.

Ajoutons encore qu'il y a une espèce de *lois fonda-*
mentales de droit et de nécessité, essentielles à tous les
gouvernements, même dans les états où la souveraineté
est, pour ainsi dire, absolue ; et cette *loi* est celle du
bien public, dont le souverain ne peut s'écarter sans
manquer plus ou moins à son devoir.

(De Jaucourt)

LUXE, c'est l'usage qu'on fait des richesses et de
l'industrie pour se procurer une existence agréable.

Le *luxe* a pour cause première ce mécontentement de
notre état ; ce désir d'être mieux, qui est et doit être
dans tous les hommes. Il est en eux la cause de leurs
passions, de leurs vertus et de leurs vices. Ce désir doit
nécessairement leur faire aimer et rechercher les
richesses ; le désir de s'enrichir entre donc et doit
entrer dans le nombre des ressorts de tout gouvernement qui n'est pas fondé sur l'égalité et la communauté
des biens ; or l'objet principal de ce désir doit être le
luxe ; il y a donc du *luxe* dans tous les états, dans toutes
les sociétés : le sauvage a son hamac qu'il achète pour
des peaux de bêtes ; l'Européen a son canapé, son lit ;
nos femmes mettent du rouge et des diamants, les

femmes de la Floride mettent du bleu et des boules de verre.

Le *luxe* a été de tout temps le sujet des déclamations des moralistes, qui l'ont censuré avec plus de morosité que de lumière, et il est depuis quelque temps l'objet des éloges de quelques politiques qui en ont parlé plus en marchands ou en commis qu'en philosophes et en hommes d'état.

. . . .

... Cette envie de jouir dans ceux qui ont des richesses et l'envie de s'enrichir dans ceux qui n'ont que le nécessaire, doivent exciter les arts et toute espèce d'industrie. Voilà le premier effet de l'instinct et des passions qui nous mènent au *luxe* et du *luxe* même ; ces nouveaux arts, cette augmentation d'industrie, donnent au peuple de nouveaux moyens de subsistance, et doivent par conséquent augmenter la population ; sans *luxe* il y a moins d'échanges et de commerce ; sans commerce les nations doivent être moins peuplées ; celle qui n'a dans son sein que des laboureurs, doit avoir moins d'hommes que celle qui entretient des laboureurs, des matelots, des ouvriers en étoffes.

. . . .

... Le *luxe* utile sous une bonne administration, ne devient dangereux que par l'ignorance ou la mauvaise volonté des administrateurs, et j'examinerai le *luxe* dans les nations où l'ordre est en vigueur, et dans celles où il est affaibli.

. . . .

Chez les habitants de la campagne, il n'y a nulle élévation dans les sentiments, il y a peu de ce courage qui tient à l'estime de soi-même, au sentiment de ses forces ; leurs corps ne sont point robustes, ils n'ont nul amour pour la patrie qui n'est pour eux que le théâtre de leur avilissement et de leurs larmes ; chez les artisans des villes il y a la même bassesse d'âme, ils sont trop près de ceux qui les méprisent pour s'estimer eux-mêmes ; leurs corps énervés par les travaux sédentaires, sont peu propres à soutenir les fatigues. Les lois qui dans un gouvernement bien réglé font la sécurité de tous, dans un gouvernement où le grand nombre gémit sous l'oppression, ne sont pour ce grand nombre qu'une barrière qui lui ôte l'espérance d'un meilleur état ; il doit désirer une plus grande licence plutôt que le rétablissement de l'ordre : voilà le peuple, voici les autres classes.

Celle de l'état intermédiaire, entre le peuple et les grands, composée des principaux artisans du *luxe*, des hommes de finance et de commerce, et de presque tous ceux qui occupent les secondes places de la société, travaille sans cesse pour passer d'une fortune médiocre à une plus grande ; l'intrigue et la friponnerie sont souvent ses moyens : lorsque l'habitude des sentiments honnêtes ne retient plus dans de justes bornes la cupidité et l'amour effréné de ce qu'on appelle plaisirs, lorsque le bon ordre et l'exemple n'impriment pas le respect et l'amour de l'honnêteté, le second ordre de l'état réunit ordinairement les vices du premier et du dernier.

Pour les grands, riches sans fonctions, décorés sans occupations, ils n'ont pour mobile que la fuite de l'ennui, qui ne donnant pas même des goûts, fait passer l'âme d'objets en objets, qui l'amusent sans la remplir et sans l'occuper ; on a dans cet état non des enthousiasmes, mais des engouements pour tout ce qui promet un plaisir : dans ce torrent de modes, de fantaisies, d'amusements, dont aucun ne dure, et dont l'un détruit l'autre, l'âme perd jusqu'à la force de jouir, et devient aussi incapable de sentir le grand et le beau que de le produire [...] ; les talents politiques et militaires tombent peu à peu, ainsi que la philosophie, l'éloquence, et tous les arts d'imitation : des hommes frivoles qui ne font que jouir ont épuisé le beau et cherchent l'extraordinaire ; alors il entre de l'incertain, du recherché, du puéril dans les idées de la perfection ; de petites âmes qu'étonnent et humilient le grand et le fort, leur préfèrent le petit, le bouffon, le ridicule, l'affecté ; les talents qui sont le plus encouragés sont ceux qui flattent les vices et le mauvais goût, et ils perpétuent ce désordre général que n'a point amené le *luxe*, mais qui a corrompu le *luxe* et les mœurs.

Le luxe désordonné se détruit lui-même, il épuise ses sources, il tarit ses canaux.

. . . .

Après avoir vu quel est le caractère d'une nation où règnent certains abus dans le gouvernement ; après avoir vu que les vices de cette nation sont moins les effets du *luxe* que de ces abus, voyons ce que doit être l'esprit national d'un peuple qui rassemble chez lui tous les objets possibles du plus grand *luxe*, mais que sait maintenir dans l'ordre un gouvernement sage et vigoureux, également attentif à conserver les véritables richesses de l'état et les mœurs.

Ces richesses et ces mœurs sont le fruit de l'aisance du grand nombre, et surtout de l'attention extrême de la part du gouvernement à diriger toutes ses opérations pour le bien général, sans acceptions ni de classes ni de particuliers, et de se parer sans cesse aux yeux du public de ces intentions vertueuses.

Partout ce grand nombre est ou doit être composé des habitants de la campagne, des cultivateurs ; pour qu'ils soient dans l'aisance, il faut qu'ils soient laborieux ; pour qu'ils soient laborieux, il faut qu'ils aient l'espérance que leur travail leur procurera un état agréable ; il faut aussi qu'ils en aient le désir. Les peuples tombés dans le découragement se contentent volontiers du simple nécessaire, ainsi que les habitants de ces contrées fertiles où la nature donne tout, et où tout languit, si le législateur ne sait point introduire la vanité et à la suite un peu de *luxe*. Il faut qu'il y ait dans les villages, dans les plus petits bourgs, des manufactures d'ustensiles, d'étoffes, etc. nécessaires à l'entretien et même à la parure grossière des habitants de la campagne : ces manufactures y augmenteront encore l'aisance et la population. C'était le projet du grand

Colbert, qu'on a trop accusé d'avoir voulu faire des Français une nation seulement commerçante.

Lorsque les habitants de la campagne sont bien traités, insensiblement le nombre des propriétaires s'augmente parmi eux : on y voit diminuer l'extrême distance et la vile dépendance au riche ; de là ce peuple a des sentiments élevés, du courage, de la force d'âme, des corps robustes, l'amour de la patrie, du respect, de l'attachement pour des magistrats, pour un prince, un ordre, des lois auxquels il doit son bien-être et son repos : il tremble moins devant son seigneur, mais il craint sa conscience, la perte de ses biens, de son honneur et de sa tranquillité. Il vendra chèrement son travail aux riches, et on ne verra pas le fils de l'honorable laboureur quitter si facilement le noble métier de ses pères pour aller se souiller des livrées et du mépris de l'homme opulent.

Il y aura, dans les peuples des villes et un peu dans celui des campagnes, une certaine recherche de commodités et même un *luxe* de bienséance, mais qui tiendra toujours à l'utile ; et l'amour de ce *luxe* ne dégénérera jamais en une folle émulation.

Il y régnera dans la seconde classe des citoyens un esprit d'ordre et cette aptitude à la discussion que prennent naturellement les hommes qui s'occupent de leurs affaires ; cette classe de citoyens cherchera du solide dans ses amusements même : fière, parce que de mauvaises mœurs ne l'auront point avilie ; jalouse des grands qui ne l'auront pas corrompue, elle veillera sur leur conduite, elle sera flattée de les éclairer, et ce sera d'elle que partiront des lumières qui tomberont sur le peuple et remonteront vers les grands.

Ceux-ci auront des devoirs, ce sera dans les armées et sur la frontière qu'apprendront la guerre ceux qui se consacreront à ce métier, qui est leur état ; ceux qui se destineront à quelques parties du gouvernement, s'en instruiront longtemps avec assiduité, avec application ; et si des récompenses pécuniaires ne sont jamais entassées sur ceux même qui auront rendu les plus

grands services ; si les grandes places, les gouvernements, les commandements ne sont jamais donnés à la
naissance sans les services ; s'ils ne sont jamais sans
fonctions, les grands ne perdront pas dans un *luxe* oisif
et frivole leur sentiment et la faculté de s'éclairer :
moins tourmentés par l'ennui, ils n'épuiseront ni leur
imagination ni celle de leur flatteur, à la recherche de
plaisirs puérils et de modes fantastiques ; ils n'étaleront
pas un faste excessif, parce qu'ils auront des prérogatives réelles et un mérite véritable dont le public leur
tiendra compte. Moins rassemblés, et voyant à côté
d'eux moins d'hommes opulents, ils ne porteront point
à l'excès leur *luxe* de bienséance : témoins de l'intérêt
que le gouvernement prend au maintien de l'ordre et
au bien de l'état, ils seront attachés à l'un et à l'autre ;
ils inspireront l'amour de la patrie et tous les sentiments d'un honneur vertueux et sévère ; ils seront
attachés à la décence des mœurs, ils auront le maintien
et le ton de leur état.

. . . .
Puisque le désir de s'enrichir et celui de jouir de ses
richesses sont dans la nature humaine dès qu'elle est en
société ; puisque ces désirs soutiennent, enrichissent,
vivifient toutes les grandes sociétés ; puisque le *luxe* est
un bien, et que par lui-même il ne fait aucun mal, il ne
faut donc ni comme philosophe, ni comme souverain,
attaquer le *luxe* en lui-même.

Le souverain corrigera les abus qu'on peut en faire et
l'excès où il peut être parvenu, quand il réformera dans
l'administration ou dans la constitution les fautes ou les
défauts qui ont amené cet excès ou ces abus.

Dans un pays où les richesses se seraient entassées en
masse dans une capitale, et ne se partageraient qu'entre
un petit nombre de citoyens chez lesquels régnerait
sans doute le plus grand *luxe*, ce serait une grande
absurdité de mettre tout à coup les hommes opulents
dans la nécessité de diminuer leur *luxe* ; ce serait
fermer les canaux par où les richesses peuvent revenir
du riche au pauvre ; et vous réduiriez au désespoir une

multitude innombrable de citoyens que le *luxe* fait vivre ; ou bien ces citoyens, étant des artisans moins attachés à leur patrie que l'agriculteur, ils passeraient en foule chez l'étranger.

Avec un commerce aussi étendu, une industrie aussi universelle, une multitude d'arts perfectionnés, n'espérez pas aujourd'hui ramener l'Europe à l'ancienne simplicité ; ce serait la ramener à la faiblesse et à la barbarie. Je prouverai d'ailleurs combien le *luxe* ajoute au bonheur de l'humanité ; je me flatte qu'il résulte de cet article que le *luxe* contribue à la grandeur et à la force des états et qu'il faut l'encourager, l'éclairer et le diriger.

. . . .

S'il faut séparer les riches, il faut diviser les richesses ; mais je ne propose point des lois agraires, un nouveau partage des biens, des moyens violents ; qu'il n'y ait plus de privilèges exclusifs pour certaines manufactures et certains genres de commerce ; que la finance soit moins lucrative ; que les charges, les bénéfices soient moins entassés sur les mêmes têtes ; que l'oisiveté soit punie par la honte ou par la privation des emplois ; et sans attaquer le *luxe* en lui-même, sans même trop gêner les riches, vous verrez insensiblement les richesses se diviser et augmenter, le *luxe* augmenter et se diviser comme elles, et tout rentrera dans l'ordre. Je sens que la plupart des vérités renfermées dans cet article, devraient être traitées avec plus d'étendue ; mais j'ai resserré tout, parce que je fais un article et non pas un livre : je prie les lecteurs de se dépouiller également des préjugés de Sparte et de ceux de Sybaris ; et dans l'application qu'ils pourraient faire à leur siècle ou à leur nation de quelques traits répandus dans cet ouvrage, je les prie de vouloir bien, ainsi que moi, voir leur nation et leur siècle, sans des préventions trop ou trop peu favorables, et sans enthousiasme, comme sans humeur.

(Saint-Lambert)

M

MACHIAVÉLISME, s. m. (*Hist. de la Philos.*), espèce de politique détestable qu'on peut rendre en deux mots, par l'art de tyranniser, dont Machiavel le Florentin a répandu les principes dans ses ouvrages.

. . . .

Il y a peu d'ouvrages qui aient fait autant de bruit que le traité du prince : c'est là qu'il enseigne aux souverains à fouler aux pieds la religion, les règles de la justice, la sainteté des pactes, et tout ce qu'il y a de sacré, lorsque l'intérêt l'exigera. On pourrait intituler le quinzième et le vingt-cinquième chapitres, des circonstances où il convient au prince d'être un scélérat.

Comment expliquer qu'un des plus ardents défenseurs de la monarchie, soit devenu tout à coup un infâme apologiste de la tyrannie ? Le voici. Au reste, je n'expose ici mon sentiment que comme une idée qui n'est pas tout à fait destituée de vraisemblance. Lorsque Machiavel écrivit son traité du prince, c'est comme s'il eût dit à ses concitoyens : *Lisez bien cet ouvrage. Si vous acceptez jamais un maître, il sera tel que je vous le peins : voilà la bête féroce à laquelle vous vous abandonnerez.* Ainsi ce fut la faute de ses contemporains, s'ils méconnurent son but : ils prirent une satire pour un éloge. Bacon le chancelier ne s'y est pas trompé, lui, lorsqu'il a dit : cet homme n'apprend rien aux tyrans, ils ne savent que trop bien ce qu'ils ont à faire ; mais il instruit les peuples de ce qu'ils ont à redouter. *Est quod gratias agamus Machiavello et hujus modi scriptoribus, qui aperte et indissimulanter proferunt quod homines facere soleant, non quod debeant.* Quoi qu'il en soit, on ne peut guère douter qu'au moins Machiavel n'ait pressenti que tôt ou tard il s'élèverait un cri général contre son ouvrage, et que ses adversaires ne réussiraient jamais à démontrer que son prince n'était pas une image fidèle de la plupart de ceux qui ont commandé aux hommes avec le plus d'éclat.

J'ai ouï dire qu'un philosophe interrogé par un grand prince sur une réfutation qu'il venait de publier du *machiavélisme*, lui avait répondu : « Sire, je pense que la première leçon que Machiavel eût donné à son disciple, c'eût été de réfuter son ouvrage. »

(Diderot)

MALFAISANT, adj. *(Gram. et Morale)*, qui nuit, qui fait du mal. Si l'homme est libre ; c'est-à-dire, si l'âme a une activité qui lui soit propre, et en vertu de laquelle elle puisse se déterminer à faire ou ne pas faire une action, quelles que soient ses habitudes ou celles du corps, ses idées, ses passions, le tempérament, l'âge, les préjugés, etc., il y a certainement des hommes vertueux et des hommes vicieux ; s'il n'y a point de liberté, il n'y a plus que des hommes bienfaisants et des hommes *malfaisants ;* mais les hommes n'en sont pas moins modifiables en bien et en mal ; les bons exemples, les bons discours, les châtiments, les récompenses, le blâme, la louange, les lois ont toujours leur effet : l'homme *malfaisant* est malheureusement né.

(Diderot)

MANUFACTURE, s. f. lieu où plusieurs ouvriers s'occupent d'une même sorte d'ouvrage. MANUFAC-TURE, RÉUNIE, DISPERSÉE.

. . . .

Par le mot *manufacture,* on entend communément un nombre considérable d'ouvriers, réunis dans le même lieu pour faire une sorte d'ouvrage sous les yeux d'un entrepreneur ; il est vrai que comme il y en a plusieurs de cette espèce, et que de grands ateliers surtout frappent la vue et excitent la curiosité, il est naturel qu'on ait ainsi réduit cette idée ; ce nom doit cependant être donné encore à une autre espèce de fabrique ; celle qui n'étant pas réunie dans une seule enceinte ou même dans une seule ville, est composée de tous ceux qui s'y emploient et y concourent en leur particulier, sans y chercher d'autre intérêt que celui que chacun de ces particuliers en retire par soi-même. De là on peut distinguer deux sortes de *manufactures,* les unes *réunies,* et les autres *dispersées.* Celles du premier genre sont établies de toute nécessité pour les ouvrages qui ne peuvent s'exécuter que par un grand nombre de mains rassemblées, qui exigent, soit pour le premier établis-sement, soit par la suite des opérations qui s'y font, des avances considérables, dans lesquelles les ouvrages reçoivent successivement différentes préparations, et telles qu'il est nécessaire qu'elles se suivent prompte-ment ; et enfin celles qui par leur nature sont assujet-ties à être placées dans un certain terrain. Telles sont les forges, les fonderies, les tréfileries, les verreries, les *manufactures* de porcelaine, de tapisseries, et autres pareilles. Il faut pour que celles de cette espèce soient utiles aux entrepreneurs. 1° Que les objets dont elles s'occupent ne soient point exposés aux caprices de la mode, ou qu'ils ne le soient du moins que pour des variétés dans les espèces du même genre.

2° Que le profit soit assez fixe et assez considérable pour compenser tous les inconvénients auxquels elles sont exposées nécessairement, et dont il sera parlé ci-après.

3° Qu'elles soient autant qu'il est possible établies dans les lieux mêmes, où se recueillent et se préparent les matières premières, où les ouvriers dont elles ont besoin puissent facilement se trouver, et où l'importation de ces premières matières et l'exportation des ouvrages, puissent se faire facilement et à peu de frais.

Enfin, il faut qu'elles soient protégées par le gouvernement. Cette protection doit avoir pour objet de faciliter la fabrication des ouvrages, en modérant les droits sur les matières premières qui s'y consomment, et en accordant quelques privilèges et quelques exemptions aux ouvriers les plus nécessaires, et dont l'occupation exige des connaissances et des talents [...]. J'observerai encore ici ce que j'ai vu souvent arriver, que le dernier projet étant toujours celui dont on se veut faire honneur, on y sacrifie presque toujours les plus anciens : de là le peuple, et notamment les laboureurs qui sont les premiers et les plus utiles manufacturiers de l'état, ont toujours été immolés aux autres ordres ; et par la raison seule qu'ils étaient les plus anciens, ont été toujours les moins protégés. Un autre moyen de protéger les *manufactures,* est de diminuer les droits de sortie pour l'étranger, et ceux de traite et de détail dans l'intérieur de l'état. C'est ici l'occasion de dire que la première, la plus générale et la plus importante maxime qu'il y ait à suivre sur l'établissement des *manufactures,* est de n'en permettre aucune (hors le cas d'absolue nécessité) dont l'objet soit d'employer les principales matières premières venant de l'étranger, si surtout on peut y suppléer par celles du pays, même en qualité inférieure.

L'autre espèce de *manufacture* est de celles qu'on peut appeler *dispersées,* et telles doivent être toutes celles dont les objets ne sont pas assujettis aux nécessités indiquées dans l'article ci-dessus ; ainsi tous les ouvrages qui peuvent s'exécuter par chacun dans sa maison, dont chaque ouvrier peut se procurer par lui-même ou par autres les matières premières, qu'il peut fabriquer dans l'intérieur de sa famille, avec le secours de ses enfants, de ses domestiques, ou de ses compagnons, peuvent et doivent faire l'objet de ces fabriques dispersées. Telles sont les fabriques de draps, de serges, de toiles, de velours, petites étoffes de laine et de soie ou autres pareilles. Une comparaison exacte des avantages et des inconvénients de celles des deux espèces le feront sentir facilement.

Une *manufacture* réunie ne peut être établie et se soutenir qu'avec de très grands frais de bâtiments, d'entretien de ces bâtiments, de directeurs, de contremaîtres, de teneurs de livres, de caissiers, de préposés, valets et autres gens pareils, et enfin qu'avec de grands approvisionnements : il est nécessaire que tous ces frais se répartissent sur les ouvrages qui s'y fabriquent, les marchandises qui en sortent ne peuvent cependant avoir que le prix que le public est accoutumé d'en donner, et qu'en exigent les petits fabricants. De là il arrive presque toujours que les grands établissements de cette espèce sont ruineux à ceux qui les entreprennent les premiers, et ne deviennent utiles qu'à ceux qui profitant à bon marché de la déroute des premiers, et réformant les abus, s'y conduisent avec simplicité et économie ; plusieurs exemples qu'on pourrait citer ne prouvent que trop cette vérité.

. . . .

A la grande *manufacture* tout se fait au coup de cloche, les ouvriers sont plus contraints et plus gourmandés. Les commis accoutumés avec eux à un air de supériorité et de commandement, qui véritablement est nécessaire avec la multitude, les traitent durement et avec mépris ; de là il arrive que ces ouvriers ou sont plus chers, ou ne font que passer dans la *manufacture* et jusqu'à ce qu'ils aient trouvé à se placer ailleurs.

Chez le petit fabricant, le compagnon est le camarade du maître, vit avec lui, comme avec son égal ; a place au feu et à la chandelle, a plus de liberté, et préfère enfin de travailler chez lui. Cela se voit tous les jours dans les lieux, où il y a des *manufactures* réunies et des fabricants particuliers. Les *manufactures* n'y ont d'ouvriers, que ceux qui ne peuvent pas se placer chez les petits fabricants, ou des coureurs qui s'engagent et quittent journellement, et le reste du temps battent la campagne, tant qu'ils ont de quoi dépenser. L'entrepreneur est obligé de les prendre comme il les trouve, il faut que sa besogne se fasse ; le petit fabricant qui est maître de son temps, et qui n'a point de frais extraordinaires à payer pendant que son métier est vacant, choisit et attend l'occasion avec bien moins de désavantage. Le premier perd son temps et ses frais ; et s'il a des fournitures à faire dans un temps marqué, et qu'il n'y satisfasse pas, son crédit se perd ; le petit fabricant ne perd que son temps tout au plus.

. . . .

Tous les avantages ci-dessus mentionnés ont un rapport plus direct à l'utilité personnelle, soit du manufacturier, soit du petit fabricant, qu'au bien général de l'état ; mais si l'on considère ce bien général, il n'y a presque plus de comparaison à faire entre ces deux sortes de fabrique. Il est certain, et il est convenu aussi par tous ceux qui ont pensé et écrit sur les avantages du commerce, que le premier et le plus général est d'employer, le plus que faire se peut, le temps et les mains des sujets ; que plus le goût du travail et de l'industrie est répandu, moins est cher le prix de la main-d'œuvre ; que plus ce prix est à bon marché, plus le débit de la marchandise est avantageux, en ce qu'elle fait subsister un plus grand nombre de gens ; et en ce que le commerce de l'état pouvant fournir à l'étranger les marchandises à un prix plus bas, à qualité égale, la nation acquiert la préférence sur celles où la main-d'œuvre est plus dispendieuse. Or la *manufacture* dispersée a cet avantage sur celle qui est réunie. Un laboureur, un journalier de campagne, ou autre homme de cette espèce, a dans le cours de l'année un assez grand nombre de jours et d'heures où il ne peut s'occuper de la culture de la terre, ou de son

travail ordinaire. Si cet homme a chez lui un métier à
drap, à toile ou à petites étoffes, il y emploie un temps
qui autrement serait perdu pour lui et pour l'état.
Comme ce travail n'est pas sa principale occupation, il
ne le regarde pas comme l'objet d'un profit aussi fort
que celui qui en fait son unique ressource. Ce travail
même lui est une espèce de délassement des travaux
plus rudes de la culture de la terre ; et, par ce moyen, il
est en état et en habitudes de se contenter d'un
moindre profit. Ces petits profits multipliés sont des
biens très réels. Ils aident à la subsistance de ceux qui
se les procurent ; ils soutiennent la main-d'œuvre à un
bas prix : or, outre l'avantage qui résulte pour le
commerce général de ce bas prix, il en résulte un autre
très important pour la culture même des terres. Si la
main-d'œuvre des *manufactures* dispersées était à un tel
point que l'ouvrier y trouvât une utilité supérieure à
celle de labourer la terre, il abandonnerait bien vite
cette culture. Il est vrai que par une révolution
nécessaire, les denrées servant à la nourriture venant à
augmenter en proportion de l'augmentation de la
main-d'œuvre, il serait bien obligé ensuite de reprer-
dre son premier métier, comme le plus sûr : mais il n'y
serait plus fait, et le goût de la culture se serait perdu.
Pour que tout aille bien, il faut que la culture de la
terre soit l'occupation du plus grand nombre ; et que
cependant une grande partie du moins de ceux qui s'y
emploient s'occupent aussi de quelque métier, et dans
le temps surtout où ils ne peuvent travailler à la
campagne. Or ces temps perdus pour l'agriculture sont
très fréquents. Il n'y a pas aussi de pays plus aisés que
ceux où ce goût de travail est établi ; et il n'est point
d'objection qui tienne contre l'expérience. C'est sur ce
principe de l'expérience que sont fondées toutes les
réflexions qui composent cet article. Celui qui l'a
rédigé a vu sous ses yeux les petites fabriques faire
tomber les grandes, sans autre manœuvre que celle de
vendre à meilleur marché. Il a vu aussi de grands
établissements prêts à tomber, par la seule raison qu'ils

étaient grands. Les débitants les voyant chargés de marchandises faites, et dans la nécessité pressante de vendre pour subvenir ou à leurs engagements, ou à leur dépense courante, se donnaient le mot pour ne pas se presser d'acheter ; et obligeaient l'entrepreneur à rabattre de son prix, et souvent à perte. Il est vrai qu'il a vu aussi, et il doit le dire à l'honneur du ministère, le gouvernement venir au secours de ces *manufactures*, et les aider à soutenir leur crédit et leur établissement.

. . . .

MÉLANCOLIE RELIGIEUSE *(Théol.),* tristesse née de la fausse idée que la religion proscrit les plaisirs innocents, et qu'elle n'ordonne aux hommes pour les sauver, que le jeûne, les larmes et la contrition du cœur.

Cette tristesse est tout ensemble une maladie du corps et de l'esprit, qui procède du dérangement de la machine, de craintes chimériques et superstitieuses, de scrupules mal fondés et de fausses idées qu'on se fait de la religion. Ceux qui sont attaqués de cette cruelle maladie regardent la gaieté comme le partage des réprouvés, les plaisirs innocents comme des outrages faits à la Divinité, et les douceurs de la vie les plus légitimes, comme une pompe mondaine, diamétralement opposée au salut éternel.

L'on voit néanmoins tant de personnes d'un mérite éminent, pénétrées de ces erreurs, qu'elles sont dignes de la plus grande compassion, et du soin charitable que doivent prendre les gens également vertueux et éclairés, pour les guérir d'opinions contraires à la vérité, à la raison, à l'état de l'homme, à sa nature, et au bonheur de son existence.

La santé même qui nous est chère, consiste à exécuter les fonctions pour lesquelles nous sommes faits avec facilité, avec constance et avec plaisir ; c'est détruire cette facilité, cette constance, cette alacrité, que d'exténuer son corps par une conduite qui le mine.

La vertu ne doit pas être employée à extirper les affections, mais à les régler. La contemplation de l'Etre suprême et la pratique des devoirs dont nous sommes capables, conduisent si peu à bannir la joie de notre âme, qu'elles sont des sources intarissables de contentement et de sérénité. En un mot, ceux qui se forment de la religion une idée différente, ressemblent aux espions que Moïse envoya pour découvrir la terre promise, et qui par leurs faux rapports, découragèrent le peuple d'y entrer. Ceux au contraire, qui nous font voir la joie et la tranquillité qui naissent de la vertu, ressemblent aux espions qui rapportèrent des fruits délicieux, pour engager le peuple à venir habiter le pays charmant qui les produisait.

(De Jaucourt)

MENACE, s. f. (*Gramm. et Moral.*), c'est le signe extérieur de la colère ou du ressentiment. Il y en a de permises ; ce sont celles qui précèdent l'injure, et qui peuvent intimider l'agresseur et l'arrêter. Il y en a d'illicites ; ce sont celles qui suivent le mal. Si la vengeance n'est permise qu'à Dieu, la *menace* qui l'annonce est ridicule dans l'homme. Licite ou illicite, elle est toujours indécente. Les termes *menace* et *menacer* ont été employés métaphoriquement en cent manières diverses. On dira très bien, par exemple, lorsque le gouvernement d'un peuple se déclare contre la philosophie, c'est qu'il est mauvais : il *menace* le peuple d'une stupidité prochaine. Lorsque les honnêtes gens sont traduits sur la scène, c'est qu'ils sont *menacés* d'une persécution plus violente ; on cherche d'abord à les avilir aux yeux du peuple, et l'on se sert, pour cet effet, d'un Anite, d'un Milite, ou de quelqu'autre personnage diffamé, qui n'a nulle considération à perdre. La perte de l'esprit patriotique *menace* l'état d'une dissolution totale.

(Diderot)

MÉTAPHYSIQUE, s. f., c'est la science des raisons des choses. Tout a sa *métaphysique* et sa pratique : la pratique, sans la raison de la pratique, et la raison sans l'exercice, ne forment qu'une science imparfaite. Interrogez un peintre, un poète, un musicien, un géomètre, et vous le forcerez à rendre compte de ses opérations, c'est-à-dire à en venir à la *métaphysique* de son art. Quand on borne l'objet de la *métaphysique* à des considérations vides et abstraites sur le temps, l'espace, la matière, l'esprit, c'est une science méprisable ; mais quand on la considère sous son vrai point de vue, c'est autre chose. Il n'y a guère que ceux qui n'ont pas assez de pénétration qui en disent du mal.

(Diderot)

MÉTIER, s. m. (*Gram.*), on donne ce nom à toute profession qui exige l'emploi des bras, et qui se borne à un certain nombre d'opérations mécaniques, qui ont pour but un même ouvrage, que l'ouvrier répète sans cesse. Je ne sais pourquoi on a attaché une idée vile à ce mot ; c'est des *métiers* que nous tenons toutes les choses nécessaires à la vie. Celui qui se donnera la peine de parcourir les ateliers, y verra partout l'utilité jointe aux plus grandes preuves de la sagacité. L'antiquité fit des dieux de ceux qui inventèrent des *métiers ;* les siècles suivants ont jeté dans la fange ceux qui les ont perfectionnés. Je laisse à ceux qui ont quelque principe d'équité, à juger si c'est raison ou préjugé qui nous fait regarder d'un œil si dédaigneux des hommes si essentiels. Le poète, le philosophe, l'orateur, le ministre, le guerrier, le héros, seraient tout nus, et manqueraient de pain sans cet artisan, l'objet de son mépris cruel.
. . . .

MILICE (*Gouvern. politiq.*), ce nom se donne aux paysans, aux laboureurs, aux cultivateurs qu'on enrôle de force dans les troupes. Les lois du royaume, dans les temps de guerre, recrutent les armées des habitants de la campagne, qui sont obligés sans distinction de tirer à la *milice*. La crainte qu'inspire cette ordonnance porte également sur le pauvre, le médiocre et le laboureur aisé. Le fils unique d'un cultivateur médiocre, forcé de quitter la maison paternelle au moment où son travail pourrait soutenir et dédommager ses pauvres parents de la dépense de l'avoir élevé, est une perte irréparable ; et le fermier un peu aisé préfère à son état toute profession qui peut éloigner de lui un pareil sacrifice.

Cet établissement a paru sans doute trop utile à la monarchie, pour que j'ose y donner atteinte ; mais du moins l'exécution semble susceptible d'un tempérament qui sans l'énerver, corrigerait en partie les inconvénients actuels. Ne pourrait-on pas, au lieu de faire tirer au sort les garçons d'une paroisse, permettre à chacune d'acheter les hommes qu'on lui demande ? Partout il s'en trouve de bonne volonté, dont le service semblerait préférable en tout point ; et la dépense serait imposée sur la totalité des habitants au marc la livre de l'imposition. On craindra sans doute une désertion plus facile, mais les paroisses obligées au remplacement auraient intérêt à chercher et à présenter des sujets dont elles seraient sûres ; et comme l'intérêt est le ressort le plus actif parmi les hommes, ne serait-ce pas un bon moyen de faire payer par les paroisses une petite rente à leurs miliciens à la fin de chaque année ?

La charge de la paroisse n'en serait pas augmentée ; elle retiendrait le soldat qui ne peut guère espérer de trouver mieux : à la paix, elle suffirait avec les petits privilèges qu'on daignerait lui accorder pour le fixer dans la paroisse qui l'aurait commis, et tous les six ans son engagement serait renouvelé à des conditions fort modérées ; ou bien on le remplacerait par quelque autre milicien de bonne volonté. Après tout, les avantages de la *milice* même doivent être mûrement combinés avec les maux qui en résultent ; car il faut peser si le bien des campagnes, la culture des terres et

la population ne sont pas préférables à la gloire de
mettre sur pied de nombreuses armées, à l'exemple de
Xerxès.

(De Jaucourt)

MISÈRE, s. f. (*Gramm.*), c'est l'état de l'homme
misérable.

Il y a peu d'âmes assez fermes que la *misère* n'abatte
et n'avilisse à la longue. Le petit peuple est d'une
stupidité incroyable. Je ne sais quel prestige lui ferme
les yeux sur sa *misère* présente, et sur une *misère* plus
grande encore qui attend sa vieillesse. La *misère* est la
mère des grands crimes ; ce sont les souverains qui font
les misérables, qui répondront dans ce monde et dans
l'autre des crimes que la *misère* aura commis. On dit
dans un sens bien opposé, c'est une *misère*, pour dire
une chose de rien ; dans le premier sens, c'est une
misère que d'avoir affaire aux gens de loi et aux prêtres.

(Diderot)

MODE (*Arts*), coutume, usage, manière de s'habil-
ler, de s'ajuster, en un mot, tout ce qui sert à la parure
et au luxe ; ainsi la *mode* peut être considérée politique-
ment et philosophiquement.

. . . .
On a tort de se récrier contre telle ou telle *mode* qui,
toute bizarre qu'elle est, pare et embellit pendant
qu'elle dure, et dont l'on tire tout l'avantage qu'on en
peut espérer, qui est de plaire. On devrait seulement
admirer l'inconstance et la légèreté des hommes qui
attachent successivement les agréments et la bienséance à des choses tout opposées, qui emploient pour
le comique et pour la mascarade ce qui leur a servi de
parure grave et d'ornement très sérieux. Mais une
chose folle et qui découvre bien notre petitesse, c'est
l'assujettissement aux *modes* quand on l'étend à ce qui

concerne le goût, le vivre, la santé, la conscience, l'esprit et les connaissances.

. . . .

C'est ici le vrai domaine du changement et du caprice. Les *modes* se détruisent et se succèdent continuellement quelquefois sans la moindre apparence de raison, le bizarre étant le plus souvent préféré aux plus belles choses, par cela seul qu'il est plus nouveau. Un animal monstrueux paraît-il parmi nous, les femmes le font passer de son étable sur leurs têtes. Toutes les parties de leur parure prennent son nom, et il n'y a point de femme comme il faut qui ne porte trois ou quatre rhinocéros ; une autre fois on court toutes les boutiques pour avoir un bonnet au lapin, aux zéphirs, aux amours, à la comète. Quoi qu'on dise du rapide changement des *modes,* cette dernière a presque duré pendant tout un printemps, et j'ai ouï dire à quelques-uns de ces gens qui font des réflexions sur tout, qu'il n'y avait rien là de trop extraordinaire eu égard au goût dominant dont, continuent-ils, cette *mode* rappelle l'idée. Un dénombrement de toutes les *modes* passées et régnantes seulement en France, pourrait remplir, sans trop exagérer, la moitié des volumes que nous avons annoncés, ne remontât-on que de sept ou huit siècles chez nos aïeuls, gens néanmoins beaucoup plus sobres que nous à tous égards.

. . . .

(De Jaucourt)

MODIFICATION, MODIFIER, MODIFICATIF, MODIFIABLE (*Gram.*). Dans l'usage commun de la société, il se dit des choses et des personnes. Des choses, par exemple, d'un acte, d'une promesse, d'une proposition, lorsqu'on la restreint à des bornes dont on convient. L'homme libre ou non, est un être qu'on *modifie.* Le *modificatif* est la chose qui modifie ; le *modifiable* est la chose qu'on peut *modifier.* Un homme qui a de la justesse dans l'esprit, et qui sait combien il y a peu de propositions généralement vraies en morale, les énonce toujours avec quelque *modificatif* qui les restreint à leur juste étendue, et qui les rend incontestables dans la conversation et dans les écrits. Il n'y a point de cause qui n'ait son effet ; il n'y a point d'effet qui ne *modifie* la chose sur laquelle la cause agit. Il n'y a pas un atome dans la nature qui ne soit exposé à l'action d'une infinité de causes diverses ; il n'y a pas une de ces causes qui s'exerce de la même manière en deux points différents de l'espace : il n'y a donc pas deux atomes rigoureusement semblables dans la nature. Moins un être est libre, plus on est sûr de le *modifier,* et plus la *modification* lui est nécessairement attachée. Les *modifications* qui nous ont été imprimées, nous changent sans ressource, et pour le moment, et pour toute la suite de la vie, parce qu'il ne se peut jamais faire que ce qui a été une fois tel n'ait pas été tel.

(Diderot)

MŒURS, s. f. (*Morale*), actions libres des hommes, naturelles ou acquises, bonnes ou mauvaises, susceptibles de règle et de direction. Leur variété chez les divers peuples du monde dépend du climat, de la religion, des lois, du gouvernement, des besoins, de l'éducation, des manières et des exemples. A mesure que dans chaque nation une de ces causes agit avec plus de force, les autres lui cèdent d'autant.

Pour justifier toutes ces vérités, il faudrait entrer dans les détails que les bornes de cet ouvrage ne sauraient nous permettre ; mais en jetant seulement les yeux sur les différentes formes du gouvernement de nos climats tempérés, on devinerait assez juste par cette unique considération, les *mœurs* des citoyens. Ainsi dans une république qui ne peut subsister que du commerce d'économie, la simplicité des *mœurs*, la tolérance en matière de religion, l'amour de la frugalité, l'épargne, l'esprit d'intérêt et d'avarice, devront nécessairement dominer. Dans une monarchie limitée, où chaque citoyen prend part à l'administration de l'état, la liberté y sera regardée comme un si grand bien, que toute guerre entreprise pour la soutenir, y passera pour un mal peu considérable ; les peuples de cette monarchie seront fiers, généreux, profonds dans les sciences et dans la politique, ne perdant jamais de vue leurs privilèges, pas même au milieu du loisir et de la débauche. Dans une riche monarchie absolue, où les femmes donnent le ton, l'honneur, l'ambition, la galanterie, le goût des plaisirs, la vanité, la mollesse, seront le caractère distinctif des sujets ; et comme ce gouvernement produit encore l'oisiveté, cette oisiveté corrompant les *mœurs*, fera naître à leur place la politesse des manières.

(Diderot ?)

MOMERIE, s. f. *(Gram.),* bouffonnerie, ou maintien hypocrite et ridicule, ou cérémonie vile, misérable et risible.

Il n'y a point de religion qui ne soit défigurée par quelques *momeries*. La cérémonie de se faire toucher des souverains par les écrouelles, est une *momerie*. L'usage, en Angleterre, de servir le monarque à genoux est une espèce de *momerie*. Il y a des gens dont la vie n'est qu'une *momerie* continuelle ; ils se rient au fond de leur âme de la chose qu'ils semblent respecter, et devant laquelle ils font mettre le front dans la poussière à la foule des imbéciles qu'ils trompent. Combien de prétendues sciences qui ne sont que des *momeries* !

(Diderot ?)

MONARCHIE ABSOLUE *(Gouvernement),* forme de monarchie dans laquelle le corps entier des citoyens a cru devoir conférer la souveraineté au prince, avec l'étendue et le pouvoir absolu qui résidait en lui originairement, et sans y ajouter de restriction particulière, que celle des lois établies. Il ne faut pas confondre le pouvoir absolu d'un tel monarque, avec le pouvoir arbitraire et despotique ; car l'origine et la nature de la *monarchie* absolue est limitée par sa nature même, par l'intention de ceux de qui le monarque la tient, et par les lois fondamentales de son état. Comme les peuples qui vivent sous une bonne police, sont plus heureux que ceux qui, sans règles et sans chef, errent dans les forêts ; aussi les monarques qui vivent sous les lois fondamentales de leur état sont-ils plus heureux que les princes despotiques, qui n'ont rien qui puisse régler le cœur de leurs peuples, ni le leur.

(De Jaucourt)

MONARCHIE LIMITÉE (*Gouvernement*), sorte de *monarchie* où les trois pouvoirs sont tellement fondus ensemble, qu'ils se servent l'un à l'autre de balance et de contrepoids. La *monarchie limitée* héréditaire, paraît être la meilleure forme de *monarchie*, parce qu'indépendamment de sa stabilité, le corps législatif y est composé de deux parties, dont l'une enchaîne l'autre par leur faculté mutuelle d'empêcher ; et toutes les deux sont liées par la puissance exécutrice, qui l'est elle-même par la législative. Tel est le gouvernement d'Angleterre, dont les racines toujours coupées, toujours sanglantes, ont enfin produit après des siècles, à l'étonnement des nations, le mélange égal de la liberté et de la royauté. Dans les autres *monarchies* européennes que nous connaissons, les trois pouvoirs n'y sont pas fondus de cette manière ; ils ont chacun une distribution particulière suivant laquelle ils approchent plus ou moins de la liberté politique. Il paraît qu'on jouit en Suède de ce précieux avantage, autant qu'on en est éloigné au Danemark ; mais la *monarchie* de Russie est un pur despotisme.

(De Jaucourt)

MOSAIQUE et CHRÉTIENNE, PHILOSOPHIE
(*Hist. de la Philosophie*). Le scepticisme et la crédulité
sont deux vices également indignes d'un homme qui
pense. Parce qu'il y a des choses fausses, toutes ne le
sont pas ; parce qu'il y a des choses vraies, toutes ne le
sont pas. Le philosophe ne nie ni n'admet rien sans
examen ; il a dans sa raison une juste confiance ; il sait
par expérience que la recherche de la vérité est pénible
mais il ne la croit point impossible ; il ose descendre au
fond de son puits, tandis que l'homme méfiant ou
pusillanime se tient courbé sur les bords et juge de là,
se trompant, soit qu'il prononce qu'il l'aperçoit malgré
la distance et l'obscurité, soit qu'il prononce qu'il n'y a
personne. De là cette multitude incroyable d'opinions
diverses ; de là le doute ; de là le mépris de la raison et
de la philosophie ; de là la nécessité prétendue de
recourir à la révélation, comme au seul flambeau qui
puisse nous éclairer dans les sciences naturelles et
morales ; de là le mélange monstrueux de la théologie
et des systèmes ; mélange qui a achevé de dégrader la
religion et la philosophie : la religion, en l'assujettissant à la discussion ; la philosophie, en l'assujettissant à
la foi. On raisonna quand il fallait croire, on crut
quand il fallait raisonner ; et l'on vit éclore en un
moment une foule de mauvais chrétiens et de mauvais
philosophes. La nature est le seul livre du philosophe :
les saintes Ecritures sont le seul livre du théologien. Ils
ont chacun leur argumentation particulière. L'autorité
de l'Eglise, de la tradition, des pères, de la révélation,
fixe l'un ; l'autre ne reconnait que l'expérience et
l'observation pour guides : tous les deux usent de leur
raison, mais d'une manière particulière et diverse
qu'on ne confond point sans inconvénient pour les
progrès de l'esprit humain, sans péril pour la foi : c'est
ce que ne comprirent point ceux qui, dégoûtés de la
philosophie sectaire et du pyrrhonisme, cherchèrent à
s'instruire des science naturelles dans les sources où la

science du salut était et avait été jusqu'alors la seule à puiser. Les uns s'en tinrent scrupuleusement à la lettre des écritures, les autres comparant le récit de Moïse avec les phénomènes, et n'y remarquant pas toute la conformité qu'ils désiraient, s'embarrassèrent dans des explications allégoriques : d'où il arriva qu'il n'y a point d'absurdités que les premiers ne soutinrent ; point de découvertes que les autres n'aperçussent dans le même ouvrage.

. . . .

(Diderot)

N

NAITRE, v. neut. (*Gram.*), venir au monde. S'il fallait donner une définition bien rigoureuse de ces deux mots, *naître* et *mourir*, on y trouverait peut-être de la difficulté. *Ce que nous allons dire est purement systématique.* A proprement parler, on ne *naît* point, on ne meurt point ; on était dès le commencement des choses, et on sera jusqu'à leur consommation. Un point qui vivait s'est accru, développé, jusqu'à un certain terme, par la juxtaposition successive d'une infinité de molécules. Passé ce terme, il décroît, et se résout en molécules séparées qui vont se répandre dans la masse générale et commune. La vie ne peut être le résultat de l'organisation ; imaginez les trois molécules A, B, C, si elles sont sans vie dans la combinaison A, B, C, pourquoi commenceraient-elles à vivre dans la combinaison B, C, A, ou C, A, B ? Cela ne se conçoit pas. Il n'en est pas de la vie comme du mouvement ; c'est autre chose : ce qui a vie a mouvement ; mais ce qui se meut ne vit pas pour cela. Si l'air, l'eau, la terre, et le feu viennent à se combiner, d'inertes qu'ils étaient auparavant, ils deviendront d'une mobilité incoercible ; mais ils ne produiront pas la vie. La vie est une qualité essentielle et primitive dans l'être vivant ; il ne l'acquiert point ; il ne la perd point. Il faut distinguer une vie inerte et une vie active : elles sont entre elles comme la force vive et la force morte : ôtez l'obstacle,

et la force morte deviendra force vive : ôtez l'obstacle,
et la vie inerte deviendra vie active. Il y a encore la vie
de l'élément, et la vie de l'agrégat ou de la masse : rien
n'ôte et ne peut ôter à l'élément sa vie : l'agrégat ou la
masse est avec le temps privée de la sienne : on vit en
un point qui s'étend jusqu'à une certaine limite, sous
laquelle la vie est circonscrite en tout sens ; cet espace
sous lequel on vit diminue peu à peu ; la vie devient
moins active sous chaque point de cet espace ; il y en a
même sous lesquels elle a perdu toute son activité avant
la dissolution de la masse, et l'on finit par vivre en une
infinité d'atomes isolés. Les termes de vie et de mort
n'ont rien d'absolu ; ils ne désignent que les états
successifs d'un même être ; c'est pour celui qui est
fortement instruit de cette philosophie, que l'urne qui
contient la cendre d'un père, d'une mère, d'un époux,
d'une maîtresse, est vraiment un objet qui touche et
qui attendrit : il y reste encore de la vie et de la
chaleur : cette cendre peut peut-être encore ressentir
nos larmes et y répondre ; qui sait si ce mouvement
qu'elles y excitent en les arrosant, est tout à fait dénué
de sensibilité ?

. . . .

(Diderot)

NÉANT, RIEN, ou NÉGATION (*Métaphys.*), suivant les philosophes scolastiques, est une chose qui n'a
point d'être réel, et qui ne se conçoit et ne se nomme
que par une *négation*.

On voit des gens qui se plaignent qu'après tous les
efforts imaginables pour concevoir le *néant*, ils n'en
peuvent venir à bout. Qu'est-ce qui a précédé la
création du monde ? qu'est-ce qui en tenait la place ?
Rien. Mais le moyen de se représenter ce *rien* ? Il est
plus aisé de se représenter une matière éternelle. Ces
gens-là font des efforts là où il n'en faudrait point faire,
et voilà justement ce qui les embarrasse, ils veulent
former quelque idée qui leur représente le *rien* ; mais

comme chaque idée est réelle, ce qu'elle leur représente est aussi réel. Quand nous parlons du *néant*, afin
que nos pensées se disposent conformément à notre
langage, et qu'elles y répondent, il faut s'abstenir de
représenter quoi que ce soit. Avant la création Dieu
existait ; mais qu'est-ce qui existait, qu'est-ce qui tenait
la place du monde ? *Rien ;* point de place ; la place a été
faite avec l'univers qui est sa propre place, car il en est
soi-même, et non hors de soi-même. Il n'y avait donc
rien ; mais comment le concevoir ? Il ne faut *rien*
concevoir. Qui dit *rien* déclare par son langage qu'il
éloigne toute réalité ; il faut donc que la pensée pour
répondre à ce langage écarte toute idée, et ne porte son
attention sur quoi que ce soit de représentatif, à la
vérité on ne s'abstient pas de toute pensée, on pense
toujours ; mais dans ce cas-là *penser* c'est sentir simplement soi-même, c'est sentir qu'on s'abstient de se
former des représentations.

(Diderot)

NÈGRES (*Commerce*). Les Européens font depuis
quelques siècles commerce de ces *nègres*, qu'ils tirent
de Guinée et des autres côtes de l'Afrique, pour
soutenir les colonies qu'ils ont établies dans plusieurs
endroits de l'Amérique et dans les îles Antilles. On
tâche de justifier ce que ce commerce a d'odieux et de
contraire au droit naturel, en disant que ces esclaves
trouvent ordinairement le salut de leur âme dans la
perte de leur liberté ; que l'instruction chrétienne
qu'on leur donne, jointe au besoin indispensable que
l'on a d'eux pour la culture des sucres, des tabacs, des
indigos, etc., adoucissent ce qui paraît d'inhumain
dans un commerce où des hommes en achètent et en
vendent d'autres, comme on ferait des bestiaux pour la
culture des terres.

. . . .

NOMMER, v. act. *(Gram.)*, c'est désigner une chose par un nom, ou l'appeler par le nom qui la désigne ; mais outre ces deux significations, ce verbe en a un grand nombre d'autres que nous allons indiquer par des exemples. Qui est-ce qui a *nommé* l'enfant sur les fonts de baptême ? Il y a des choses que la nature n'a pas rougi de faire, et que la décence craint de *nommer*. On a *nommé* à une des premières places de l'Eglise un petit ignorant, sans jugement, sans naissance, sans dignité, sans caractère et sans mœurs. *Nommez* la couleur dans laquelle vous jouez, *nommez* l'auteur de ce discours. Qui le public *nomme*-t-il à la place qui vaque dans le ministère ? Un homme de bien. Et la cour ? On ne le *nomme* pas encore. Quand on veut exclure un rival d'une place et lui ôter le suffrage de la cour, on le fait *nommer* par la ville ; cette ruse a réussi plusieurs fois. Les princes ne veulent pas qu'on prévienne leur choix ; ils s'offensent qu'on ose leur indiquer un bon sujet ; ils ratifient rarement la nomination publique.

(Diderot ?)

O

ŒCONOMIE POLITIQUE (*Hist. Pol. Rel. anc. et mod.*). C'est l'art et la science de maintenir les hommes en société, et de les y rendre heureux, objet sublime, le plus utile et le plus intéressant qu'il y ait pour le genre humain.

. . . .

L'on réduit communément à trois genres tous les gouvernements établis ; 1° *le despotique,* où l'autorité réside dans la volonté d'un seul ; 2° *le républicain,* qui se gouverne par le peuple, ou par les premières classes du peuple ; et 3° *le monarchique,* ou la puissance d'un souverain, unique et tempérée par des lois et par des coutumes que la sagesse des monarques et que le respect des peuples ont rendu sacrées et inviolables, parce qu'utiles aux uns et aux autres, elles affermissent le trône, défendent le prince et protègent les sujets.

A ces trois gouvernements, nous en devons joindre un quatrième, c'est le *théocratique,* que les écrivains politiques ont oublié de considérer. Sans doute qu'ils ont été embarrassés de donner un rang sur la terre à un gouvernement ou des officiers et des ministres commandent au nom d'une puissance et d'un être invisible : peut-être cette administration leur a-t-elle paru trop surnaturelle, pour la mettre au nombre des gouvernements politiques. Si ces écrivains eussent cependant fixé des regards plus réfléchis sur les premiers tableaux que présente l'antiquité, et s'ils eussent combiné et rapproché tous les fragments qui nous restent de son histoire, ils auraient reconnu que cette théocratie, quoique surnaturelle, a été non seulement un des premiers gouvernements que les hommes se sont donnés, mais que ceux que nous venons de nommer en sont successivement sortis, en ont été les suites nécessaires ; et qu'à commencer à ce terme, ils sont tous liés par une chaîne d'événements connus, qui embrassent presque toutes les grandes révolutions qui sont arrivées dans le monde politique et dans le monde moral.

La théocratie que nous avons ici particulièrement en vue, n'est point, comme on pourrait d'abord le penser, la *théocratie mosaïque* ; mais une autre plus ancienne et plus étendue, qui a été la source de quelques biens et de plus grands maux, et dont la théocratie des Hébreux n'a été dans son temps qu'un renouvellement et qu'une sage réforme qui les a séparés du genre humain, que les abus de la première avaient rendu idolâtre. Il est vrai que cette théocratie primitive est presque ignorée, et que le souvenir s'en était même obscurci dans la mémoire des anciens peuples, mais l'analyse que nous allons faire de l'histoire de l'homme en société, pourra la faire entrevoir, et mettre même sur la voie de la découvrir tout à fait ceux qui voudront par la suite étudier et considérer attentivement tous les objets divers de l'immense carrière que nous ne pouvons ici que légèrement parcourir.

Si nous voulions chercher l'origine des sociétés et des gouvernements en métaphysiciens, nous irions trouver l'homme des terres australes. S'il nous convenait de parler en théologiens sur notre état primitif, nous ferions paraître l'homme dégénéré de sa première innocence ; mais pour nous conduire en simples historiens, nous considérerons l'homme échappé des malheurs du monde, après les dernières révolutions de la nature. Voilà la seule et l'unique époque où nous puissions remonter ; et c'est là le seul homme que nous

devions consulter sur l'origine et les principes des
sociétés qui se sont formées depuis ces événements
destructeurs. Malgré l'obscurité où il paraît que l'on
doive nécessairement tomber en franchissant les
bornes des temps historiques, pour aller chercher au-
delà et dans les espaces ténébreux, des faits naturels et
des institutions humaines, nous n'avons point cependant manqué de guides et de flambeaux. Nous nous
sommes transportés au milieu des anciens témoins des
calamités de l'univers. Nous avons examiné comment
ils en étaient touchés, et quelles étaient les impressions
que ces calamités faisaient sur leur esprit, sur leur cœur
et sur leur caractère. Nous avons cherché à surprendre
le genre humain dans l'excès de sa misère ; et pour
l'étudier, nous nous sommes étudiés nous-mêmes,
singulièrement prévenus que malgré la différence des
siècles et des hommes, il y a des sentiments communs
et des idées uniformes, qui se réveillent universellement par les cris de la nature, et même par les seules
terreurs paniques, dont certains siècles connus se sont
quelquefois effrayés. Après l'examen de cette conscience commune, nous avons réfléchi sur les suites les
plus naturelles de ces impressions et sur leur action à
l'égard de la conduite des hommes ; et nous servant de
nos conséquences comme de principes, nous les avons
rapprochés des usages de l'antiquité, nous les avons
comparés avec la police et les lois des premières
nations, avec leur culte et leur gouvernement ; nous
avons suivi d'âge en âge les diverses opinions et les
coutumes des hommes, tant que nous avons cru y
connaître les suites ou au moins les vestiges des
impressions primitives, et partout en effet il nous a
semblé apercevoir dans les annales du monde une
chaîne continue, quoique ignorée, une unité singulière
cachée sous mille formes ; et dans nos principes, la
solution d'une multitude d'énigmes et de problèmes
obscurs qui concernent l'homme de tous les temps, et
ses divers gouvernements dans tous les siècles.

Nous épargnerons au lecteur l'appareil de nos

recherches ; il n'aura que l'analyse de notre travail, et si
nous ne nous sommes pas fait une illusion, il apprendra
quelle a été l'origine et la nature de la théocratie
primitive. Aux biens et aux maux qu'elle a produits, il
reconnaîtra l'âge d'or et le règne des dieux, il en verra
naître successivement la vie sauvage, la superstition et
la servitude, l'idolâtrie et le despotisme ; il en remarquera la réformation chez les Hébreux ; les républiques
et les monarchies paraîtront ensuite dans le dessein de
remédier aux abus des premières législations. Le
lecteur pèsera l'un et l'autre de ces deux gouvernements ; et s'il a bien suivi la chaîne des événements, il
jugera, ainsi que nous, que le dernier seul a été l'effet
de l'extinction totale des anciens préjugés, le fruit de la
raison et du bon sens, et qu'il est l'unique gouvernement qui soit véritablement fait pour l'homme et pour
la terre.

Il faudrait bien peu connaître le genre humain, pour
douter que dans ces temps déplorables où nous nous
supposons avec lui, et dans les premiers âges qui les
ont suivis, il n'ait été très religieux, et que ses malheurs
ne lui aient alors tenu lieu de sévères missionnaires et
de puissants législateurs, qui auront tourné toutes ses
vues du côté du ciel et du côté de la morale. Cette
multitude d'institutions austères et rigides dont on
trouve de si beaux vestiges dans l'histoire de tous les
peuples fameux par leur antiquité, n'a été sans doute
qu'une suite générale de ces premières dispositions de
l'esprit humain.

. . . .

Ce n'est donc point une fable dépourvue de toute
réalité, que la fable de l'âge d'or, tant célébrée par nos
pères. Il a dû exister vers les premières époques du
monde renouvelé, un temps, un ancien temps, où la
justice, l'égalité, l'union et la paix ont régné parmi les
humains. S'il y a quelque chose à retrancher des récits
de la mythologie, ce n'est vraisemblablement que le
riant tableau qu'elle nous a fait de l'heureux état de la
nature ; elle devait être alors bien moins belle que le

cœur de l'homme. La terre n'offrait qu'un désert rempli d'horreur et de misère, et le genre humain ne fut juste que sur les débris du monde.

Cette situation de la nature, à qui il fallut plusieurs siècles pour se réparer, et pour changer l'affreux spectacle de sa ruine, en celui que nous lui voyons aujourd'hui, fut ce qui retint longtemps le genre humain dans cet état presque surnaturel. La morale et le genre de vie de l'âge d'or n'ont pu régner ensuite au milieu des sociétés agrandies, parce qu'ils ne conviennent pas plus au luxe de la nature qu'au luxe de l'humanité, qui n'en a été que la suite et l'effet. A mesure que le séjour de l'homme s'est embelli, à mesure que les sociétés se sont multipliées, et qu'elles ont formé des villes et des états, le règne moral a dû nécessairement faire place au règne politique et le tien et le mien ont dû paraître dans le monde, non d'abord d'homme à homme, mais de famille à famille, et de société à société, parce qu'ils y sont devenus indispensables, et qu'ils font partie de cette même harmonie qui a dû rentrer parmi les nations renouvelées, comme elle est insensiblement rentrée dans la nature après le dernier chaos. Cet âge d'or a donc été un état de sainteté, un état surnaturel digne de notre envie, et qui a justement mérité tous les regrets de l'antiquité : cependant lorsque les législations postérieures en ont voulu adopter les usages et les principes sans discernement, le bien s'est nécessairement changé en mal, et l'or en plomb. Peut-être même n'y aurait-il jamais eu d'âge de fer, si l'on n'eût point usé de cet âge d'or lorsqu'il n'en était plus temps ; c'est ce dont on pourra juger par la suite de cet article.

Tels ont été les premiers, et nous pouvons dire les heureux effets des malheurs du monde. Ils ont forcé l'homme à se réunir ; dénué de tout, rendu pauvre et misérable par les désastres arrivés, et vivant dans la crainte et l'attente de ceux dont il se crut longtemps encore menacé, la religion et la nécessité en rassemblè-rent les tristes restes, et les portèrent à être inviolablement unis, afin de seconder les effets de l'activité et de l'industrie : il fallut alors mettre en usage tous ces grands ressorts, dont le cœur humain n'est constamment capable que dans l'adversité : ils sont chez nous sans force et sans vigueur ; mais dans ces tristes siècles il n'en fut pas de même, toutes les vertus s'exaltèrent ; l'on vit le règne et le triomphe de l'humanité, parce que ce sont là ses instants.

. . . .

Ce n'est point cependant encore dans ces premiers moments qu'il faut chercher ces divers gouvernements politiques qui ont ensuite paru sur la terre. L'état de ces premiers hommes fut un état tout religieux ; leurs familles pénétrées de la crainte des jugements d'en haut, vécurent quelque temps sous la conduite des pères qui rassemblaient leurs enfants, et n'eurent point entre elles d'autre lien que leurs besoins, ni d'autre roi que le Dieu qu'elles invoquaient. Ce ne fut qu'après s'être multipliées qu'il fallut un lien plus fort et plus frappant pour des sociétés nombreuses que pour des familles, afin d'y maintenir l'unité dont on connaissait tout le prix, et pour entretenir cet esprit de religion, *d'œconomie*, d'industrie et de paix, qui seul pouvait réparer les maux infinis qu'avait souffert la nature humaine ; on fit donc alors des lois : elles furent dans ces commencements aussi simples que l'esprit qui les inspira : pour en faire le projet, il ne fallut point recourir à des philosophes sublimes, ni à des politiques profonds ; les besoins de l'homme les dictèrent ; et quand on en rassembla toutes les parties, on ne fit sans doute qu'écrire ou graver sur la pierre ou sur le bois ce qui avait été fait jusqu'à ce temps heureux où la raison des particuliers n'ayant point été différente de la raison publique, avait été la seule et l'unique loi ; telle a été l'origine des premiers codes ; ils ne changèrent rien aux ressorts primitifs de la conduite des sociétés. Cette précaution nouvelle n'avait eu pour objet que de les fortifier, en raison de la grandeur et de l'étendue du corps qu'ils avaient à faire mouvoir, et l'homme s'y soumit sans peine ; ses besoins lui ayant fait connaître de bonne heure qu'il n'était point un être qui pût vivre isolé sur la terre, il s'était dès le commencement réuni à ses semblables, en préférant les avantages d'un engagement nécessaire et raisonnable à sa liberté naturelle ; et l'agrandissement de la société ayant ensuite exigé que le contrat tacite que chaque particulier avait fait avec elle en s'y incorporant, eût une forme plus solennelle, et qu'il devînt authentique, il y consentit donc encore ; il se soumit aux lois écrites, et à une subordination civile et politique ; il reconnut dans ses anciens des supérieurs, des magistrats, des prêtres : bien plus il chercha un souverain, parce qu'il connaissait dès lors qu'une grande société sans chef ou sans roi n'est qu'un corps sans tête, et même qu'un monstre dont les mouvements divers ne peuvent avoir entre eux rien de raisonné ni d'harmonique.

. . . .

L'idée de se donner un roi a donc été une des premières idées de l'homme sociable et raisonnable. Le spectacle de l'univers seconda même la voix de la raison. L'homme alors encore inquiet levait souvent les yeux vers le ciel, pour étudier le mouvement des astres et leur accord, d'où dépendait la tranquillité de la terre et de ses habitants ; et remarquant surtout cet astre unique et éclatant qui semble commander à l'armée des cieux et en être obéi, il crut voir là-haut l'image d'un bon gouvernement et y reconnaître le modèle et le plan que devait suivre la société sur la terre pour le rendre heureux et immuable par un semblable concert. La religion enfin appuya tous ces motifs. L'homme ne voyait dans toute la nature qu'un soleil, il ne connaissait dans l'univers qu'un être suprême ; il vit donc par là qu'il manquait quelque chose à sa législation, que sa société n'était point parfaite, en un mot qu'il lui fallait un roi, qui fût le père et le centre de cette grande famille, et le protecteur et l'organe des lois.

Ce furent là les avis, les conseils et les exemples que la raison, le spectacle de la nature et la religion donnèrent unanimement à l'homme, dès les premiers temps ; mais il les éluda plutôt qu'il ne les suivit. Au lieu de se choisir un roi parmi ses semblables, avec lequel la société aurait fait le même contrat que chaque particulier avait ci-devant fait avec elle, l'homme proclama le roi de l'âge d'or, c'est-à-dire l'être suprême : il continua à le regarder comme son monarque ; et le couronnant dans les formes, il ne voulut pas qu'il y eût sur la terre, comme dans le ciel, d'autre maître ni d'autre souverain.

On ne s'est point attendu sans doute à voir de si près la chute et l'oubli des sentiments que nous nous sommes plu à mettre dans l'esprit humain, au moment où les sociétés songeaient à représenter leur unité par un monarque. Si nous les avons fait ainsi penser, c'est que ces premiers sentiments vrais et pleins de simplicité sont dignes de ces âges primitifs, et que la conduite surnaturelle de ces sociétés semble nous indiquer qu'elles ont été surprises et trompées dans ce fatal moment. Peut-être quelques-uns soupçonneront-ils que l'amour de l'indépendance a été le mobile de cette démarche, et que l'homme en refusant de se donner un roi visible, pour en reconnaître un qu'il ne pouvait voir, a eu le dessein tacite de n'en admettre aucun. Ce serait rendre bien peu de justice à l'homme en général, et en particulier à l'homme échappé des malheurs du monde, qui a été porté plus que tous les autres à faire le sacrifice de sa liberté et de toutes ses passions. S'il fit donc, en se donnant un roi, une si singulière application des leçons qu'il recevait de sa raison et de la nature entière, c'est qu'il n'avait pas encore épuré sa religion comme la police civile et domestique, et qu'il ne l'avait pas dégagée de la superstition, cette fille de la crainte et de la terreur, qui absorbe la raison, et qui, prenant la place et la figure de la religion, l'anéantit elle-même pour livrer l'humanité à la fraude et à l'imposture : l'homme alors en fut cruellement la dupe ; elle seule présida à l'élection du Dieu monarque, et ce fut à la première époque et la source de tous les maux du genre humain.

Comme nous avons dit ci-devant que les premières familles n'eurent point d'autre roi que le dieu qu'elles invoquaient, et comme c'est ce même usage qui, s'étant consacré avec le temps, porta les nations multipliées à métamorphoser ce culte religieux en un gouvernement politique, il importe ici de faire connaître quels ont été les préjugés que les premières familles joignirent à leur culte, parce que ce sont ces mêmes préjugés qui pervertirent par la suite la religion et la police de leur postérité.

Parmi les impressions qu'avaient fait sur l'homme l'ébranlement de la terre et les grands changements arrivés dans la nature, il avait été particulièrement affecté de la crainte de la fin du monde ; il s'était imaginé que les jours de la justice et de la vengeance étaient arrivés ; il s'était attendu de voir dans peu le juge suprême venir demander compte à l'univers, et prononcer ces redoutables arrêts que les méchants ont toujours craints, et qui ont toujours fait l'espérance et la consolation des justes. Enfin l'homme, en voyant le monde ébranlé et presque détruit, n'avait point douté que le règne du ciel ne fût très prochain, et que la vie future, que la religion appelle par excellence *le royaume de Dieu*, ne fût prêt à paraître. Ce sont là de ces dogmes qui saisissent l'humanité dans toutes les révolutions de la nature, et qui ramènent au même point l'homme de tous les temps. Ils sont sans doute sacrés, religieux et infiniment respectables en eux-mêmes ; mais l'histoire de certains siècles nous a appris à quels faux principes ils ont quelquefois conduit les hommes faibles, lorsque ces dogmes ne leur ont été présentés qu'à la suite des terreurs paniques et mensongères.

. . . .

L'arrivée du grand juge et du royaume du ciel avait donc été dans ces tristes circonstances les seuls points de vue que l'homme avait considérés avec une sainte avidité ; il s'en était entretenu perpétuellement pendant les fermentations de son séjour ; et ces dogmes avaient fait sur lui de si profondes impressions, que la nature, qui ne se rétablit sans doute que peu à peu, l'était tout à fait, lorsque l'homme attendait encore. Pendant les premières générations, ces dispositions de l'esprit humain ne servirent qu'à perfectionner d'autant sa morale, et firent l'héroïsme et la sainteté de l'âge d'or. Chaque famille, pénétrée de ces dogmes, ne représentait qu'une communauté religieuse, qui dirigeait toutes ses démarches vers le céleste avenir, et qui, ne comptant plus sur la durée du monde, vivait en attendant les événements sous les seuls liens de la religion. Les siècles inattendus, qui succédèrent à ceux qu'on avait cru les derniers, auraient dû, ce semble, détromper l'homme de ce qu'il y avait de faux dans ses principes. Mais l'espérance se rebute-t-elle ? La bonne foi et la simplicité avaient établi ces principes dans les premiers âges ; le préjugé et la coutume les perpétuèrent dans les suivants, et ils animaient encore les sociétés agrandies et multipliées, lorsqu'elles commencèrent à donner une forme réglée à leur administration civile et politique. Préoccupées du ciel, elles oublièrent dans cet instant qu'elles étaient encore sur la terre ; et au lieu de donner à leur état un lien fixe et naturel, elles persistèrent dans un gouvernement qui, n'étant que provisoire et surnaturel, ne pouvait convenir aux sociétés politiques, ainsi qu'il avait convenu aux sociétés mystiques et religieuses. Elles s'imaginèrent sans doute, par cette sublime spéculation, prévenir leur gloire et leur bonheur, jouir du ciel sur la terre, et anticiper sur le céleste avenir. Néanmoins ce fut cette spéculation qui fut le germe de toutes leurs erreurs et de tous les maux où le genre humain fut ensuite plongé. Le dieu monarque ne fut pas plutôt élu, qu'on appliqua les principes du règne d'en haut au règne d'ici-bas ; et ces principes se trouvèrent faux, parce qu'ils étaient déplacés. Ce gouvernement n'était qu'une fiction qu'il fallut nécessairement soutenir par une multitude de suppositions et d'usages conventionnels ; et ces supputations ayant été ensuite prises à la lettre, il en résulta une foule de préjugés religieux et politiques, une infinité d'usages bizarres et déraisonnables, et des fables sans nombre qui précipitèrent à la fin dans le chaos le plus obscur la religion, la police primitive et l'histoire du genre humain. C'est ainsi que les premières nations, après avoir puisé dans le bon sens et dans leurs vrais besoins leurs lois domestiques et économiques, les soumirent toutes à un gouvernement idéal, que l'histoire connaît peu, mais que la mythologie, qui a recueilli les ombres des premiers temps, nous a transmis sous le nom de *règne des dieux*, c'est-à-dire, dans notre langage, *le règne de Dieu*, en un mot, *théocratie*.

Les historiens ayant méprisé, et presque toujours avec raison, les fables de l'antiquité, la théocratie primitive est un des âges du monde les plus suspects ; et si nous n'avions ici d'autres autorités que celle de la mythologie, tout ce que nous pourrions dire sur cet antique gouvernement, paraîtrait encore sans vraisemblance aux yeux du plus grand nombre ; peut-être aurions-nous les suffrages de quelques-uns de ceux dont le génie soutenu de connaissances, est seul capable de saisir l'ensemble de toutes les erreurs humaines ; d'apercevoir la preuve d'un fait ignoré dans le crédit d'une erreur universelle, et de remonter ensuite de cette erreur, aux vérités ou aux événements qui l'ont fait naître, par la combinaison réfléchie de tous les différents aspects de cette même erreur : mais les bornes de notre carrière ne nous permettant point d'employer les matériaux que peut nous fournir la mythologie, nous n'entreprendrons point ici de réédifier les annales théocratiques. Nous ferons seulement remarquer que si l'universalité et si l'uniformité d'une erreur sont capables de faire entrevoir aux esprits les plus intelligents quelques principes de vérité, où tant d'autres ne voient cependant que les effets du caprice et de l'imagination des anciens poètes, on ne doit pas totalement rejeter les conditions qui concernent le règne des dieux, puisqu'elles sont universelles, et qu'on les retrouve chez toutes les nations, qui leur font

succéder les demi-dieux, et ensuite les rois, en distin-
guant ces règnes comme trois gouvernements différents. Egyptiens, Chaldéens, Perses, Indiens, Chinois,
Japonais, Grecs, Romains, et jusqu'aux Américains
mêmes, tous ces peuples ont également conservé le
souvenir ténébreux d'un temps où les dieux sont
descendus sur la terre pour rassembler les hommes,
pour les gouverner, et pour les rendre heureux, en leur
donnant des lois, en leur apprenant les arts utiles. Chez
tous ces peuples, les circonstances particulières de la
descente de ces dieux sont les misères et les calamités
du monde. L'un est venu, disent les Indiens, pour
soutenir la terre ébranlée, et celui-là, pour la retirer de
dessous les eaux ; un autre pour secourir le soleil, pour
faire la guerre au dragon, et pour exterminer des
monstres. Nous ne rappellerons pas les guerres et les
victoires des dieux Grecs et Egyptiens sur les Typhons,
Pythons, les Géants et les Titans. Toutes les grandes
solennités du paganisme en célébraient la mémoire.
Vers tel climat que l'on tourne les yeux, on y retrouve
de même cette constante et singulière tradition d'un
âge théocratique ; et l'on doit remarquer qu'indépendamment de l'uniformité de ces préjugés qui décèle un
fait quel qu'il puisse être, ce règne surnaturel y est
toujours désigné comme ayant été voisin des anciennes
révolutions, puisqu'en tous lieux le règne des dieux y
est orné et rempli des anecdotes littérales ou allégoriques de la ruine ou du rétablissement du monde.

. . . .

(Boulanger)

ORIGINE, s. f. (*Gramm.*), commencement, naissance, germe, principe de quelque chose. L'*origine* des
plus grandes maisons a d'abord été fort obscure. Les
pratiques religieuses de nos jours ont presque toutes
leur *origine* dans le paganisme. Une mauvaise plaisante-

rie a été l'*origine* d'un traité fatal à la nation, et d'une guerre sanglante, où plusieurs milliers d'hommes ont perdu la vie. Ménage a écrit des *origines* de notre langue.

(Diderot?)

P

PATRIE, s. f. (*Gouvern. politiq.*). Le rhéteur peu logicien, le géographe qui ne s'occupe que de la position des lieux, et le lexicographe vulgaire, prennent la *patrie* pour le lieu de la naissance, quel qu'il soit ; mais le philosophe sait que ce mot vient du latin *pater*, qui représente un père et des enfants, et conséquemment qu'il exprime le sens que nous attachons à celui de *famille*, de *société*, d'*état libre*, dont nous sommes membres, et dont les lois assurent nos libertés et notre bonheur. Il n'est point de *patrie* sous le joug du despotisme. Dans le siècle passé, Colbert confondit aussi *royaume* et *patrie* [...].

Les Grecs et les Romains ne connaissaient rien de si aimable et de si sacré que la *patrie* [...].

La *patrie*, disaient-ils, est une terre que tous les habitants sont intéressés à conserver, que personne ne veut quitter, parce qu'on n'abandonne pas son bonheur, et où les étrangers cherchent un asile. C'est une nourrice qui donne son lait avec autant de plaisir qu'on le reçoit. C'est une mère qui chérit tous ses enfants, qui ne les distingue qu'autant qu'ils se distinguent eux-mêmes ; qui veut bien qu'il y ait de l'opulence et de la médiocrité mais point de pauvres ; des grands et des petits, mais personne d'opprimé ; qui même dans ce partage inégal, conserve une sorte d'égalité, en ouvrant à tous le chemin des premières places ; qui ne souffre aucun mal dans sa famille, que ceux qu'elle ne peut empêcher, la maladie et la mort ; qui croirait n'avoir rien fait en donnant l'être à ses enfants, si elle n'y ajoutait le bien-être. C'est une puissance aussi ancienne que la société, fondée sur la nature et l'ordre ; une puissance supérieure à toutes les puissances qu'elle établit dans son sein, archontes, suffètes, éphores, consuls, ou rois ; une puissance qui soumet à ses lois ceux qui commandent en son nom, comme ceux qui obéissent. C'est une divinité qui n'accepte des offrandes que pour les répandre, qui demande plus d'attachement que de crainte, qui sourit en faisant du bien, et qui soupire en lançant la foudre.

Telle est la *patrie*. L'amour qu'on lui porte conduit à la bonté des mœurs, et la bonté des mœurs conduit à l'amour de la *patrie ;* cet amour est l'amour des lois et du bonheur de l'état, amour singulièrement affecté aux démocraties ; c'est une vertu politique, par laquelle on renonce à soi-même, en préférant l'intérêt public au sien propre ; c'est un sentiment et non une suite de connaissance ; le dernier homme de l'état peut avoir ce sentiment comme le chef de la république.

. . . .

Après ces détails, je n'ai pas besoin de prouver qu'il ne peut y avoir de *patrie* dans les états qui sont asservis. Ainsi ceux qui vivent sous le despotisme oriental, où on ne connaît d'autre loi que la volonté du souverain, d'autres maximes que l'adoration de ses caprices, d'autres principes de gouvernement que la terreur, où aucune fortune, aucune tête n'est en sûreté ; ceux-là, dis-je, n'ont point de *patrie,* et n'en connaissent pas même le mot, qui est la véritable expression du bonheur.

Dans le zèle qui m'anime, dit M. l'abbé Coyer, j'ai fait en plusieurs lieux des épreuves sur des sujets de tous les ordres : citoyens, ai-je dit, connaissez-vous la *patrie ?* L'homme du peuple a pleuré, la magistrat a froncé le sourcil, en gardant un morne silence ; le militaire a juré, le courtisan m'a persiflé, le financier m'a demandé si c'était le nom d'une nouvelle ferme. Pour les gens de religion, qui, comme Anaxagore, montrent le ciel du bout du doigt, quand on leur demande où est la *patrie*, il n'est pas étonnant qu'ils n'en fêtent point sur cette terre.

. . . .

(De Jaucourt)

PÈRES DE L'ÉGLISE.

. . . .

Il est certain que les *pères* mettent sans cesse une trop grande différence entre l'homme et le chrétien, et à force d'outrer cette distinction, ils prescrivent des règles impraticables. La plupart des devoirs dont l'Evangile exige l'observation, sont au fond les mêmes que ceux qui peuvent être connus de chacun par les seules lumières de la raison. La religion chrétienne ne fait que suppléer au peu d'attention des hommes, et fournir des motifs beaucoup plus puissants à la pratique de ces devoirs, que la raison abandonnée à elle n'est capable d'en découvrir. Les lumières surnaturelles, toutes divines qu'elles sont, ne nous montrent rien par rapport à la conduite ordinaire de la vie, que les lumières naturelles n'adoptent par les réflexions exactes de la pure philosophie. Les maximes de l'Evangile, ajoutées à celles des philosophes, sont moins de nouvelles maximes, que celles qui étaient gravées au fond de l'âme raisonnable.

. . . .

(De Jaucourt)

PERSÉCUTER, v. act., PERSÉCUTEUR, s. m. et PERSÉCUTION, s. f. (*Droit naturel, Politique et Morale*). La *persécution* est la tyrannie que le souverain exerce ou permet que l'on exerce en son nom contre ceux de ses sujets qui suivent des opinions différentes des siennes en matière de religion.

. . . .

A peine l'église eut-elle commencé à respirer sous les empereurs chrétiens, que ses enfants se divisèrent sur ses dogmes, et l'arianisme protégé par plusieurs souverains, excita contre les défenseurs de la foi ancienne des *persécutions* qui ne le cédaient guère à celles du paganisme. Depuis ce temps, de siècle et siècle l'erreur appuyée du pouvoir a souvent *persécuté* la vérité, et par une fatalité déplorable, les partisans de la vérité, oubliant la modération que prescrit l'évangile et la raison, se sont souvent abandonnés aux mêmes excès qu'ils avaient justement reprochés à leurs oppresseurs. De là ces *persécutions*, ces supplices, ces proscriptions, qui ont inondé le monde chrétien de flots de sang, et qui souillent l'histoire de l'église par les traits de la cruauté la plus raffinée. Les passions des *persécuteurs* étaient allumées par un faux zèle, et autorisées par la cause qu'ils voulaient soutenir et ils se sont cru tout permis pour venger l'Etre suprême. On a pensé que le Dieu des miséricordes approuvait de pareils excès, que l'on était dispensé des lois immuables de l'amour du prochain et de l'humanité pour des hommes que l'on cessait de regarder comme ses semblables, dès lors qu'ils n'avaient point la même façon de penser. Le meurtre, la violence et la rapine ont passé pour des actions agréables à la divinité, et par une audace inouïe, on s'est arrogé le droit de venger celui qui s'est formellement réservé la vengeance. Il n'y a que l'ivresse du fanatisme et des passions, ou l'imposture la plus intéressée, qui ait pu enseigner aux hommes qu'ils pouvaient, qu'ils devaient même détruire ceux qui ont des opinions différentes des leurs, qu'ils étaient dispensés envers eux des lois de la bonne foi et de la probité. Où en serait le monde, si les peuples adoptaient ces sentiments destructeurs ? L'univers entier, dont les habitants diffèrent dans leur culte et leurs opinions, deviendrait un théâtre de carnages, de perfidies et d'horreurs. Les mêmes droits qui armeraient les mains des chrétiens, allumeraient la fureur insensée du musulman, de l'idolâtre ; et toute la terre serait couverte de victimes que chacun croirait immoler à son Dieu.

Si la *persécution* est contraire à la douceur évangélique et aux lois de l'humanité, elle n'est pas moins opposée à la raison et à la saine politique. Il n'y a que les ennemis les plus cruels du bonheur d'un état, qui aient pu suggérer à des souverains que ceux de leurs sujets qui ne pensaient point comme eux étaient devenus des victimes dévouées à la mort, et indignes de partager les avantages de la société. L'inutilité des violences suffit pour désabuser de ces maximes odieuses. Lorsque les hommes, soit par les préjugés de l'éducation, soit par l'étude et la réflexion, ont embrassé des opinions auxquelles ils croient leur bonheur éternel attaché, les tourments les plus affreux ne font que les rendre plus opiniâtres ; l'âme invincible au milieu des supplices, s'applaudit de jouir de la liberté qu'on veut lui ravir ; elle brave les vains efforts du tyran et de ses bourreaux. Les peuples sont toujours frappés d'une constance qui leur paraît merveilleuse et surnaturelle ; ils sont tentés de regarder comme des martyrs de la vérité les infortunés pour qui la pitié les intéresse ; la religion du persécuteur leur devient odieuse ; la persécution fait des hypocrites, et jamais des prosélytes. Philippe II, ce tyran dont la politique sombre crut devoir sacrifier à son zèle inflexible cinquante-trois mille de ses sujets pour avoir quitté la religion de leurs pères, et embrassé les nouveautés de la réforme, épuisa les forces de la plus puissante monarchie de l'Europe. Le seul fruit qu'il recueillit, fut de perdre pour jamais les provinces du Pays-Bas excédées de ses rigueurs. La fatale journée de la Saint-Barthélemy, où l'on joignit la perfidie à la barbarie la plus cruelle, a-t-elle éteint l'hérésie qu'on voulait supprimer ? Par cet événement affreux, la France fut privée d'une foule de citoyens utiles ; l'hérésie, aigrie par la cruauté et par la trahison, reprit de nouvelles forces, et les fondements de la monarchie furent ébranlés par des convulsions longues et funestes.

. . . .

(Diderot ?)

PEUPLE, *le*, s. m. (*Gouvern. politiq.*), nom collectif difficile à définir, parce qu'on s'en forme des idées différentes dans les divers lieux, dans les divers temps, et selon la nature des gouvernements.

. . . .

Autrefois en France, le *peuple* était regardé comme la partie la plus utile, la plus précieuse, et par conséquent la plus respectable de la nation. Alors on croyait que le *peuple* pouvait occuper une place dans les états généraux ; et les parlements du royaume ne faisaient qu'une raison de celle du *peuple* et de la leur. Les idées ont changé, et même la classe des hommes faits pour composer le *peuple*, se rétrécit tous les jours davantage. Autrefois le *peuple* était l'état général de la nation, simplement opposé à celui des grands et des nobles. Il renfermait les laboureurs, les ouvriers, les artisans, les négociants, les financiers, les gens de lettres et les gens de lois. Mais un homme de beaucoup d'esprit, qui a publié il y a près de vingt ans une dissertation sur *la nature du peuple*, pense que ce corps de la nation se borne actuellement aux ouvriers et aux laboureurs. Rapportons ses propres réflexions sur cette matière, d'autant mieux qu'elles sont pleines d'images et de tableaux qui servent à prouver son système.

Les gens de lois, dit-il, se sont tirés de la classe du *peuple*, en s'ennoblissant sans le secours de l'épée : les gens de lettres, à l'exemple d'Horace, ont regardé le *peuple* comme profane. Il ne serait pas honnête d'appeler *peuple* ceux qui cultivent les beaux-arts, ni même de laisser dans la classe du *peuple* cette espèce d'artisans, disons mieux, d'artistes maniérés qui travaillent le luxe ; des mains qui peignent *divinement* une voiture, qui montent un diamant *au parfait*, qui ajustent une mode *supérieurement*, de telles mains ne ressemblent point aux mains du *peuple*. Gardons-nous aussi de mêler les négociants avec le *peuple*, depuis qu'on peut acquérir la noblesse par le commerce ; les financiers ont pris un vol si élevé, qu'ils se trouvent côte à côte des grands du royaume. Ils sont faufilés, confondus avec eux ; alliés avec les nobles, qu'ils pensionnent, qu'ils soutiennent, et qu'ils tirent de la misère : mais pour qu'on puisse encore mieux juger combien il serait absurde de les confondre avec le *peuple*, il suffira de considérer la vie des hommes de cette volée et celle du *peuple*.

Les financiers sont logés sous de riches plafonds ; ils appellent l'or et la soie pour filer leurs vêtements ; ils respirent les parfums, cherchent l'appétit dans l'art de leurs cuisiniers ; et quand le repos succède à leur oisiveté, ils s'endorment nonchalamment sur le duvet. Rien n'échappe à ces hommes riches et curieux ; ni les fleurs d'Italie, ni les perroquets du Brésil, ni les toiles peintes de Masulipatan, ni les magots de la Chine, ni les porcelaines de Saxe, de Sèvres et du Japon. Voyez leurs palais à la ville et à la campagne, leurs habits de goût, leurs meubles élégants, leurs équipages lestes, tout cela sent-il le *peuple* ? Cet homme qui a su brusquer la fortune par la porte de la finance, mange noblement en un repas la nourriture de cent familles du *peuple*, varie sans cesse ses plaisirs, réforme un vernis, perfectionne un lustre par le secours des gens de métier, arrange une fête, et donne de nouveaux noms à ses voitures. Son fils se livre aujourd'hui à un cocher fougueux pour effrayer les passants ; demain il est cocher lui-même pour les faire rire.

Il ne reste donc dans la masse du *peuple* que les ouvriers et les *laboureurs*. Je contemple avec intérêt leur façon d'exister ; je trouve que cet ouvrier habite ou sous le chaume, ou dans quelque réduit que nos villes lui abandonnent, parce qu'on a besoin de sa force. Il se

lève avec le soleil, et, sans regarder la fortune qui rit
au-dessus de lui, il prend son habit de toutes les
saisons, il fouille nos mines et nos carrières, il dessèche
nos marais, il nettoie nos rues, il bâtit nos maisons, il
fabrique nos meubles ; la faim arrive, tout lui est bon ;
le jour finit, il se couche durement dans les bras de la
fatigue.

Le laboureur, autre homme du *peuple*, est avant
l'aurore tout occupé à ensemencer nos terres, à cultiver
nos champs, à arroser nos jardins. Il souffre le chaud,
le froid, la hauteur des grands, l'insolence des riches, le
brigandage des traitants, le pillage des commis, le
ravage même des bêtes fauves, qu'il n'ose écarter de ses
moissons par respect pour le plaisir des puissants. Il est
sobre, juste, fidèle, religieux, sans considérer ce qui lui
en reviendra. Lucas épouse Colette, parce qu'il l'aime ;
Colette donne son lait à ses enfants, sans connaître le
prix de la fraîcheur et du repos. Ils grandissent ces
enfants, et Lucas ouvrant la terre devant eux, leur
apprend à la cultiver. Il meurt, et leur laisse son champ
à partager également ; si Lucas n'était pas un homme
du *peuple*, il le laisserait tout entier à l'aîné. Tel est le
portrait des hommes qui composent ce que nous
appelons *peuple*, et qui forment toujours la partie la
plus nombreuse et la plus nécessaire de la nation.

Qui croirait qu'on a osé avancer de nos jours cette
maxime d'une politique infâme, que de tels hommes ne
doivent point être à leur aise, si l'on veut qu'ils soient
industrieux et obéissants ? Si ces prétendus politiques,
ces beaux génies pleins d'humanité, voyageaient un
peu, ils verraient que l'industrie n'est nulle part si
active que dans les pays où le petit *peuple* est à son aise,
et que nulle part chaque genre d'ouvrage ne reçoit plus
de perfection. Ce n'est pas que des hommes engourdis
sous le poids d'une misère habituelle ne pussent
s'éloigner quelque temps du travail, si toutes les
impositions cessaient sur-le-champ : mais outre la
différence sensible entre le changement du *peuple* et
l'excès de cette supposition, ce ne serait point à

l'aisance qu'il faudrait attribuer ce moment de paresse, ce serait à la surcharge qui l'aurait précédée. Encore ces mêmes hommes, revenus de l'emportement d'une joie inespérée, sentiraient-ils bientôt la nécessité de travailler pour subsister; et le désir naturel d'une meilleure subsistance les rendrait fort actifs. Au contraire, on n'a jamais vu et on ne verra jamais des hommes employer toute leur force et toute leur industrie, s'ils sont accoutumés à voir les taxes engloutir le produit des nouveaux efforts qu'ils pourraient faire, et ils se borneraient au soutien d'une vie toujours abandonnée sans aucune espèce de regret.

A l'égard de l'obéissance, c'est une injustice de calomnier ainsi une multitude infinie d'innocents; car les rois n'ont point de sujets plus fidèles, et, si j'ose le dire, de meilleurs amis. Il y a plus d'amour public dans cet ordre peut-être, que dans tous les autres; non point parce qu'il est pauvre, mais parce qu'il sait très bien, malgré son ignorance, que l'autorité et la protection du prince sont l'unique gage de sa sûreté et de son bien-être; enfin, parce qu'avec le respect naturel des petits pour les grands, avec cet attachement particulier à notre nation pour la personne de ses rois, ils n'ont point d'autres biens à espérer. Dans aucune histoire, on ne rencontre un seul trait qui prouve que l'aisance du *peuple* par le travail, a nui à son obéissance. Concluons qu'Henri IV avait raison de désirer que son *peuple* fût dans l'aisance, et d'assurer qu'il travaillerait à procurer à tout laboureur les moyens d'avoir l'oie grasse dans son pot. Faites passer beaucoup d'argent dans les mains du *peuple,* il en reflue nécessairement dans le trésor public une quantité proportionnée que personne ne regrettera : mais lui arracher de force l'argent que son labeur et son industrie lui ont procuré, c'est priver l'état de son embonpoint et de ses ressources.

(De Jaucourt)

POPULATION, s. f. (*Phys. Polit. Morale*).

. . . .

M. de Montesquieu, dans *L'Esprit des lois* et dans la 112e Lettre persane, dit qu'après un calcul aussi exact qu'il peut l'être dans ces sortes de choses, il a trouvé qu'il y a à peine sur la terre la dixième partie des hommes qui y étaient autrefois ; que ce qu'il y a d'étonnant, c'est qu'elle se dépeuple tous les jours, et que si cela continue, dans dix siècles elle ne sera plus qu'un désert.

On aurait pu rassurer M. de Montesquieu sur cette crainte, que Strabon et Diodore de Sicile ont pu avoir comme lui et avant lui. Les portions du globe qu'il a parcourues se dépeupleront peut-être plus qu'elles ne le sont encore aujourd'hui ; mais il y a grande apparence que tant que la terre subsistera, il subsistera des hommes pour l'habiter. Il est peut-être aussi nécessaire à son existence qu'il y en ait, qu'il est nécessaire à l'univers qu'elle existe.

. . . .

Tout se tient dans l'univers : ce n'est qu'un tout subsistant par l'accord et la correspondance de toutes ses parties. Il n'y existe rien, jusqu'au plus petit atome, qui n'y soit nécessaire. Les corps qu'il renferme ne se maintiennent que par les rapports de leurs masses et de leurs mouvements. Ces corps ont leurs lois particulières émanées de la loi générale qui les dirige, et suivant lesquelles ils doivent ou ne doivent pas produire des êtres qui les habitent. Ne peut-on pas présumer que par une suite de ces lois la quantité de ces êtres est déterminée en raison directe de la nécessité réciproque qui est entre eux et les globes dont ils couvrent la surface ? Que le nombre n'en saurait diminuer sensiblement sans altérer la constitution de ces globes, et conséquemment l'harmonie où ils doivent être avec les autres, pour le maintien de l'ordre universel.

. . . .

De ces principes il résulte que la *population* en général a dû être constante, et qu'elle le sera jusqu'à la fin ; que la somme de tous les hommes pris ensemble est égale aujourd'hui à celle de toutes les époques que l'on voudra choisir dans l'antiquité, et à ce qu'elle sera dans les siècles à venir ; qu'enfin à l'exception de ces événements terribles où des fléaux ont quelquefois dévasté des nations, s'il a été des temps où l'on a remarqué plus ou moins de rareté dans l'espèce humaine, ce n'est pas que sa totalité se diminuait, mais parce que la *population* changeait de place, ce qui rendait les diminutions locales.

. . . .

Il n'est pas nécessaire de pousser plus loin nos remarques, pour prouver que l'esprit des grandes monarchies est contraire à la grande *population*. C'est dans les gouvernements doux et bornés, où les droits de l'humanité seront respectés, que les hommes seront nombreux.

La liberté est un bien si précieux que, sans être accompagnée d'aucun autre, elle les attire et les multiplie. On connaît les efforts surnaturels de courage qu'elle a fait faire dans tous les temps pour sa conservation. C'est elle qui a tiré la Hollande du sein des eaux, qui a rendu ses marais un des cantons les plus peuplés de l'Europe, et qui retient la mer dans des bornes plus resserrées. C'est la liberté qui fait que la Suisse, qui sera la dernière des puissances subsistantes de l'Europe, fournit, sans s'épuiser, des hommes à toutes les puissances de l'Europe, malgré l'ingratitude de son sol, qui semble n'être capable d'aucune autre production.

Il n'est point de gouvernement où l'on ne pût en tirer les mêmes avantages. La tyrannie fait des esclaves et des déserts, la liberté fait des sujets et des provinces [...]. Les hommes ne naissent point où la servitude les attend, ils s'y détruisent. Voyez chez les despotes ; pour qu'ils se multiplient, il faut que leur liberté ne dépende que des lois, qu'ils n'aient à craindre qu'elles ;

et qu'en les observant, chaque citoyen ne puisse être privé de la sienne.

. . . .

Ceux qui ont dit que plus les sujets étaient pauvres, plus les familles étaient nombreuses ; que plus ils étaient chargés d'impôts, plus ils se mettaient en état de les payer, ont blasphémé contre le genre humain et contre la patrie ; ils se sont déclarés les plus cruels ennemis de l'un et de l'autre en insinuant des maximes qui ont toujours causé, et qui causeront à jamais la destruction des hommes et la ruine des empires. Il fallait les réduire dans la cruelle indigence où ils voulaient que fussent leurs concitoyens, afin de leur apprendre qu'avec un mensonge ils avaient dit une atrocité qui méritait peut-être une plus grande punition. A quel excès l'intérêt et l'ambition avilissent, puisque la bassesse et la flatterie à laquelle ils portent peuvent dégrader la nature humaine jusqu'au point de s'outrager elle-même ! O Henri ! c'est contre tes enfants que ces maximes homicides ont été prononcées ! Ton oreille n'en eût point été souillée ! Les meurtriers de tes sujets ne t'eussent point approché !

. . . .

C'est toujours sur les facultés des peuples que doivent se régler les tributs. Si les besoins en exigeaient de plus considérables, ce ne seraient plus ceux de l'état, ce seraient des besoins particuliers : car les besoins de l'état ne peuvent être que ceux des peuples, ou plutôt ceux que leur intérêt a nécessités ; et les peuples ne sauraient avoir de besoins auxquels ils ne puissent fournir : quelles en seraient les causes ?

S'ils ne sont point en état de supporter les dépenses, ils ne feront point la guerre. Ils ne formeront point d'établissements si, pour les fonder, il faut prendre sur leur subsistance. Ils se contenteront de réparer les masures, n'élèveront point de superbes édifices, s'il faut bâtir sur leurs ruines. Ils ne paieront point le vice et la mollesse de cette foule de courtisans bas et fastueux ; la magnificence du trône sera le bonheur

public, il y aura moins d'esclaves et plus de citoyens ;
leurs besoins ne seront jamais portés jusqu'à les forcer
de vendre à d'autres le droit de les opprimer sous
toutes les formes possibles, et jusque sous le nom de la
justice ; ils ne conserveront de troupes que ce qui en
sera nécessaire pour leur sûreté et celle de leurs
possessions. Pouvant s'adresser eux-mêmes directement à la divinité, ils n'entretiendront point au milieu
de la société de grands corps paralytiques qui consument sa substance, et ne lui rendent rien. Enfin ils
supprimeront toutes ces causes de besoins, qui, encore
un coup, ne sont pas ceux de l'état. Quand les besoins
de l'état sont ceux des peuples, alors ils suffiront aux
impôts nécessaires, ils seront modérés, l'état sera
puissant, l'agriculture et le commerce y fleuriront, et
les hommes y seront nombreux, parce qu'ils croissent
toujours en raison du bien-être dont ils jouissent.

Le contraire arrivera par le contraire, si les tributs
absorbent le produit des terres et celui du travail, ou
qu'il n'en reste pas assez pour assurer la subsistance du
laboureur et de l'artisan ; les champs resteront incultes,
et l'on ne travaillera plus : c'est là que l'on verra des
vieillards mourir sans regret, et de jeunes gens craindre
d'avoir des enfants. Des gens qui ne peuvent compter
sur leur nourriture s'exposeront-ils à donner la vie à de
nouveaux malheureux, qui accroîtraient leur désespoir
par l'impossibilité où ils seraient de les nourrir ? Est-ce
un sein desséché par la misère qui les allaitera ? Est-ce
un père affaibli par le besoin qui soutiendra et qui
alimentera leur jeunesse ? Il n'en aurait ni la force ni la
possibilité. La misère publique refuse tout travail à ses
bras paternels ; et quels êtres encore naîtraient dans cet
état de détresse ? Des enfants faibles et débiles qui ne
s'élèvent point ; le tempérament de ceux qui échappent
à leur mauvaise constitution et aux maladies populaires, achève de se perdre par la mauvaise nourriture
qu'ils reçoivent. Ces créatures éteintes, pour ainsi dire,
avant que d'avoir existé, sont bien peu propres ensuite
à la propagation. Ainsi donc là où les peuples sont

misérables, l'espèce dégénère et se détruit ; là où est l'abondance générale, elle augmente en force et en nombre. La nature et le bien-être invitent les individus à se reproduire.

. . . .

La différence que met dans la condition des hommes, l'inégalité des rangs et des fortunes qui a prévalu dans la politique moderne, est une des causes qui doit le plus contribuer à leur diminution. Un des plus grands inconvénients de cette humiliation est d'éteindre en eux tous les sentiments naturels et réciproques d'affection qu'ils se doivent. Il y a tant de disproportion entre leur sort, que lorsqu'ils se considèrent d'un état à l'autre, ils ont peine à se croire de la même espèce. On a vu des hommes, oubliant qu'ils pouvaient naître dans l'abjection, et qu'ils ne tenaient leurs dignités que des conventions, dégrader d'autres hommes au point de les employer à des choses pour lesquelles ils auraient répugné à se servir de leurs animaux ; et se persuader que leurs semblables n'étaient susceptibles ni des mêmes biens ni des mêmes maux que ceux qu'ils pouvaient éprouver.

. . . .

La nature n'a que deux grands buts, la conservation de l'individu et la propagation de l'espèce. Or s'il est vrai que tout tende à exister ou à donner l'existence, s'il est vrai que nous n'avons reçu l'être que pour le transmettre, il faut convenir que toute institution qui tend à nous éloigner de ce but, n'est pas bonne, et qu'elle est contraire à l'ordre de la nature. De même, s'il est vrai que tous les membres d'une société doivent conspirer concurremment à son bien général ; si les meilleures lois politiques sont celles qui ne laisseront aucun citoyen, aucuns bras inutiles dans la république, qui en feront circuler les richesses et qui sauront diriger tous ses mouvements vers la chose publique, comme autant de ressorts agissants pour sa conservation et sa prospérité, il faudra convenir que les établissements qui enlèvent à l'état une grande partie des citoyens, qui envahissent ses richesses, sans les restituer jamais en nature ou en échanges, sont des établissements pernicieux qui doivent miner un état et le perdre à la longue.

Nos anciens (dit un empereur de la famille des Tang, dans une ordonnance que l'on trouve dans le père Duhalde) tenaient pour maxime, que s'il y avait un homme qui ne labourât point, une femme qui ne s'occupât point à filer, quelqu'un souffrait le froid et la faim dans l'empire, et sur ce principe il fit détruire une infinité de monastères de fakirs. Ce principe sera toujours celui des gouvernements sages et bien réglés. Ces grands corps de célibataires produisent une population d'autant plus grande, que ce n'est pas seulement en s'abstenant de rendre ce qu'ils doivent à la nature et à la société qu'ils la privent de citoyens ; c'est encore par les maximes sur lesquelles ils se régissent ; c'est par leurs richesses et par les étendues immenses de terrain qu'ils possèdent.

. . . .

Nos institutions militaires ont les mêmes inconvénients, et ne sont pas moins opposées à la propagation que celles dont nous venons de parler. Nos armées ne multiplient point, elles dépeuplent autant en paix que pendant la guerre ; nos maximes de guerre sont moins destructives, il est vrai, que celles des anciens, c'est-à-dire, pour la manière de la faire, pour celle de combattre, pour le pillage et les massacres qui sont beaucoup moins fréquents ; mais il faut vouloir se faire illusion à soi-même pour croire, par cette seule différence, que nos usages sont moins destructifs que ceux qu'ils avaient.

. . . .

C'est le désir de dominer ; c'est le faste, le luxe et la vanité, plutôt que la sûreté des états, qui ont introduit en Europe l'usage de conserver même en pleine paix, ces multitudes de gens armés dont on ne tire aucune utilité, qui ruinent les peuples, et qui épuisent également les hommes et les richesses des puissances qui les

entretiennent. Plus il y a de gens à commander, plus il
y a de dignités ; plus il y a de dignités, plus il y a de
dépendance et de courtisans pour les obtenir. Aucune
puissance n'a gagné pour sa sûreté à cet accroissement
de charges qu'elle s'est donné. Toutes ont augmenté
leurs troupes dans la proportion de celles que leurs
voisins ont laissées sur pied. Les forces se sont mises de
niveau, comme elles l'étaient auparavant : l'état qui
était gardé avec cinquante mille hommes, ne l'est pas
plus aujourd'hui avec deux cent mille, parce que les
forces contre lesquelles il a voulu se garantir ont été
portées au niveau des siennes. Les avantages de la plus
grande sûreté, qui ont été le prétexte de cette plus
grande dépense, sont donc réduits à zéro ; il n'y a que
la dépense et la dépopulation qui restent.

. . . .

Des armées trop nombreuses occasionnent la dépopulation, les colonies la produisent aussi. Ces deux
causes ont le même principe, l'esprit de conquêtes et
d'agrandissement. Il n'est jamais si vrai que cet esprit
ruine les conquérants comme ceux qui sont conquis,
que dans ce qui concerne les colonies. On a dit qu'il ne
fallait songer à avoir des manufactures que quand on
n'avait plus de friches, et l'on a dit vrai ; il ne faut
songer à avoir des colonies que quand on a trop de
peuple et pas assez d'espace. Depuis l'établissement de
celles que possèdent les puissances de l'Europe, elles
n'ont cessé de se dépeupler pour les rendre habitées, et
il en est fort peu qui le soient ; si l'on en excepte la
Pennsylvanie, qui eut le bonheur d'avoir un philosophe pour législateur, des colons qui ne prennent
jamais les armes, et une administration qui reçoit sans
aucune distinction de culte tout homme qui se soumet
aux lois. On ne nombrerait pas la quantité des hommes
qui sont passés dans ces nouveaux établissements, on
compterait sans peine ceux qui en sont venus. La
différence des climats, celle des subsistances, les périls
et les maladies du trajet, une infinité d'autres causes,
font périr les hommes. Quels avantages a-t-on tiré pour

la *population* de l'Amérique du nombre prodigieux de nègres que l'on y transporte continuellement de l'Afrique ? Ils périssent tous ; il est triste d'avouer que c'est autant par les traitements odieux qu'on leur fait souffrir, et les travaux inhumains auxquels on les emploie, que par le changement de température et de nourriture. Encore une fois, quels efforts les Espagnols n'ont-ils pas faits pour repeupler les Indes et l'Amérique qu'ils ont rendues des déserts. Ces contrées le sont encore, et l'Espagne elle-même l'est devenue : ses peuples vont tirer pour nous l'or au fond des mines ; et ils y meurent. Plus la masse de l'or sera considérable en Europe, plus l'Espagne sera déserte ; plus le Portugal sera pauvre, plus longtemps il restera province de l'Angleterre, sans que personne en soit vraiment plus riche.

. . . .

Encore si nous n'avions envahi que l'espace ; mais nous avons fait épouser à ces habitants, aux sauvages mêmes nos haines ; nous leur avons porté quelques-uns de nos vices, et des liqueurs spiritueuses qui les détruisent jusque dans leur postérité. On oppose à ces vérités des maximes politiques, et l'on fait valoir surtout l'intérêt du commerce ; mais ces maximes sont-elles si sages et ce commerce si intéressant que l'on paraît le penser ? La Suisse qui sera certainement, comme je l'ai dit, le gouvernement le plus durable de l'Europe, est aussi le plus peuplé et le moins négociant.

. . . .

Ces principes ne sont pas ceux qui prévalent aujourd'hui dans la plupart des nations. Depuis la découverte du Nouveau Monde et nos établissements dans les Indes, toutes les vues se sont tournées sur les riches matières que renferment ces contrées, nous ne faisons plus qu'un commerce de luxe et de superfluités. Nous avons abandonné celui qui nous était propre et qui pouvait nous procurer des richesses solides. Où sont les avantages qui en ont résulté ? Où ne sont pas plutôt les préjudices que nous en avons soufferts ?

. . . .

En France ces effets sont remarquables : depuis le commencement du siècle dernier, cette monarchie s'est accrue de plusieurs grandes provinces très peuplées ; cependant ses habitants sont moins nombreux d'un cinquième, qu'ils ne l'étaient avant ces réunions, et ces belles provinces, que la nature semble avoir destinées à fournir des subsistances à toute l'Europe, sont incultes. C'est à la préférence accordée au commerce de luxe qu'il faut attribuer en partie ce dépérissement. Sully, ce grand et sage administrateur, ne connaissait de commerce avantageux pour ce royaume, que celui des productions de son sol. C'était en favorisant l'agriculture qu'il voulait le peupler et l'enrichir : ce fut aussi ce que produisit son ministère qui dura trop peu pour le bonheur de cette nation.

. . . .

Le commerce de luxe et les arts de la même espèce, joignent à tous ces inconvénients la dangereuse séduction d'offrir aux hommes plus de bénéfice et moins de fatigues qu'ils n'en trouvent dans les travaux de la campagne. Qui est-ce qui tracera de pénibles sillons ? Qui, le corps courbé depuis le lever du soleil jusqu'à son coucher, cultivera les vignes, moissonnera les champs, supportera enfin dans des travaux si durs les ardeurs de l'été et la rigueur des hivers ; quand à l'abri des saisons, tranquille et assis le long du jour, on pourra gagner davantage en filant de la soie, ou en préparant d'autres matières dans les manufactures de luxe ? Aussi ces manufactures et ce commerce ont-ils attiré les hommes dans les villes, et leur donnent l'apparence d'une abondante *population ;* mais pénétrez dans les campagnes, vous les trouverez désertes et desséchées. Leurs productions n'étant pas l'objet du commerce, il n'y en aura de cultivées que la quantité indispensable pour la subsistance du pays ; il n'y aura d'hommes que le nombre nécessaire pour cette culture ; car jamais ils ne multiplient au-delà de cette proportion.

C'est ainsi que le commerce de luxe dépeuple les

campagnes pour peupler les villes; mais ce n'est qu'accidentellement. Cette *population,* ainsi que les richesses de ce commerce, sont précaires et dépendent de tous les événements. La moindre circonstance les fait évanouir; la guerre, l'établissement de manufactures semblables, le transport même des vôtres dans d'autres états; le défaut des matières que l'on met en œuvre; une infinité d'autres causes anéantissent ce commerce, et font cesser les travaux de ces manufactures. Alors un peuple entier que l'on a enlevé à la culture des terres, reste dans l'inaction; il ne peut plus gagner sa nourriture, que l'état est pourtant obligé de fournir. Voilà tout à coup de nombreuses familles mendiant leur pain, ou s'expatriant pour aller chercher chez l'étranger le travail que vous ne pouvez plus leur procurer. Ces hommes, devenus à charge de la société, l'auraient enrichie et peuplée, si on ne les eût point détournés de leur véritables occupations. Ils avaient de petites possessions par lesquelles ils tenaient au sol, et qui les rendaient citoyens; en devenant de simples journaliers, ils ont cessé d'être patriotes : car celui qui ne possède rien n'a point de patrie; il porte partout ses bras et son industrie, et se fixe où il trouve à vivre. On reste ainsi sans commerce, sans richesse, et sans peuple, parce qu'on a méconnu et abandonné la véritable cause qui produit les uns et les autres.

. . . .

(Damilaville)

POUVOIR, s. m. (*Droit nat. et politiq.*).

. . . .

Le but de tout gouvernement, est le bien de la société gouvernée. Pour prévenir l'anarchie, pour faire exécuter les lois, pour protéger les peuples, pour soutenir les faibles contre les entreprises des plus forts, il a fallu que chaque société établît des souverains qui fussent revêtus d'un *pouvoir* suffisant pour remplir tous ces objets. L'impossibilité de prévoir toutes les circonstances où la société se trouverait, a déterminé les peuples à donner plus ou moins d'étendue au *pouvoir* qu'ils accordaient à ceux qu'ils chargeaient du soin de les gouverner. Plusieurs nations jalouses de leur liberté et de leurs droits, ont mit des bornes à ce *pouvoir ;* cependant elles ont senti qu'il était souvent nécessaire de ne point lui donner des limites trop étroites. C'est ainsi que les Romains, au temps de la république, nommaient un dictateur dont le *pouvoir* était aussi étendu que celui du monarque le plus absolu. Dans quelques états monarchiques, le *pouvoir* du souverain est limité par les lois de l'état, qui lui fixent des bornes qu'il ne lui est pas permis d'enfreindre ; c'est ainsi qu'en Angleterre le *pouvoir* législatif réside dans le roi et dans les deux chambres du parlement. Dans d'autres pays les monarques exercent, du consentement des peuples, un *pouvoir* absolu, mais il est toujours subordonné aux lois fondamentales de l'état, qui font la sûreté réciproque du souverain et des sujets.

Quelque illimité que soit le *pouvoir* dont jouissent les souverains, il ne leur permet jamais de violer les lois, d'opprimer les peuples, de fouler aux pieds la raison et l'équité. Il y a un siècle que le Danemark a fourni l'exemple inouï d'un peuple qui, par un acte authentique, a conféré un *pouvoir* sans bornes à son souverain. Les Danois, fatigués de la tyrannie des nobles, prirent le parti de se livrer sans réserve, et pour ainsi dire, pieds et poings liés, à la merci de Frédéric III : un pareil acte ne peut être regardé que comme l'effet du désespoir. Les rois qui ont gouverné ce peuple n'ont point paru jusqu'ici s'en prévaloir ; ils ont mieux aimé régner avec les lois, que d'exercer le despotisme destructeur auquel la démarche de leurs sujets semblait les autoriser. *Nunquam satis fida potentia ubi nimia.*

. . . .

PRESSE (*Droit polit.*). On demande si la liberté de la *presse* est avantageuse ou préjudiciable à un état. La réponse n'est pas difficile. Il est de la plus grande importance de conserver cet usage dans tous les états fondés sur la liberté : je dis plus, les inconvénients de cette liberté sont si peu considérables vis-à-vis de ses avantages, que ce devrait être le droit commun de l'univers, et qu'il est à propos de l'autoriser dans tous les gouvernements.

Nous ne devons point appréhender de la liberté de la *presse,* les fâcheuses conséquences qui suivaient les discours des harangues d'Athènes et des tribuns de Rome. Un homme dans son cabinet lit un livre ou une satire tout seul et très froidement. Il n'est pas à craindre qu'il contracte les passions et l'enthousiasme d'autrui, ni qu'il soit entraîné hors de lui par la véhémence d'une déclamation. Quand même il y prendrait une disposition à la révolte, il n'a jamais sous la main d'occasion de faire éclater ses sentiments. La liberté de la *presse* ne peut donc, quelque abus qu'on en fasse, exciter des tumultes populaires. Quant aux murmures, et aux secrets mécontentements qu'elle peut faire naître, n'est-il pas avantageux que, n'éclatant qu'en paroles, elle avertisse à temps les magistrats d'y remédier ? Il faut convenir que partout le public a une très grande disposition à croire ce qui lui est rapporté au désavantage de ceux qui le gouvernent ; mais cette disposition est la même dans les pays de liberté et dans ceux de servitude. Un avis à l'oreille peut courir aussi vite, et produire d'aussi grands effets qu'une brochure. Cet avis même peut être également pernicieux dans les pays où les gens ne sont pas accoutumés à penser tout haut, et à discerner le vrai du faux, et cependant on ne doit pas s'embarrasser de pareils discours.

Enfin, rien ne peut tant multiplier les séditions et les libelles dans un pays où le gouvernement subsiste dans un état d'indépendance, que de défendre cette impression non autorisée, ou de donner à quelqu'un des pouvoirs illimités de punir tout ce qui lui déplaît ; de telles concessions de pouvoir dans un pays libre, deviendraient un attentat contre la liberté ; de sorte qu'on peut assurer que cette liberté serait perdue dans la Grande-Bretagne, par exemple, au moment que les tentatives de la gêne de la *presse* réussiraient ; aussi n'at-on garde d'établir cette espèce d'inquisition.

(De Jaucourt)

PRÊTRES, s. m. pl. *(Religion et Politique)*. On désigne sous ce nom tous ceux qui remplissent les fonctions des cultes religieux établis chez les différents peuples de la terre.

Le culte extérieur suppose des cérémonies, dont le but est de frapper les sens des hommes, et de leur imprimer de la vénération pour la divinité à qui ils rendent leurs hommages. La superstition ayant multiplié les cérémonies des différents cultes, les personnes destinées à les remplir ne tardèrent point à former un ordre séparé, qui fut uniquement destiné au service des autels ; on crut que ceux qui étaient chargés de soins si importants, se devaient tout entiers à la divinité ; dès lors ils partagèrent avec elle le respect des humains ; les occupations du vulgaire parurent au-dessous d'eux, et les peuples se crurent obligés de pourvoir à la subsistance de ceux qui étaient revêtus du plus saint et du plus important des ministères ; ces derniers, renfermés dans l'enceinte de leurs temples, se communiquèrent peu ; cela dut augmenter encore le respect qu'on avait pour ces hommes isolés ; on s'accoutuma à les regarder comme des favoris des dieux, comme les dépositaires et les interprètes de leurs volontés, comme des médiateurs entre eux et les mortels.

Il est doux de dominer sur ses semblables ; les *prêtres* surent mettre à profit la haute opinion qu'ils avaient fait naître dans l'esprit de leurs concitoyens ; ils prétendirent que les dieux se manifestaient à eux ; ils annoncèrent leurs décrets ; ils enseignèrent des dogmes ; ils prescrivirent ce qu'il fallait croire et ce qu'il fallait rejeter ; ils fixèrent ce qui plaisait ou déplaisait à la divinité ; ils rendirent des oracles ; ils prédirent l'avenir à l'homme inquiet et curieux, ils le firent trembler par la crainte des châtiments dont les dieux irrités menaçaient les téméraires qui oseraient douter de leur mission, ou discuter leur doctrine.

Pour établir plus sûrement leur empire, ils peignirent les dieux comme cruels, vindicatifs, implacables ; ils introduisirent des cérémonies, des initiations, des mystères, dont l'atrocité peut nourrir dans les hommes cette sombre mélancolie, si favorable à l'empire du fanatisme ; alors le sang humain coula à grands flots sur les autels ; les peuples subjugués par la crainte, et enivrés de superstition, ne crurent jamais payer trop chèrement la bienveillance céleste ; les mères livrèrent d'un œil sec leurs tendres enfants aux flammes dévorantes ; des milliers de victimes humaines tombèrent sous le couteau des sacrificateurs : on se soumit à une multitude de pratiques frivoles et révoltantes, mais utiles pour les *prêtres*, et les superstitions les plus absurdes achevèrent d'étendre et d'affermir leur puissance.

Exempts de soins et assurés de leur empire, ces *prêtres*, dans la vue de charmer les ennuis de leur solitude, étudièrent les secrets de la nature, mystères inconnus au commun des hommes ; de là les connaissances si vantées des *prêtres* égyptiens. On remarque en général que chez presque tous les peuples sauvages et ignorants, la médecine et le sacerdoce ont été exercés par les mêmes hommes. L'utilité dont les *prêtres* étaient au peuple, ne put manquer d'affermir leur pouvoir. Quelques-uns d'entre eux allèrent plus loin encore ; l'étude de la physique leur fournit des moyens de frapper les yeux par des œuvres éclatantes ; on les regarda comme surnaturelles, parce qu'on en ignorait les causes ; de là cette foule de prodiges, de prestiges, de miracles ; les humains étonnés crurent que leurs sacrificateurs commandaient aux éléments, disposaient à leur gré des vengeances et des faveurs du ciel, et devaient partager avec les dieux la vénération et la crainte des mortels.

Il était difficile à des hommes si révérés de se tenir longtemps dans les bornes de la surbordination nécessaire au bon ordre de la société : le sacerdoce énorgueilli de son pouvoir, disputa souvent les droits de la royauté ; les souverains soumis eux-mêmes, ainsi que leurs sujets, aux lois de la religion, ne furent point assez forts pour réclamer contre les usurpations et la tyrannie de ses ministres ; le fanatisme et la superstition tinrent le couteau suspendu sur la tête des monarques ; leur trône s'ébranla aussitôt qu'ils voulurent réprimer ou punir des hommes sacrés, dont les intérêts étaient confondus avec ceux de la divinité ; leur résister fut une révolte contre le ciel ; toucher à leurs droits, fut un sacrilège ; vouloir borner leur pouvoir, ce fut saper les fondements de la religion.

Tels ont été les degrés par lesquels les *prêtres* du paganisme ont élevé leur puissance. Chez les Egyptiens les rois étaient soumis aux censures du sacerdoce ; ceux des monarques qui avaient déplu aux dieux recevaient de leurs ministres l'ordre de se tuer, et telle était la force de la superstition, que le souverain n'osait désobéir à cet ordre. Les druides, chez les Gaulois, exerçaient sur les peuples l'empire le plus absolu ; non contents d'être les ministres de leur culte, ils étaient les arbitres des différends qui survenaient entre eux. Les Mexicains gémissaient en silence des cruautés que leurs *prêtres* barbares leur faisaient exercer à l'ombre du nom des dieux ; les rois ne pouvaient refuser d'entreprendre les guerres les plus injustes, lorsque le pontife leur annonçait les volontés du ciel ; *le dieu a faim*, disait-il ; aussitôt les empereurs s'armaient contre leurs voisins, et chacun s'empressait de faire des captifs pour les immoler à l'idole, ou plutôt à la superstition atroce et tyrannique de ses ministres.

Les peuples eussent été trop heureux, si les *prêtres* de l'imposture eussent seuls abusé du pouvoir que leur ministère leur donnait sur les hommes ; malgré la soumission et la douceur, si recommandées par l'Evangile, dans des siècles de ténèbres, on a vu des prêtres du Dieu de paix arborer l'étendard de la révolte ; armer les mains des sujets contre leurs souverains ; ordonner insolemment aux rois de descendre du trône ; s'arroger le droit de rompre les liens sacrés qui unissent les peuples à leurs maîtres ; traiter de tyrans les princes qui s'opposaient à leurs entreprises audacieuses ; prétendre pour eux-mêmes une indépendance chimérique des lois, faites pour obliger également tous les citoyens. Ces vaines prétentions ont été cimentées quelquefois par des flots de sang : elles se sont établies en raison de l'ignorance des peuples, de la faiblesse des souverains, et de l'adresse des *prêtres :* ces derniers sont souvent parvenus à se maintenir dans leurs droits usurpés ; dans les pays où l'affreuse inquisition est établie, elle fournit des exemples fréquents de sacrifices humains, qui ne le cèdent en rien à la barbarie de ceux des *prêtres* mexicains. Il n'en est point ainsi des contrées éclairées par les lumières de la raison et de la philosophie, le *prêtre* n'y oublie jamais qu'il est homme, sujet et citoyen.

(D'Holbach)

PRIVILÈGE (*Gouv. Comm. Polit.*).

. . . .

PRIVILÈGE EXCLUSIF. On appelle ainsi le droit que le prince accorde à une compagnie, ou à un particulier, de faire un certain commerce, ou de fabriquer et de débiter une certaine sorte de marchandise à l'exclusion de tous autres [...]. Ce qui, dans son origine, avait été établi pour de simples vues d'utilité, devint un abus. Tout homme qui, sans tant de façon et de frais, aurait pu gagner sa vie en exerçant partout indifféremment un métier qu'il pouvait apprendre facilement, n'eut plus la liberté de le faire ; et comme ces établissements de corps et métiers sont faits dans les villes où l'on n'est pas communément élevé à la culture de la terre, ceux qui ne pouvaient y exercer des métiers furent obligés de s'engager dans les troupes, ou, ce qui est encore pis, d'augmenter ce nombre prodigieux de valets, qui sont la partie des citoyens la plus inutile et la plus à charge à l'état. Le public de sa part y perdit le renchérissement des marchandises et de la main-d'œuvre. On fut obligé d'acheter 3 livres 10 sols une paire de souliers faite par un maître, qu'on aurait payée bien moins en la prenant d'un ouvrier qui n'y aurait mis que du cuir et sa façon. Lorsque les connaissances, l'industrie et les besoins se sont étendus, on a senti tous ces inconvénients, et on y a remédié autant que la situation des affaires publiques a pu le permettre. On a restreint les *privilèges exclusifs* pour les compagnies de commerce, aux objets qui étaient d'une trop grande conséquence, qui exigeaient des établissements trop dispendieux, même pour des particuliers réunis en associations, et qui tenaient de trop près aux vues politiques du gouvernement pour être confiés indifféremment aux premiers venus. On a suivi à peu près les mêmes vues pour l'établissement des nouvelles manufactures [...]. Il serait fort à souhaiter que des vues aussi sages pussent s'étendre aux objets subalternes ; que tout homme qui a de l'industrie, du génie ou du talent, pût en faire librement usage, et ne fût pas assujetti à des formalités et des frais qui ne concourent pour rien au bien public. Si un ouvrier essaie, sans être assez instruit, à faire une pièce de toile ou de drap, et qu'il la fasse mal ; outre que le maître en ferait tout autant, il la vendra moins, mais enfin il la vendra, il n'aura pas perdu entièrement sa matière et son temps ; il apprendra par de premières épreuves qui ne lui auront pas réussi, à faire mieux ; plus de gens travailleront, l'émulation ou plutôt l'envie du succès fera sortir le génie et le talent. La concurrence fera mieux faire, et diminuera le prix de la main-d'œuvre, et les villes et les provinces se rempliront successivement d'ouvriers et de débitants qui rassembleront des marchandises, en feront le triage, mettront le prix aux différents degrés de bonté de fabrication, les débiteront dans les lieux qui leur sont propres, feront des avances aux ouvriers, et les aideront dans leurs besoins. De ce goût de travail et de petites manufactures dispersées naîtrait une circulation d'argent et d'industrie, et un emploi constant des talents, des forces et du temps. Les *privilèges exclusifs* de toute espèce seraient réduits aux seuls établissements qui, par la nature de leur objet et par la grandeur nécessaire à ces établissements, seraient au-dessus de la force des simples particuliers, et auraient surtout pour objet des choses de luxe et non d'absolue nécessité ; or, de cette dernière espèce on ne connaît que les forges et les verreries qui, à d'autres égards, méritent une attention particulière en ce qu'il ne faut en permettre l'établissement que dans les lieux où les bois sont abondants, et ne peuvent être employés à d'autres usages ; sur quoi il faut aussi observer de n'en pas surcharger un pays par les raisons qui ont été exposées, *art.* FORGE.

PRODUCTION, s. f. *(Gramm.)*, tout phénomène de la nature, dont l'existence d'une plante, d'un arbre, d'un animal, d'une substance quelconque est la fin. La nature est aussi admirable dans la production de la souris, que dans celle de l'éléphant. La production des êtres est l'état opposé à leur destruction. Cependant, pour un homme qui y regarde de près, il n'y a proprement dans la nature aucune *production*, aucune destruction absolue, aucun commencement, aucune fin ; ce qui est a toujours été et sera toujours, passant seulement sous une infinité de formes successives.

(Diderot)

PRODUIRE, v. act. (*Gramm.*), terme relatif de la cause à l'effet. C'est la cause qui *produit*. C'est l'effet qui l'est. La nature ne produit des monstres que par la comparaison d'un être à un autre ; mais tout naît également de ses lois, et la masse de chair informe, et l'être le mieux organisé. La terre *produit* des fruits. Une ferme *produit* tant à son cultivateur. Il n'y a rien qui soit plus uni à Jésus-Christ que le prêtre, il le *produit*. Notre siècle a *produit* des ouvrages en tout genre, comparables à ceux des siècles passés ; et quelques-uns dont il n'y avait auparavant aucun modèle. Faites-vous *produire* à la cour. Les petites passions ne *produisent* que de petits plaisirs. Il y a quelquefois autant de vanité à se cacher qu'à se *produire,* etc.

(Diderot)

PROGRÈS, s. m. (*Gram.*), mouvement en avant ; le *progrès* du soleil dans l'écliptique ; le *progrès* du feu ; le *progrès* de cette racine. Il se prend aussi au figuré, et l'on dit *faire des progrès* rapides dans un art, dans une science.

PROPRIÉTÉ (*Droit naturel et politique*), c'est le droit que chacun des individus, dont une société civile est composée, a sur les biens qu'il a acquis légitimement.
Une des principales vues des hommes, en formant des sociétés civiles, a été de s'assurer la possession tranquille des avantages qu'ils avaient acquis, ou qu'ils pouvaient acquérir ; ils ont voulu que personne ne pût les troubler dans la jouissance de leurs biens ; c'est pour cela que chacun a consenti à en sacrifier une portion que l'on appelle *impôts*, à la conservation et au maintien de la société entière ; on a voulu par là fournir aux chefs qu'on avait choisis les moyens de maintenir

chaque particulier dans la jouissance de la portion qu'il s'était réservée. Quelque fort qu'ait pu être l'enthousiasme des hommes pour les souverains auxquels ils se soumettaient, ils n'ont jamais prétendu leur donner un pouvoir absolu et illimité sur tous leurs biens ; ils n'ont jamais compté se mettre dans la nécessité de ne travailler que pour eux. La flatterie des courtisans, à qui les principes les plus absurdes ne coûtent rien, a quelquefois voulu persuader à des princes qu'ils avaient un droit absolu sur les biens de leurs sujets ; il n'y a que les despotes et les tyrans qui aient adopté des maximes si déraisonnables. Le roi de Siam prétend être le propriétaire de tous les biens de ses sujets ; le fruit d'un droit si barbare, est que le premier rebelle heureux se rend propriétaire des biens du roi de Siam. Tout pouvoir qui n'est fondé que sur la force se détruit par la même voie. Dans les états où l'on suit les règles de la raison, les *propriétés* des particuliers sont sous la protection des lois ; le père de famille est assuré de jouir lui-même et de transmettre à sa postérité les biens qu'il a amassés par son travail ; les bons rois ont toujours respecté les possessions de leurs sujets ; ils n'ont regardé les deniers publics qui leur ont été confiés, que comme un dépôt, qu'il ne leur était point permis de détourner pour satisfaire ni leurs passions frivoles, ni l'avidité de leurs favoris, ni la rapacité de leurs courtisans.

PROSTITUER, PROSTITUTION (*Gramm.*), terme relatif à la débauche vénérienne. Une prostituée est celle qui s'abandonne à la lubricité de l'homme par quelque motif vil et mercenaire. On a étendu l'acception de ces mots *prostituer* et *prostitution* à ces critiques, tels que nous en avons tant aujourd'hui, et à la tête desquels on peut placer l'odieux personnage que M. de Voltaire a joué sous le nom de *Wasp*, dans sa comédie de l'Ecossaise ; et l'on a dit de ces écrivains qu'ils *prostituaient* leurs plumes à l'argent, à la faveur, au mensonge, à l'envie et aux vices les plus indignes d'un homme bien né. Tandis que la littérature était abandonnée à ces fléaux, la philosophie d'un autre côté était diffamée par une troupe de petits brigands sans connaissance, sans esprit et sans mœurs, qui se *prostituaient* de leur côté à des hommes qui n'étaient pas fâchés qu'on décriât dans l'esprit de la nation ceux qui pouvaient l'éclairer sur leur méchanceté et leur petitesse.

PRUSSE *(Géog. mod.).*

. . . .

Frédéric II, né en 1712, a depuis vingt ans donné à l'univers le spectacle rare d'un guerrier, d'un législateur et d'un philosophe sur le trône. Son amour pour les lettres ne lui fait point oublier ce qu'il doit à ses sujets et à sa gloire. Sa conduite et sa valeur ont longtemps soutenu les efforts réunis des plus grandes puissances de l'Europe. Sans faste dans sa cour, actif et infatigable à la tête des armées, inébranlable dans l'adversité, il a arraché le respect et l'admiration de ceux-mêmes qui travaillaient à sa perte. La postérité, qui ne juge point par les succès que le hasard guide, lui assignera parmi les plus grands hommes un rang que l'envie ne peut lui disputer de son vivant. On a publié sous son nom différents ouvrages de prose en langue française ; ils ont une élégance, une force, et même une pureté qu'on admirerait dans les productions d'un homme qui aurait reçu de la nature un excellent esprit, et qui aurait passé sa vie dans la capitale. Ses poésies qu'on nous a données sous le titre d'*Œuvres du Philosophe de Sans-Souci,* sont pleines d'idées, de chaleur et de vérités grandes et fortes. J'ose assurer que si le monarque qui les écrivait à plus de trois cents lieues de la France, s'était promené un an ou deux dans le faubourg Saint-Honoré, ou dans le faubourg Saint-Germain, il serait un des premiers poètes de notre nation.

. . . .

PYRRHONIENNE ou SCEPTIQUE, PHILOSOPHIE
(Hist. de la Philosophie).

. . . .

Bayle eut peu d'égaux dans l'art de raisonner, peut-être point de supérieur. Personne ne sut saisir plus subtilement le faible d'un système, personne n'en sut faire valoir plus fortement les avantages ; redoutable quand il prouve, plus redoutable encore quand il objecte ; doué d'une imagination gaie et féconde, en même temps qu'il prouve, il amuse, il peint, il séduit. Quoiqu'il entasse doute sur doute, il marche toujours avec ordre : c'est un polype vivant qui se divise en autant de polypes qui vivent tous ; il les engendre les uns des autres. Quelle que soit la thèse qu'il ait à prouver, tout vient à son secours, l'histoire, l'érudition, la philosophie. S'il a la vérité pour lui, on ne lui résiste pas ; s'il parle en faveur du mensonge, il prend sous sa plume toutes les couleurs de la vérité : impartial ou non, il le paraît toujours ; on ne voit jamais l'auteur, mais la chose.

Quoi qu'on dise de l'homme de lettres, on n'a rien à reprocher à l'homme. Il eut l'esprit droit et le cœur honnête ; il fut officieux, sobre, laborieux, sans ambition, sans orgueil, ami du vrai, juste, même envers ses ennemis, tolérant, peu dévot, peu crédule, on ne peut moins dogmatique, gai, plaisant, conséquemment peu scrupuleux dans ses récits, menteur comme tous les gens d'esprit, qui ne balancent guère à supprimer ou à ajouter une circonstance légère à un fait, lorsqu'il en devient plus comique ou plus intéressant, souvent ordurier. On dit que Jurieu ne commença à être si mal avec lui, qu'après s'être aperçu qu'il était trop bien avec sa femme ; mais c'est une fable qu'on peut sans injustice croire ou ne pas croire de Bayle qui s'est complu à en accréditer un grand nombre de pareilles. Je ne pense pas qu'il ait jamais attaché grand prix à la continence, à la pudeur, à la fidélité conjugale, et à

d'autres vertus de cette classe ; sans quoi il eût été plus
réservé dans ses jugements. On a dit de ses écrits,
quandiu vigebunt, lis erit ; et nous finirons son histoire
par ce trait.

Il suit de ce qui précède que les premiers *sceptiques*
ne s'élevèrent contre la raison que pour mortifier
l'orgueil des dogmatiques ; qu'entre les *sceptiques*
modernes, les uns ont cherché à décrier la philosophie,
pour donner de l'autorité à la révélation ; les autres,
pour l'attaquer plus sûrement, en ruinant la solidité de
la base sur laquelle il faut l'établir, et qu'entre les
sceptiques anciens et modernes, il y en a quelques-uns
qui ont douté de bonne foi, parce qu'ils n'apercevaient
dans la plupart des questions que des motifs d'incertitude.

Pour nous, nous conclurons que tout étant lié dans la
nature, il n'y a rien, à proprement parler, dont
l'homme ait une connaissance parfaite, absolue, complète, pas même des axiomes les plus évidents, parce
qu'il faudrait qu'il eût la connaissance de tout.

Tout étant lié, s'il ne connaît pas tout, il faudra
nécessairement que de discussions en discussions, il
arrive à quelque chose d'inconnu : donc en remontant
de ce point inconnu, on sera fondé à conclure contre lui
ou l'ignorance, ou l'obscurité, ou l'incertitude du point
qui précède, et de celui qui précède celui-ci, et ainsi
jusqu'au principe le plus évident.

Il y a donc une sorte de sobriété dans l'usage de la
raison à laquelle il faut s'assujettir, ou se résoudre à
flotter dans l'incertitude ; un moment où sa lumière
qui avait toujours été en croissant commence à s'affaiblir, et où il faut s'arrêter dans toutes discussions.

Lorsque de conséquences en conséquences, j'aurai
conduit un homme à quelque proposition évidente, je
cesserai de disputer. Je n'écouterai plus celui qui niera
l'existence des corps, les règles de la logique, le
témoignage des sens, la distinction du vrai et du faux,
du bien et du mal, du plaisir et de la peine, du vice et
de la vertu, du décent et de l'indécent, du juste et de

l'injuste, de l'honnête et du déshonnête. Je tournerai le dos à celui qui cherchera à m'écarter d'une question simple, pour m'embarquer dans des dissertations sur la nature de la matière, sur celle de l'entendement, de la substance, de la pensée, et autres sujets qui n'ont ni rive ni fond.

L'homme un et vrai n'aura point deux philosophies, l'une de cabinet et l'autre de société ; il n'établira point dans la spéculation des principes qu'il sera forcé d'oublier dans la pratique.

Que dirai-je à celui qui prétendant que, quoi qu'il voie, quoi qu'il touche, qu'il entende, qu'il aperçoive, ce n'est pourtant jamais que sa sensation qu'il aperçoit ; qu'il pourrait avoir été organisé de manière que tout se passât en lui, comme il s'y passe, sans qu'il y ait rien au-dehors, et que peut-être il est le seul être qui soit ? Je sentirai tout à coup l'absurdité et la profondeur de ce paradoxe ; et je me garderai bien de perdre mon temps à détruire dans un homme une opinion qu'il n'a pas, et à qui je n'ai rien à opposer de plus clair que ce qu'il nie. Il faudrait pour le confondre que je pusse sortir de la nature, l'en tirer, et raisonner de quelque point hors de lui et de moi, ce qui est impossible. Ce sophiste manque du moins à la bienséance de la conversation qui consiste à n'objecter que des choses auxquelles on ajoute soi-même quelque solidité. Pourquoi m'époumonerai-je à dissiper un doute que vous n'avez pas ? Mon temps est-il de si peu de valeur à vos yeux ? En mettez-vous si peu au vôtre ? N'y a-t-il plus de vérités à chercher ou à éclaircir ? Occupons-nous de quelque chose de plus important ; ou si nous n'avons que de ces frivolités présentes, dormons et digérons.

(Diderot)

Q

QUESTION (*Procédure criminelle*).

. . . .

La soumission des sujets demande bien qu'on obéisse aux magistrats, mais non pas qu'on les croie infaillibles, et qu'entre deux usages ils n'aient pu embrasser le pire. C'est pour cela qu'il est permis de représenter avec respect les abus, afin d'éclairer le souverain, et de le porter par sa religion et par sa justice, à les réformer.

. . . .

Indépendamment de la voix de l'humanité, la *question* ne remplit point le but auquel elle est destinée. Que dis-je, c'est une invention sûre pour perdre un innocent, qui a la complexion faible et délicate, et sauver un coupable qui est né robuste. Ceux qui peuvent supporter ce supplice, et ceux qui n'ont pas assez de force pour le soutenir, mentent également. Le tourment qu'on fait souffrir dans la *question* est certain, et le crime de l'homme qui souffre ne l'est pas ; ce malheureux que vous appliquez à la torture songe bien moins à déclarer ce qu'il sait, qu'à se délivrer de ce qu'il sent. Ainsi, comme le dit Montaigne, les géhennes sont d'une dangereuse invention ; c'est, continue-t-il, « un essai de patience plus que de vérité ; car, pourquoi la douleur fera-t-elle plutôt confesser à un malheureux ce qui est, qu'elle ne le forcera de dire ce qui n'est pas ? Et au rebours, si celui qui n'a pas fait ce dont on l'accuse, est assez patient que de supporter ces tourments, pourquoi ne le sera-t-il pas celui qui a fait un crime, un si beau guerdon que celui de la vie lui étant assuré ? En un mot, c'est un moyen plein d'incertitude et de danger : que ne dirait-on, que ne ferait-on pas pour fuir à si grièves douleurs ? D'où il advient que celui que le juge a gehenné pour ne le faire mourir innocent, il le fasse mourir innocent et gehenné. »

Un état bien lamentable est donc celui d'un homme innocent, à qui la *question* arrache l'aveu d'un crime ; mais l'état d'un juge qui se croyant autorisé par la loi, vient de faire souffrir la torture à cet homme innocent, doit être selon moi, un état affreux. A-t-il quelque moyen de le dédommager de ses souffrances ? Il s'est trouvé dans tous les temps des hommes innocents, à qui la torture a fait avouer des crimes dont ils n'étaient point coupables. La véhémence de la douleur, ou l'infirmité de la personne, fait confesser à l'innocent ce qu'il n'a pas commis ; et l'obstination des coupables qui se trouvent robustes et plus assurés dans leurs crimes, leur fait tout dénier.

. . . .

(De Jaucourt)

R

RAISON, s. f. (*Logique*).

. . . .

Tout ce qui est du ressort de la révélation doit prévaloir sur nos opinions, sur nos préjugés et sur nos intérêts, et est en droit d'exiger de l'esprit un parfait assentiment. Mais une telle soumission de notre *raison* à la foi, ne renverse pas pour cela les limites de la connaissance humaine, et n'ébranle pas les fondements de la *raison*; elle nous laisse la liberté d'employer nos facultés à l'usage pour lequel elles nous ont été données.

Si l'on n'a pas soin de distinguer les différentes juridictions de la foi et de la *raison* par le moyen de ces bornes, la *raison* n'aura point de lieu en matière de religion, et l'on n'aura aucun droit de se moquer des opinions et des cérémonies extravagantes qu'on remarque dans la plupart des religions du monde. Qui ne voit que c'est là ouvrir un vaste champ au fanatisme le plus outré, aux superstitions les plus insensées? Avec un pareil principe, il n'y a rien de si absurde qu'on ne croie. Par là il arrive que la religion, qui est l'honneur de l'humanité, et la prérogative la plus excellente de notre nature sur les bêtes, est souvent la chose du monde en quoi les hommes paraissent les plus déraisonnables.

. . . .

REPRÉSENTANTS *(Droit politique, Hist. moderne)*. Les *représentants* d'une nation sont des citoyens choisis, qui dans un gouvernement tempéré sont chargés par la société de parler en son nom, de stipuler ses intérêts, d'empêcher qu'on ne l'opprime, de concourir à l'administration.

Dans un état despotique, le chef de la nation est tout, la nation n'est rien ; la volonté d'un seul fait la loi, la société n'est point représentée. Telle est la forme du gouvernement en Asie, dont les habitants soumis depuis un grand nombre de siècles à un esclavage héréditaire, n'ont point imaginé de moyens pour balancer un pouvoir énorme qui sans cesse les écrase. Il n'en fut pas de même en Europe, dont les habitants plus robustes, plus laborieux, plus belliqueux que les Asiatiques, sentirent de tout temps l'utilité et la nécessité qu'une nation fût représentée par quelques citoyens qui parlassent au nom de tous les autres, et qui s'opposassent aux entreprises d'un pouvoir qui devient souvent abusif lorsqu'il ne connaît aucun frein. Les citoyens choisis pour être les organes, ou les *représentants* de la nation, suivant les différents temps, les différentes conventions et les circonstances diverses, jouirent de prérogatives et de droits plus ou moins étendus. Telle est l'origine de ces assemblées connues sous le nom de *diètes*, d'*états-généraux*, de *parlements*, de *sénats*, qui presque dans tous les pays de l'Europe participèrent à l'administration publique, approuvèrent ou rejetèrent les propositions des souverains, et furent admis à concerter avec eux les mesures nécessaires au maintien de l'état.

Dans un état purement démocratique, la nation, à proprement parler, n'est point représentée ; le peuple entier se réserve le droit de faire connaître ses volontés dans les assemblées générales, composées de tous les citoyens ; mais dès que le peuple a choisi des magistrats qu'il a rendus dépositaires de son autorité, ces magis-

trats deviennent ses *représentants* ; et suivant le plus ou
le moins de pouvoir que le peuple s'est réservé, le
gouvernement devient ou une aristocratie, ou demeure
une démocratie.

Dans une monarchie absolue, le souverain ou jouit,
du consentement de son peuple, du droit d'être
l'unique *représentant* de sa nation, ou bien, contre son
gré, il s'arroge ce droit. Le souverain parle alors au
nom de tous ; les lois qu'il fait sont, ou du moins sont
censées l'expression des volontés de toute la nation
qu'il représente.

Dans les monarchies tempérées, le souverain n'est
dépositaire que de la puissance exécutrice, il ne
représente sa nation qu'en cette partie, elle choisit
d'autres *représentants* pour les autres branches de
l'administration. C'est ainsi qu'en Angleterre la puissance exécutrice réside dans la personne du monarque,
tandis que la puissance législative est partagée entre lui
et le parlement, c'est-à-dire, l'assemblée générale des
différents ordres de la nation britannique, composée
du clergé, de la noblesse et des communes ; ces
dernières sont représentées par un certain nombre de
députés choisis par les villes, les bourgs et les provinces
de la Grande-Bretagne. Par la constitution de ce pays,
le parlement concourt avec le monarque à l'administration publique ; dès que ces deux puissances sont
d'accord, la nation entière est réputée avoir parlé, et
leurs décisions deviennent des lois.

. . . .
La nation française fut autrefois représentée par
l'assemblée des états-généraux du royaume, composée
du clergé et de la noblesse, auxquels par la suite des
temps on associa le tiers-état, destiné à représenter le
peuple. Ces assemblées nationales ont été disconti-
nuées depuis l'année 1628.

. . . .
Si l'on remonte à l'origine de tous nos gouvernements modernes, on les trouvera fondés par des
nations belliqueuses et sauvages, qui sorties d'un

climat rigoureux, cherchèrent à s'emparer de contrées plus fertiles, formèrent des établissements sous un ciel plus favorable, et pillèrent des nations riches et policées. Les anciens habitants de ces pays subjugués ne furent regardés par ces vainqueurs farouches, que comme un vil bétail que la victoire faisait tomber dans leurs mains. Ainsi les premières institutions de ces brigands heureux, ne furent pour l'ordinaire que des effets de la force accablant la faiblesse; nous trouvons toujours leurs lois partiales pour les vainqueurs, et funestes aux vaincus. Voilà pourquoi dans toutes les monarchies modernes nous voyons partout les nobles, les grands, c'est-à-dire, des guerriers, posséder les terres des anciens habitants, et se mettre en possession du droit exclusif de représenter les nations; celles-ci avilies, écrasées, opprimées, n'eurent point la liberté de joindre leurs voix à celles de leurs superbes vainqueurs. Telle est sans doute la source de cette prétention de la noblesse, qui s'arrogea longtemps le droit de parler exclusivement à tous les autres au nom des nations; elle continua toujours à regarder ses concitoyens comme des esclaves vaincus, même un grand nombre de siècles après une conquête à laquelle les successeurs de cette noblesse conquérante n'avaient point eu de part. Mais l'intérêt secondé par la force, se fait bientôt des droits; l'habitude rend les nations complices de leur propre avilissement, et les peuples malgré les changements survenus dans leurs circonstances, continuèrent en beaucoup de pays à être uniquement représentés par une noblesse, qui se prévalut toujours contre eux de la violence primitive, exercée par des conquérants aux droits desquels elle prétendit succéder.

Les Barbares qui démembrèrent l'empire romain en Europe étaient païens; peu à peu ils furent éclairés des lumières de l'Evangile, ils adoptèrent la religion des vaincus. Plongés eux-mêmes dans une ignorance qu'une vie guerrière et agitée contribuait à entretenir, ils eurent besoin d'être guidés et retenus par des citoyens plus raisonnables qu'eux; ils ne purent refuser leur vénération aux ministres de la religion, qui à des mœurs plus douces joignaient plus de lumières et de science. Les monarques et les nobles jusqu'alors *représentants* uniques des nations, consentirent donc qu'on appelât aux assemblées nationales les ministres de l'église. Les rois, fatigués sans doute eux-mêmes des entreprises continuelles d'une noblesse trop puissante pour être soumise, sentirent qu'il était de leur intérêt propre de contrebalancer le pouvoir de leurs vassaux indomptés, par celui des interprètes d'une religion respectée par les peuples. D'ailleurs le clergé devenu possesseur de grands biens, fut intéressé à l'administration publique, et dut, à ce titre, avoir part aux délibérations.

Sous le gouvernement féodal, la noblesse et le clergé eurent longtemps le droit exclusif de parler au nom de toute la nation, ou d'en être les uniques *représentants*. Le peuple composé des cultivateurs, des habitants des villes et des campagnes, des manufacturiers, en un mot, de la partie la plus nombreuse, la plus laborieuse, la plus utile de la société, ne fut point en droit de parler pour lui-même; il fut forcé de recevoir sans murmurer les lois que quelques grands concertèrent avec le souverain. Ainsi le peuple ne fut point écouté, il ne fut regardé que comme un vil amas de citoyens méprisables, indignes de joindre leurs voix à celles d'un petit nombre de seigneurs orgueilleux et ingrats, qui jouirent de leurs travaux sans s'imaginer leur rien devoir. Opprimer, piller, vexer impunément le peuple, sans que le chef de la nation pût y porter remède, telles furent les prérogatives de la noblesse, dans lesquelles elle fit consister la liberté. En effet, le gouvernement féodal ne nous montre que des souverains sans forces, et des peuples écrasés et avilis par une aristocratie, armée également contre le monarque et la nation. Ce ne fut que lorsque les rois eurent longtemps souffert des excès d'une noblesse altière, et des entreprises d'un clergé trop riche et trop indépendant, qu'ils donnèrent quelque influence à la nation dans les assemblées qui décidaient de son sort. Ainsi la voix du peuple fut enfin entendue, les lois prirent de la vigueur, les excès des grands furent réprimés, ils furent forcés d'être justes envers des citoyens jusque-là méprisés ; le corps de la nation fut ainsi opposé à une noblesse mutine et intraitable.

La nécessité des circonstances oblige les idées et les institutions politiques de changer ; les mœurs s'adoucissant, l'iniquité se nuit à elle-même ; les tyrans des peuples s'aperçoivent à la longue que leurs folies contrarient leurs propres intérêts ; le commerce et les manufactures deviennent des besoins pour les états, et demandent de la tranquillité ; les guerriers sont moins nécessaires ; les disettes et les famines fréquentes ont fait sentir à la fin le besoin d'une bonne culture, que troublaient les démêlés sanglants de quelques brigands armés. L'on eut besoin de lois ; l'on respecta ceux qui en furent les interprètes, on les regarda comme les conservateurs de la sûreté publique ; ainsi le magistrat dans un état bien constitué devint un homme considéré, et plus capable de prononcer sur les droits des peuples, que des nobles ignorants et dépourvus d'équité eux-mêmes, qui ne connaissaient d'autres droits que l'épée, ou qui vendaient la justice à leurs vassaux.

Ce n'est que par des degrés lents et imperceptibles que les gouvernements prennent de l'assiette ; fondés d'abord par la force, ils ne peuvent pourtant se maintenir que par des lois équitables qui assurent les propriétés et les droits de chaque citoyen, et qui le mettent à couvert de l'oppression ; les hommes sont forcés à la fin de chercher dans l'équité, des remèdes contre leurs propres fureurs. Si la formation des gouvernements n'eût pas été pour l'ordinaire l'ouvrage de la violence et de la déraison, on eût senti qu'il ne peut y avoir de société durable si les droits d'un chacun ne sont mis à l'abri de la puissance qui toujours veut abuser ; dans quelques mains que le pouvoir soit placé, il devient funeste s'il n'est contenu dans des bornes ; ni le souverain, ni aucun ordre de l'état ne peuvent exercer une autorité nuisible à la nation, s'il est vrai que tout gouvernement n'ait pour objet que le bien du peuple gouverné. La moindre réflexion eût donc suffi pour montrer qu'un monarque ne peut jouir d'une puissance véritable, s'il ne commande à des sujets heureux et réunis de volontés ; pour les rendre tels, il faut qu'il assure leurs possessions, qu'il les défende contre l'oppression, qu'il ne sacrifie jamais les intérêts de tous à ceux d'un petit nombre, et qu'il porte ses vues sur les besoins de tous les ordres dont son état est composé. Nul homme, quelles que soient ses lumières, n'est capable sans conseils, sans secours, de gouverner une nation entière ; nul ordre dans l'état ne peut avoir la capacité ou la volonté de connaître les besoins des autres ; ainsi le souverain impartial doit écouter les voix de tous ses sujets, il est également intéressé à les entendre et à remédier à leurs maux ; mais pour que les sujets s'expliquent sans tumulte, il convient qu'ils aient des *représentants,* c'est-à-dire des citoyens plus éclairés que les autres, plus intéressés à la chose, que leurs possessions attachent à la patrie, que leur position mette à portée de sentir les besoins de l'état, les abus qui s'introduisent, et les remèdes qu'il convient d'y porter.

. . . .

Il est donc de l'intérêt du souverain que sa nation soit représentée ; sa sûreté propre en dépend ; l'affection des peuples est le plus ferme rempart contre les attentats des méchants ; mais comment le souverain peut-il se concilier l'affection de son peuple s'il n'entre dans ses besoins, s'il ne lui procure les avantages qu'il désire, s'il ne le protège contre les entreprises des puissants, s'il ne cherche à soulager ses maux ? Si la nation n'est point représentée, comment son chef peut-il être instruit de ces misères de détail que du haut de son trône il ne voit jamais que dans l'éloignement, et que la flatterie cherche toujours à lui cacher ? Comment, sans connaître les ressources et les forces de son pays, le monarque pourrait-il se garantir d'en abuser ? Une nation privée du droit de se faire représenter, est à la merci des impudents qui l'oppriment ; elle se détache de ses maîtres, elle espère que tout changement rendra son sort plus doux ; elle est souvent exposée à devenir l'instrument des passions de tout factieux qui lui promettra de la secourir. Un peuple qui souffre s'attache par instinct à quiconque a le courage de parler pour lui ; il se choisit tacitement des protecteurs et des *représentants*, il approuve les réclamations que l'on fait en son nom ; est-il poussé à bout ? Il choisit souvent pour interprètes des ambitieux et des fourbes qui le séduisent en lui persuadant qu'ils prennent en main sa cause, et qui renversent l'état sous prétexte de le défendre. Les Guises en France, les Cromwells en Angleterre, et tant d'autres séditieux, qui sous prétexte du bien public jetèrent leurs nations dans les plus affreuses convulsions, furent des *représentants* et des protecteurs de ce genre, également dangereux pour les souverains et les nations.

Pour maintenir le concert qui doit toujours subsister entre les souverains et leurs peuples, pour mettre les uns et les autres à couvert des attentats des mauvais citoyens, rien ne serait plus avantageux qu'une constitution qui permettrait à chaque ordre de citoyens de se faire représenter ; de parler dans les assemblées qui ont le bien général pour objet. Ces assemblées, pour être utiles et justes, devraient être composées de ceux que leurs possessions rendent citoyens, et que leur état et leurs lumières mettent à portée de connaître les intérêts de la nation et les besoins des peuples ; en un mot c'est la propriété qui fait le citoyen ; tout homme qui possède dans l'état, est intéressé au bien de l'état, et quel que soit le rang que des conventions particulières lui assignent, c'est toujours comme propriétaire, c'est en raison de ses possessions qu'il doit parler, ou qu'il acquiert le droit de se faire représenter.

Dans les nations européennes, le clergé, que les

donations des souverains et des peuples ont rendu propriétaire de grands biens, et qui par là forme un corps de citoyens opulents et puissants, semble dès lors avoir un droit acquis de parler ou de se faire représenter dans les assemblées nationales ; d'ailleurs la confiance des peuples le met à portée de voir de près ses besoins et de connaître ses vœux.

Le noble, par les possessions qui lient son sort à celui de la patrie, a sans doute le droit de parler ; s'il n'avait que des titres, il ne serait qu'un homme distingué par les conventions ; s'il n'était que guerrier, sa voix serait suspecte, son ambition et son intérêt plongeraient fréquemment la nation dans des guerres inutiles et nuisibles.

Le magistrat est citoyen en vertu de ses possessions ; mais ses fonctions en font un citoyen plus éclairé, à qui l'expérience fait connaître les avantages et les désavantages de la législation, les abus de la jurisprudence, les moyens d'y remédier. C'est la loi qui décide du bonheur des états. Le commerce est aujourd'hui pour les états une source de force et de richesse ; le négociant s'enrichit en même temps que l'état qui favorise ses entreprises, il partage sans cesse ses prospérités et ses revers ; il ne peut donc sans injustice être réduit au silence ; il est un citoyen utile et capable de donner ses avis dans les conseils d'une nation dont il augmente l'aisance et le pouvoir.

Enfin le cultivateur, c'est-à-dire tout citoyen qui possède des terres, dont les travaux contribuent aux besoins de la société, qui fournit à sa subsistance, sur qui tombent les impôts, doit être représenté ; personne n'est plus que lui intéressé au bien public ; la terre est la base physique et politique d'un état, c'est sur le possesseur de la terre que retombent directement ou indirectement tous les avantages et les maux des nations ; c'est en proportion de ses possessions, que la voix du citoyen doit avoir du poids dans les assemblées nationales.

Tels sont les différents ordres dans lesquels les

nations modernes se trouvent partagées ; comme tous concourent à leur manière au maintien de la république, tous doivent être écoutés ; la religion, la guerre, la justice, le commerce, l'agriculture, sont faits dans un état bien constitué pour se donner des secours mutuels ; le pouvoir souverain est destiné à tenir la balance entre eux ; il empêchera qu'aucun ordre ne soit opprimé par un autre, ce qui arriverait infailliblement si un ordre unique avait le droit exclusif de stipuler pour tous.

. . . .

Le noble ou le guerrier, le prêtre ou le magistrat, le commerçant, le manufacturier et le cultivateur, sont des hommes également nécessaires ; chacun d'eux sert à sa manière la grande famille dont il est membre ; tous sont enfants de l'état, le souverain doit entrer dans leurs besoins divers ; mais pour les connaître il faut qu'ils puissent se faire entendre ; et pour se faire entendre sans tumulte, il faut que chaque classe ait le droit de choisir ses organes ou ses *représentants* ; pour que ceux-ci expriment le vœu de la nation, il faut que leurs intérêts soient indivisiblement unis aux siens par le lien des possessions. Comment un noble nourri dans les combats, reconnaîtrait-il les intérêts d'une religion dont souvent il n'est que faiblement instruit, d'un commerce qu'il méprise, d'une agriculture qu'il dédaigne, d'une jurisprudence dont il n'a point d'idées ? Comment un magistrat, occupé du soin pénible de rendre la justice au peuple, de sonder les profondeurs de la jurisprudence, de se garantir des embûches de la ruse, et de démêler les pièges de la chicane, pourrait-il décider des affaires relatives à la guerre, utiles au commerce, aux manufactures, à l'agriculture ? Comment un clergé, dont l'attention est absorbée par des études et par des soins qui ont le ciel pour objet, pourrait-il juger de ce qui est le plus convenable à la navigation, à la guerre, à la jurisprudence ?

Un état n'est heureux, et son souverain n'est puissant, que lorsque tous les ordres de l'état se prêtent réciproquement la main; pour opérer un effet si salutaire, les chefs de la société politique sont intéressés à maintenir entre les différentes classes de citoyens, un juste équilibre, qui empêche chacune d'entre elles d'empiéter sur les autres. Toute autorité trop grande, mise entre les mains de quelques membres de la société, s'établit aux dépens de la sûreté et du bien-être de tous; les passions des hommes les mettent sans cesse aux prises; ce conflit ne sert qu'à leur donner de l'activité; il ne nuit à l'état que lorsque la puissance souveraine oublie de tenir la balance, pour empêcher qu'une force n'entraîne toutes les autres. La voix d'une noblesse remuante, ambitieuse, qui ne respire que la guerre, doit être contrebalancée par celle d'autres citoyens, aux vues desquels la paix est bien plus nécessaire; si les guerriers décidaient seuls du sort des empires, ils seraient perpétuellement en feu, et la nation succomberait même sous le poids de ses propres succès; les lois seraient forcées de se taire, les terres demeureraient incultes, les campagnes seraient dépeuplées, en un mot on verrait renaître ces misères qui pendant tant de siècles ont accompagné la licence des nobles sous le gouvernement féodal. Un commerce prépondérant ferait peut-être trop négliger la guerre; l'état, pour s'enrichir, ne s'occuperait point assez du soin de sa sûreté, ou peut-être l'avidité le plongerait-il souvent dans des guerres qui frustreraient ses propres vues. Il n'est point dans un état d'objet indifférent et qui ne demande des hommes qui s'en occupent exclusivement; nul ordre de citoyens n'est capable de stipuler pour tous; s'il en avait le droit, bientôt il ne stipulerait que pour lui-même; chaque classe doit être représentée par des hommes qui connaissent son état et ses besoins; ces besoins ne sont bien connus que de ceux qui les sentent.

Les *représentants* supposent des constituants de qui leur pouvoir est émané, auxquels ils sont par conséquent subordonnés et dont ils ne sont que les organes.

Quels que soient les usages ou les abus que le temps a
pu introduire dans les gouvernements libres et tempérés, un *représentant* ne peut s'arroger le droit de faire
parler à ses constituants un langage opposé à leurs
intérêts ; les droits des constituants sont les droits de la
nation, ils sont imprescriptibles et inaliénables ; pour
peu que l'on consulte la raison, elle prouvera que les
constituants peuvent en tout temps démentir, désa-
vouer et révoquer les *représentants* qui les trahissent,
qui abusent de leurs pleins pouvoirs contre eux-
mêmes, ou qui renoncent pour eux à des droits
inhérents à leur essence ; en un mot, les *représentants*
d'un peuple libre ne peuvent point lui imposer un joug
qui détruirait sa félicité ; nul homme n'acquiert le droit
d'en représenter un autre malgré lui.

L'expérience nous montre que dans les pays qui se
flattent de jouir de la plus grande liberté, ceux qui sont
chargés de représenter les peuples, ne trahissent que
trop souvent leurs intérêts, et livrent leurs constituants
à l'avidité de ceux qui veulent les dépouiller. Une
nation a raison de se défier de semblables *représentants*
et de limiter leurs pouvoirs ; un ambitieux, un homme
avide de richesses, un prodigue, un débauché ne sont
point faits pour représenter leurs concitoyens ; ils les
vendront pour des titres, des honneurs, des emplois, et
de l'argent, ils se croiront intéressés à leurs maux. Que
sera-ce si ce commerce infâme semble s'autoriser par la
conduite des constituants qui seront eux-mêmes
vénaux ? Que sera-ce si ces constituants choisissent
leurs *représentants* dans le tumulte et dans l'ivresse, ou,
si négligeant la vertu, les lumières, les talents, ils ne
donnent qu'au plus offrant le droit de stipuler leurs
intérêts ? De pareils constituants invitent à les trahir ;
ils perdent le droit de s'en plaindre, et leurs *représentants* leur fermeront la bouche en leur disant : *je vous ai
acheté bien chèrement, et je vous vendrai le plus chèrement
que je pourrai.*

Nul ordre de citoyens ne doit jouir pour toujours du
droit de représenter la nation, il faut que de nouvelles

élections rappellent aux *représentants* que c'est d'elle qu'ils tiennent leur pouvoir. Un corps dont les membres jouiraient sans interruption du droit de représenter l'état, en deviendrait bientôt le maître ou le tyran.

(D'Holbach)

RÉPUBLIQUE, s. f. (*Gouvern. polit.*).

· ·

Il est de la nature d'une *république* qu'elle n'ait qu'un petit territoire ; sans cela elle ne peut guère subsister. Dans une grande *république* il y a de grandes fortunes, et par conséquent peu de modération dans les esprits : il y a de trop grands dépôts à mettre entre les mains d'un citoyen ; les intérêts se particularisent : un homme sent d'abord qu'il peut être heureux, grand, glorieux, sans sa patrie ; et bientôt, qu'il peut être seul grand sur les ruines de sa patrie. Dans une grande *république* le bien commun est sacrifié à mille considérations : il est subordonné à des exceptions ; il dépend des accidents. Dans une petite, le bien public est mieux senti, mieux connu, plus près de chaque citoyen : les abus y sont moins étendus, et par conséquent moins protégés.

· ·

(De Jaucourt)

ROYAUTÉ, s. f. (*Gramm.*), dignité du roi. Les Grecs et les Romains autrefois, aujourd'hui tous les peuples républicains, sont ennemis de la *royauté*. La *royauté* n'est pas un métier de fainéant ; elle consiste toute dans l'action.

S

SACRILÈGE *(Critique sacrée)*. Comme les *sacrilèges* choquent la religion, leur peine doit être uniquement tirée de la nature de la chose ; elle doit consister dans la privation des avantages que donne la religion, l'expulsion hors des temples, la privation de la société des fidèles pour un temps ou pour toujours ; la fuite de leur présence, les exécrations, les détestations, les conjurations. Mais si le magistrat va rechercher le *sacrilège* caché, il porte une inquisition sur un genre d'action où elle n'est pas nécessaire ; il détruit la liberté des citoyens en armant contre eux le zèle des consciences timides, et celui des consciences hardies. Le mal est venu de cette fausse idée, qu'il faut venger la divinité ; mais il faut faire honorer la divinité, et ne la venger jamais ; c'est une excellente réflexion de l'auteur de *L'Esprit des lois*.

(De Jaucourt)

SCANDALEUX, adj. *(Gramm.)*, qui cause du scandale, il se dit des choses et des personnes. Avancer comme quelques écrivains de la société de Jésus l'ont fait, qu'il n'est pas permis à tout le monde de disposer de la vie des tyrans, c'est une proposition *scandaleuse*, parce qu'elle laisse entendre qu'il y a apparemment des personnes à qui le tyrannicide est permis. La doctrine du probabilisme est une doctrine *scandaleuse*. L'invitation que le P. Pichon fait au pécheur d'approcher tous les jours des sacrements sans amour de Dieu, sans changer de conduite, est une invitation *scandaleuse*. L'éloge de l'ouvrage de Busembaum qu'on lit dans les *mémoires de Trévoux* est *scandaleux*. Des religieux traînés devant les tribunaux civils pour une affaire de banque et de commerce, et condamnés par des juges-consuls à payer des sommes illicitement dues et plus illicitement encore refusées, sont des hommes *scandaleux*. Des prêtres qui font jouer des farces sur un théâtre, et danser dans l'enceinte de leurs maisons les enfants confiés à leurs soins, confondus avec des histrions, donnent un spectacle *scandaleux*. On trouverait toutes sortes d'exemples de scandale, sans s'éloigner de là ; mais il y en a dont il serait difficile de parler sans scandaliser étrangement les femmes, les hommes et les petits enfants.

SCHOLASTIQUES, PHILOSOPHIE DES SCHOLASTIQUES *(Hist. de la Philos.)*.

. . . .

Il suit de ce qui précède que cette méthode détestable d'enseigner et d'étudier infecta toutes les sciences et toutes les contrées.

Qu'elle donna naissance à une infinité d'opinions ou puériles, ou dangereuses.

Qu'elle dégrada la philosophie.

Qu'elle introduisit le scepticisme par la facilité qu'on avait de défendre le mensonge, d'obscurcir la vérité, et de disputer sur une même question pour et contre.

Qu'elle introduisit l'athéisme spéculatif et pratique.

Qu'elle ébranla les principes de la morale.

Qu'elle ruina la véritable éloquence.

Qu'elle éloigna les meilleurs esprits des bonnes études.

Qu'elle entraîna le mépris des auteurs anciens et modernes.

Qu'elle donna lieu à l'aristotélisme, qui dura si longtemps, et qu'on eut tant de peine à détruire.

Qu'elle exposa ceux qui avaient quelque teinture de bonne doctrine aux accusations les plus graves, et aux persécutions les plus opiniâtres.

Qu'elle encouragea à l'astrologie judiciaire.

Qu'elle éloigna de la véritable intelligence des ouvrages et des sentiments d'Aristote.

Qu'elle réduisit toutes les connaissances sous un aspect barbare et dégoûtant.

Que la protection des Grands, les dignités ecclésiastiques et séculières, les titres honorifiques, les places les plus importantes, la considération, les dignités, la fortune, accordées à de misérables disputeurs, achevèrent de dégoûter les bons esprits des connaissances plus solides.

Que leur logique n'est qu'une sophisticaillerie puérile.

Leur physique un tissu d'impertinences.

Leur métaphysique un galimatias inintelligible.

Leur théologie naturelle ou révélée, leur morale, leur jurisprudence, leur politique, un fatras d'idées bonnes et mauvaises.

En un mot, que cette philosophie a été une des plus grandes plaies de l'esprit humain.

Qui croirait qu'aujourd'hui même on n'en est pas encore bien guéri? Qu'est-ce que la théologie qu'on dicte sur les bancs? Qu'est-ce que la philosophie qu'on apprend dans les collèges? La morale, cette partie à laquelle tous les philosophes anciens se sont principalement adonnés, y est absolument oubliée. Demandez à un jeune homme qui a fait son cours : qu'est-ce que la matière subtile? Il vous répondra; mais ne lui demandez pas : qu'est-ce que la vertu? il n'en sait rien.

(Diderot)

SCYTHES, THRACES ET GÈTES, Philosophie des (*Hist. de la philosop.*). On appelait autrefois du nom général de *Scythie* toutes les contrées septentrionales. Lorsqu'on eut distingué le pays des Celtes de celui des *Scythes,* on ne comprit plus sous la dénomination de *Scythie* que les régions hyperboréennes situées aux extrémités de l'Europe. *Voyez à l'article* CELTES, ce qui concerne la philosophie de ces peuples. Il ne faut entendre ce que nous allons dire ici sur le même sujet, que des habitants les plus voisins du pôle, que nous avons connus anciennement dans l'Asie et l'Europe.

On a dit d'eux qu'ils ne connaissaient pas de crime plus grand que le vol ; qu'ils vivaient sous des tentes ; que laissant paître au hasard leurs troupeaux, la seule richesse qu'ils eussent, ils n'étaient sûrs de rien s'il était permis de voler ; qu'ils ne faisaient nul cas de l'or ni de l'argent ; qu'ils vivaient de miel et de lait ; qu'ils ignoraient l'usage de la laine et des vêtements ; qu'ils se couvraient de la peau des animaux dans les grands froids ; qu'ils étaient innocents et justes ; et que réduits aux seuls besoins de la nature, ils ne désiraient rien au-delà.

Nous nous occuperons donc moins dans cet endroit de l'histoire de la philosophie, que de l'éloge de la nature humaine, lorsqu'elle est abandonnée à elle-même, sans loi, sans prêtres et sans roi.

Les *Scythes* grossiers ont joui d'un bonheur que les peuples de la Grèce n'ont point connu. Quoi donc ! l'ignorance des vices serait-elle préférable à la connaissance de la vertu ; et les hommes deviennent-ils méchants et malheureux, à mesure que leur esprit se perfectionne et que les simulacres de la divinité se dégrossissent parmi eux ? Il y avait sans doute des âmes bien perfides et bien noires autour du Jupiter de Phidias ; mais la pierre brute et informe du *Scythe* fut quelquefois arrosée du sang humain. Cependant, à parler vrai, j'aime mieux un crime atroce et momentané qu'une corruption policée et permanente ; un violent accès de fièvre, que des taches de gangrène.

· ·

(Diderot)

SÉDITIEUX, s. m. SÉDITION, s. f. (*Gram. Gouv.*), la *sédition* est un trouble, une division, une émotion, une révolte, bien ou mal fondée dans un gouvernement.

On donne en général le nom de *sédition* à toutes les grandes assemblées qui se font sans la permission des magistrats, ou contre l'autorité des magistrats, ou de ceux qui s'attribuent cette autorité. Athalie et Jézabel étaient bien plus près de crier à la trahison que David; et nous n'en citerons point d'autres exemples.

. . . .

Les *séditions*, les troubles, les guerres civiles, proviennent d'erreur, de malice, de causes justes ou injustes [...].

. . . .

Il ne faut point trouver étrange qu'en parlant des *séditions*, j'aie avancé qu'il y en a de justes; l'intention de Dieu étant que les hommes vivent équitablement les uns avec les autres, il est certain que son intention est aussi qu'on ne fasse point de tort à celui ou à ceux qui ne cherchent point à en faire aux autres. Si donc l'injustice est un mal, et qu'il soit défendu d'en faire, on doit punir ceux qui en font; les moyens dont on se sert pour punir les injustices sont juridiques ou non juridiques; les procédures juridiques suffisent quand on peut contraindre les gouverneurs à les subir; mais elles ne sont d'aucun effet à l'égard de ceux qu'il n'est pas possible de soumettre aux lois.

Pour me recueillir en deux mots, je remarquerai qu'en général la tyrannie, les innovations en matière de religion, la pesanteur des impôts, le changement des lois ou des coutumes, le mépris des privilèges de la nation, le mauvais choix des ministres, la cherté des vivres, etc., sont autant de causes de tristes *séditions*.

Les remèdes sont de rétablir les principes du gouvernement, de rendre justice au peuple, d'écarter la disette par la facilité du commerce, et l'oisiveté par l'établissement des manufactures, de réprimer le luxe, de faire valoir les terres en donnant du crédit à l'agriculture, de ne point laisser une autorité arbitraire aux chefs, de maintenir les lois et de modérer les subsides.

(De Jaucourt)

SEIGNEUR *grand*, HOMME *grand* (*Langue franç.*). Ces deux expressions, *grand seigneur* et *grand homme*, n'indiquent point une même chose ; il s'en faut de beaucoup ; les *grands seigneurs* sont communs dans le monde, et les *grands hommes* très rares ; l'un est quelquefois le fardeau de l'état, l'autre en est toujours la ressource et l'appui. La naissance, les titres et les charges font un *grand seigneur ;* le rare mérite, le génie et les talents éminents font un *grand homme.* Un *grand seigneur* voit le prince, a des ancêtres, des dettes et des pensions ; un *grand homme* sert sa patrie d'une manière signalée, sans en chercher de récompense, sans même avoir aucun égard à la gloire qui peut lui en revenir. Le duc d'Epernon et le maréchal de Retz étaient de *grands seigneurs ;* l'amiral de Coligny et La Noue étaient de *grands hommes.*

. . . .

(De Jaucourt)

SEL, *impôt sur le (Econom. politiq.),* imposition en France, qu'on appelle autrement les *gabelles,* articles qu'on peut consulter ; mais, dit l'auteur moderne des *Considérations sur les finances,* un bon citoyen ne saurait taire les tristes réflexions que cet impôt jette dans son âme. M. de Sully, ministre zélé pour le bien de son maître, qui ne le sépara jamais de celui de ses sujets, M. de Sully, dis-je, ne pouvait pas approuver cet impôt ; il regardait comme une dureté extrême de vendre cher à des pauvres une denrée si commune. Il est vraisemblable que si la France eût assez bien mérité du ciel pour posséder plus longtemps le ministre et le monarque, il eût apporté des remèdes au fléau de cette imposition.

La douleur s'empare de notre cœur à la lecture de l'ordonnance des gabelles. Une denrée que les faveurs de la providence entretiennent à vil prix pour une partie des citoyens, est vendue chèrement à tous les autres. Des hommes pauvres sont forcés d'acheter au poids de l'or une quantité marquée de cette denrée, et il leur est défendu sous peine de la ruine totale de leur famille, d'en recevoir d'autre, même en pur don. Celui qui recueille cette denrée n'a point la permission de la vendre hors de certaines limites ; car les mêmes peines le menacent. Des supplices effrayants sont décernés contre des hommes criminels à la vérité envers le corps politique, mais qui n'ont point violé cependant la loi naturelle. Les bestiaux languissent et meurent, parce que les secours dont ils ont besoin passent les facultés du cultivateur, déjà surchargé de la quantité de sel qu'il doit en consommer pour lui. Dans quelques endroits on empêche les animaux d'approcher des bords de la mer, où l'instinct de leur conservation les conduit.

L'humanité frémirait en voyant la liste de tous les supplices ordonnés à l'occasion de cet impôt depuis son établissement : l'autorité du législateur sans cesse compromise avec l'avidité du gain que conduit souvent la nécessité même, lui serait moins sensible que la dureté de la perception. L'abandon de la culture, le découragement du contribuable, la diminution du commerce, celle du travail, les frais énormes de la régie lui feraient apercevoir que chaque million en entrant dans ses coffres, en a presque coûté un autre à son peuple, soit en paiements effectifs, soit en non-valeurs. Ce n'est pas tout encore ; cet impôt avait au moins dans son principe l'avantage de porter sur le riche et sur le pauvre ; une partie considérable de ces riches a su s'y soustraire ; des secours légers et passagers lui ont valu des franchises dont il faut rejeter le vide sur les pauvres.

Enfin si la taille arbitraire n'existait pas, l'*impôt du sel* serait peut-être le plus funeste qu'il fût possible d'imaginer. Aussi tous les auteurs économiques et les ministres les plus intelligents dans les finances ont regardé le remplacement de ces deux impositions, comme l'opération la plus utile au soulagement des peuples et à l'accroissement des revenus publics. Divers expédients ont été proposés, et aucun jusqu'à présent n'a paru assez sûr.

(De Jaucourt)

SERMON DE J.-C. *(Critique sacrée).* C'est ainsi qu'on nomme le discours que J.-C. tint sur la montagne à ses apôtres, et qui se trouve dans saint Matthieu, *chap.* V, VI, VII. Il importe de nous étendre plus que de coutume sur ce discours de notre Seigneur, parce qu'il renferme plusieurs préceptes qui paraissent impraticables, à cause des conséquences qui en résultent nécessairement […].

. . . .

Cependant, comme on convient que si les chrétiens voulaient observer plusieurs de ces commandements de J.-C. la société serait bientôt renversée ; les gens de bien en proie à la violence des méchants, le fidèle exposé à mourir de faim, parce qu'il n'aurait rien épargné dans sa prospérité, pour se nourrir et se vêtir dans l'adversité : en un mot, tout le monde avoue que les préceptes de N. S. ne sont pas compatibles avec la sûreté et la tranquillité publiques : voilà ce qui a obligé les interprètes à recourir à des restrictions, à des modifications, à des paroles sous-entendues ; mais tout cela n'est pas nécessaire, et nous paraît trop recherché ; un législateur qui donne des préceptes, doit s'expliquer clairement ; les paradoxes ne conviennent point dans les lois ; chacun y apporterait des restrictions et des modifications à son gré.

Ce qui a jeté les interprètes dans l'erreur, c'est qu'ils ont cru que les préceptes du Seigneur dans ces trois chapitres, regardaient tous les chrétiens ; au lieu qu'ils devaient prendre garde, qu'encore qu'il y en ait beaucoup qui soient communs à tous les chrétiens, il y en a beaucoup d'autres qui sont particuliers aux apôtres du Seigneur, et qui leur ont été donnés pour l'exercice du ministère dont ils furent revêtus [...].

. . . .

Dès qu'on a posé ce principe, que le *sermon de Notre Seigneur* s'adresse à ses apôtres, il n'y a plus aucune difficulté. Tous les préceptes qui semblent choquer la prudence, la justice, ruiner la sûreté publique, et jeter le trouble dans la société ; tous ces préceptes, dis-je, sont très justes, et n'ont plus besoin de limitation, ni de restriction. Les apôtres de J.-C. occupés de leurs fonctions, ne doivent point s'amasser des trésors sur la terre. Il fallait sur toutes choses qu'ils se gardassent d'avarice ; ce défaut seul pouvant détruire tout le fruit de leur ministère. Ce sont eux que Dieu nourrira comme les oiseaux du ciel, qu'il vêtira comme les lis des champs ; ce sont eux qui à l'exemple de leur maître, au ministère duquel ils ont succédé, doivent quand on leur frappe sur une joue, présenter aussi l'autre, c'est-à-dire, user de la plus grande modération. Ils seront les victimes du monde, mais la foi chrétienne dont ils sont les ministres, ne peut s'établir autrement que par la patience, ce sont eux qui ne doivent être en aucun souci du lendemain, parce que Dieu s'est chargé immédiatement de pourvoir à tous leurs besoins. Ce fut aussi pour cela que le Seigneur après les avoir choisis, les envoya, et leur défendit de faire aucune provision pour le voyage, parce que l'ouvrier est digne de son salaire, *Luc, c. IX, v. 3 et suivant ; Matthieu c. X, v. 1 et suivant.*

. . . .

(De Jaucourt)

SHROPSHIRE *(Géog. mod.)*. *Salopiensis comitatus,* province d'Angleterre, autrement nommée *Shrewsburg,* et dont nous avons fait l'article ; mais je me suis proposé de parler ici des grands personnages qu'elle a produits dans les sciences ; il importe aux gens de lettres de les connaître.

. . . .

Whichcot (Benjamin), naquit dans le comté de Shrop, en 1609, et mourut chez son ami le Dr Cudworth. Ses sermons choisis parurent à Londres, en 1698, in-8°, avec une préface du comte de Shaftesbury, auteur des *Characteristics :* c'est une chose bien singulière de voir un homme si célèbre, et si peu croyant, éditeur de sermons ! mais en même temps sa préface est si belle, et si peu connue des étrangers, qu'ils nous sauront gré d'en trouver ici un assez grand extrait.

Milord Shaftesbury observe d'abord, que quand on fait réflexion sur la nature de la prédication, que l'on considère l'excellence de cet établissement, le cas qu'on en a toujours fait dans le christianisme, le grand nombre de saints hommes mis à part pour cette grande œuvre, à qui l'on accorde tous les avantages possibles, pour avancer les grandes vérités de la révélation, et pour inspirer aux hommes du respect pour la religion ; quand on fait attention à la solennité des assemblées religieuses, à la présence respectable et à l'autorité de l'orateur chrétien, il y a peut-être lieu de s'étonner qu'on ne lui voit pas produire de plus grands et de plus heureux effets dans le monde ; on doit néanmoins reconnaître que cette institution est un si puissant appui de notre religion, que s'il n'y avait point d'assemblées publiques, ni de ministres autorisés, il n'y aurait en fort peu de temps, non seulement plus de christianisme, mais de vertus ; puisque nonobstant tous les secours de la prédication, et les appuis qu'elle fournit à la vertu, il s'en faut de beaucoup que les mœurs soient réformées et que les hommes soient devenus meilleurs.

Mais quelque raison que nous ayons de penser toujours respectueusement de cette institution, et des bons effets qu'elle produit sur les hommes ; quelque avantageuse que soit l'idée que nous pouvons avoir du travail de ceux à qui le ministère de la parole est commis, il semble néanmoins qu'il n'est pas impossible qu'il n'y ait quelque chose de défectueux, et que le peu de succès ne doit pas être uniquement attribué à la malice, à la corruption, à la stupidité des auditeurs, ou des lecteurs.

On a vu que dans quelques pays, et parmi certain ordre de chrétiens, le ministère de la parole n'a pas été entièrement consacré aux choses spirituelles, mais qu'une grande partie de ces divines exhortations, a eu quelque chose de commun avec les affaires d'Etat. De quelque utilité que cela ait pu être aux hommes, ou à la paix du christianisme, il faut avouer que la prédication doit être d'autant moins propre à produire une heureuse révolution, dans les mœurs, à proportion qu'elle a servi à produire les révolutions d'Etat, ou à appuyer d'autres intérêts que ceux du royaume de Jésus-Christ. Nous ne trouvons pas non plus que depuis que la politique et les mystères de la religion ont été unis ensemble, l'une ni l'autre en aient tiré beaucoup d'avantages ; du moins n'a-t-il jamais paru que la théologie soit devenue meilleure par la politique, ou que la politique ait été épurée par la théologie.

Entre les auteurs qui ont été zélés pour cette malheureuse alliance, et qui ont voulu faire un système de politique chrétienne, on nomme le fameux Hobbes, lequel, soit qu'il ait rendu quelque service au gouvernement civil, ou non, a du moins bien fait du mal aux mœurs ; et si les autres parties de la philosophie lui ont quelque obligation, la morale ne lui en a aucunement. Il est vrai que tout ce qu'il y a eu de grands théologiens dans l'église anglicane, l'ont attaqué avec beaucoup de zèle et d'érudition, mais si l'on avait travaillé avec le même soin à corriger ses principes de morale, qu'on a eu à réfuter quelques autres de ses erreurs, cela eût peut-être été d'un plus grand service à la religion pour l'essentiel. Je nomme ce philosophe, parce qu'en faisant l'énumération des passions qui tiennent les hommes unis en société, et les engagent à avoir quelque commerce ensemble, il oublie de parler de la douceur de l'amitié, de la sociabilité, de l'affection naturelle, et des autres dispositions de cet ordre ; je dis qu'il oublie, parce qu'il est difficile de concevoir qu'il y ait un homme assez méchant, pour n'avoir jamais éprouvé par expérience aucun de ces sentiments, pour pouvoir en conclure qu'ils ne se rencontrent point dans les autres. A toutes les passions et à toutes les bonnes dispositions, cet auteur a substitué une seule passion dominante, savoir la crainte qui ne laisse subsister qu'un désir immodéré d'ajouter pouvoir à pouvoir, désir qui, selon lui, ne s'éteint que par la mort ; il accorde aux hommes moins de bon naturel qu'aux bêtes féroces.

Si le poison de ces principes contraires à la saine morale ne s'était pas répandu au-delà de ce qu'on peut s'imaginer, surtout dans le temps que le Dr Whichcot vivait, peut-être que lorsqu'il s'agissait des intérêts de la vertu, aurions-nous entendu moins parler de terreur et de châtiments, et davantage de rectitude morale et de bon naturel. Du moins n'aurait-on pas pris l'habitude d'exclure le bon naturel, et de rabaisser la vertu, qu'on attribue au seul tempérament. Au contraire, les défenseurs de la religion se seraient fait une affaire de plaider en faveur de ces bonnes dispositions, et de faire savoir combien elles sont profondément enracinées dans la nature humaine, au lieu de prendre le contre-pied, et d'avoir bâti sur leurs ruines ; car certaines gens s'y prenaient ainsi pour prouver la vérité de la religion chrétienne.

. . . .

                                        (De Jaucourt)

SIÈGE, *le saint (Hist. ecclés.).* Le Saint : le *saint siège* est proprement l'évêché de Rome, que l'Eglise romaine est convenue de regarder comme le centre de son unité ; mais si Rome était détruite ou devenait hérétique, l'Eglise conviendrait d'un autre centre d'unité, qu'on regarderait toujours comme le *saint siège*, tant qu'on y conserverait la foi de l'Eglise. Ainsi ce n'est pas l'Eglise qui doit se régler sur l'évêché où est le *saint siège* ; car il était autrefois à Antioche ; mais c'est cet évêché qui doit garder les dogmes et se conformer aux règles de l'Eglise ; et ce n'est que tant qu'il conserve ces dogmes et qu'il garde ces règles, que l'Eglise le regarde comme le centre de l'unité.

La cour de Rome est fort différente du *saint siège* ; quelquefois on entend simplement par ce mot, les officiers du pape ; c'est en ce sens que l'on dit se pourvoir en cour de Rome ; mais la cour de Rome dans un autre sens, c'est cet assemblage de courtisans attentifs à relever la grandeur et la puissance des papes, afin d'y trouver eux-mêmes de quoi se relever et s'enrichir ; c'est une foule de flatteurs, qui attribuent aux pontifes romains des perfections que Dieu seul possède, et qu'il n'a communiquées à aucun homme mortel ; ce sont enfin des gens qui n'oublient rien pour changer l'humilité sainte et le désintéressement apostolique, en un intérêt condamnable et en une domination arbitraire. C'est de cette extravagante prétention, que sont venus tant d'abus et de désordres qui désolent l'Eglise chrétienne et fortifient le schisme.

(De Jaucourt)

SOCIAL, adj. *(Gramm.),* mot nouvellement introduit dans la langue, pour désigner les qualités qui rendent un homme utile dans la société, propre au commerce des hommes : des vertus *sociales*.

SOCRATIQUE, PHILOSOPHIE, ou HISTOIRE
DE LA PHILOSOPHIE DE SOCRATE (*Hist. de la
Philos.*).

. . . .

Les sophistes n'eurent point un fléau plus redoutable. Ses jeunes auditeurs se firent insensiblement à sa
méthode, et bientôt ils exercèrent le talent de l'ironie et
de l'induction d'une manière très incommode pour les
faux orateurs, les mauvais poètes, les prétendus philosophes, les Grands injustes et orgueilleux. Il n'y eut
aucune sorte de folie épargnée, ni celles des prêtres, ni
celles des artistes, ni celles des magistrats. La chaleur
d'une jeunesse enthousiaste et folâtre suscita des haines
de tous côtés à celui qui l'instruisait. Ces haines
s'accrurent et se multiplièrent. Socrate les méprisa ;
peu inquiet d'être haï, joué, calomnié, pourvu qu'il fût
innocent. Cependant il en devint la victime. Sa philosophie n'était pas une affaire d'ostentation et de
parade, mais de courage et de pratique. Apollon disait
de lui : « Sophocle est sage, Euripide est plus sage que
Sophocle ; mais Socrate est le plus sage de tous les
hommes. » Les sophistes se vantaient de savoir tout ;
Socrate, de ne savoir qu'une chose, c'est qu'il ne savait
rien. Il se ménageait ainsi l'avantage de les interroger,
de les embarrasser et de les confondre de la manière la
plus sûre et la plus honteuse pour eux. D'ailleurs cet
homme d'une prudence et d'une expérience consom-
mées, qui avait tant écouté, tant lu, tant médité, s'était
aisément aperçu que la vérité est comme un fil qui part
d'une extrémité des ténèbres et se perd de l'autre dans
les ténèbres ; et que dans toute question, la lumière
s'accroît par degrés jusqu'à un certain terme placé sur
la longueur du fil délié, au-delà duquel elle s'affaiblit
peu à peu et s'éteint. Le philosophe est celui qui sait
s'arrêter juste ; le sophiste imprudent marche toujours,
et s'égare lui-même et les autres : toute sa dialectique
se résout en incertitudes. C'est une leçon que Socrate
donnait sans cesse aux sophistes de son temps, et dont

ils ne profitèrent point. Ils s'éloignaient de lui mécontents sans savoir pourquoi. Ils n'avaient qu'à revenir sur la question qu'ils avaient agitée avec lui, et ils se seraient aperçus qu'ils s'étaient laissé entraîner au-delà du point indivisible et lumineux, terme de notre faible raison.

. . . .

(Diderot)

SOUVERAINS, s. m. pl. *(Droit naturel et politiq.)*.

. . . .

L'histoire nous fournit des exemples sans nombre de princes oppresseurs, de lois violées, de sujets révoltés. Si la raison gouvernait les *souverains,* les peuples n'auraient pas besoin de leur lier les mains, ou de vivre avec eux dans une défiance continuelle ; les chefs des nations contents de travailler au bonheur de leurs sujets, ne chercheraient point à envahir leurs droits. Par une fatalité attachée à la nature humaine, les hommes font des efforts continuels pour étendre leur pouvoir ; quelques digues que la prudence des peuples ait voulu leur opposer, il n'en est point que l'ambition et la force ne viennent à bout de rompre ou d'éluder. Les *souverains* ont un grand avantage sur les peuples ; la dépravation d'une seule volonté suffit dans le *souverain* pour mettre en danger ou pour détruire la félicité de ses sujets. Au lieu que ces derniers ne peuvent guère lui opposer l'unanimité ou le concours de volontés et de forces nécessaires pour réprimer ses entreprises injustes.

Il est une erreur funeste au bonheur des peuples, dans laquelle les *souverains* ne tombent que trop communément ; ils croient que la souveraineté est avilie dès lors que ses droits sont resserrés dans des bornes. Les chefs de nations qui travailleront à la félicité de leurs sujets, s'assureront leur amour, trouve-

ront en eux une obéissance prompte, et seront toujours
redoutables à leurs ennemis.

. . . .

SPARTE ou LACÉDÉMONE (*Géog. anc.*), ville du
Péloponnèse dans la Laconie.

J'ai promis au mot *Lacédémone* de la décrire ; et
comment pourrais-je l'oublier ? Son nom seul rappelle
de plus grandes choses, et surtout de plus grandes
vertus, que celui de toutes les autres villes de la Grèce
ensemble. Sa gloire a fait tant de bruit dans le monde,
et dans les annales de l'histoire, qu'on ne se lasse point
d'en parler [...].

. . . .

On ne considère ordinairement Lycurgue que
comme le fondateur d'un état purement militaire, et le
peuple de *Sparte*, que comme un peuple qui ne savait
qu'obéir, souffrir et mourir. Peut-être faudrait-il voir
dans Lycurgue celui de tous les philosophes qui a le
mieux connu la nature humaine, celui, surtout, qui a le
mieux vu jusqu'à quel point les lois, l'éducation, la
société, pouvaient changer l'homme, et comment on
pouvait le rendre heureux en lui donnant des habitudes
qui semblent opposées à son instinct et à sa nature.

Il faudrait voir dans Lycurgue, l'esprit le plus
profond et le plus conséquent qui ait peut-être jamais
été, et qui a formé le système de législation le mieux
combiné, le mieux lié qu'on ait connu jusqu'à présent.

. . . .

On ne voyait point à Sparte la misère à côté de
l'opulence, et par conséquent on y voyait moins que
partout ailleurs l'envie, les rivalités, la mollesse, mille
passions qui affligent l'homme, et cette cupidité qui
oppose l'intérêt personnel au bien public, et le citoyen
au citoyen.

La jurisprudence n'y était point chargée d'une
multitude de lois ; ce sont les superfluités et le luxe, ce
sont les divisions, les inquiétudes et les jalousies

qu'entraîne l'inégalité des biens, qui multiplient et les procès et les lois qui les décident.

Il y avait à *Sparte* peu de jalousie, et beaucoup d'émulation de la vertu. Les sénateurs y étaient élus par le peuple, qui désignait, pour remplir une place vacante, *l'homme le plus vertueux de la ville.*

. . . .

Il n'y avait à *Sparte* aucune loi constitutive ou civile, aucun usage qui ne tendît à augmenter les passions pour la patrie, pour la gloire, pour la vertu, et à rendre les citoyens heureux par ces nobles passions.

. . . .

SPINOSISTE, s. m. (*Gram.*), sectateur de la philosophie de Spinosa. Il ne faut pas confondre les *spinosistes* anciens avec les *spinosistes* modernes. Le principe général de ceux-ci, c'est que la matière est sensible, ce qu'ils démontrent par le développement de l'œuf, corps inerte, qui, par le seul instrument de la chaleur graduée, passe à l'état d'être sentant et vivant, et par l'accroissement de tout animal qui, dans son principe, n'est qu'un point, et qui, par l'assimilation nutritive des plantes, en un mot, de toutes les substances qui servent à la nutrition, devient un grand corps sentant et vivant dans un grand espace. De là ils concluent qu'il n'y a que la matière, et qu'elle suffit pour tout expliquer ; du reste, ils suivent l'ancien spinosisme dans toutes ses conséquences.

(Diderot)

STRATFORD ou STRETFORD (*Géog. mod.*). Bourg à marché, d'Angleterre, dans Warvickshire, sur l'Avon, qu'on y passe sur un fort beau pont de pierre de taille de quatorze arches, construit aux dépens de Hugues Clopton, maire de Londres, qui voulut laisser à la patrie ce monument de son affection. Il n'y a pas longtemps qu'on montrait encore dans ce bourg, la maison où Shakespeare (Guillaume) était mort en 1616 ; on la regardait même comme une curiosité du pays, dont les habitants regrettaient la destruction ; tant ils sont jaloux de la gloire de la naissance de ce génie sublime, le plus grand qu'on connaisse dans la poésie dramatique.

Il vit le jour à Stratford en 1564, son père qui était un gros marchand de laine, ayant dix enfants, dont Shakespeare était l'aîné, ne put lui donner d'autre éducation, que de le mettre pendant quelque temps dans une école publique, pour qu'il suivît ensuite son commerce. Il le maria à l'âge de dix-sept ans avec la fille d'un riche paysan, qui faisait valoir son bien dans le voisinage de Stratford. Shakespeare jeune, et abandonné à lui-même, vit des libertins, vint à Londres, et fit connaissance avec des comédiens. Il entra dans la troupe, et s'y distingua par son génie tourné naturellement au théâtre, sinon comme grand acteur, du moins comme excellent auteur. Ce serait un plaisir pour un homme curieux des anecdotes du théâtre anglais, de savoir quelle a été la première pièce de cet auteur, mais c'est ce qu'on ignore. On ne sait pas non plus le temps précis qu'il quitta le théâtre pour vivre tranquillement ; on sait seulement que ce ne fut qu'après l'année 1610.

. . . .

Shakespeare mourut lui-même deux ans après dans la cinquante-troisième année de son âge, et laissa très peu d'écrits ; mais ceux qu'il publia pendant sa vie ont immortalisé sa gloire. Ses ouvrages dramatiques parurent pour la première fois tous ensemble, à Londres en 1623, in-folio et depuis MM. Rowe, Pope et Théobald en ont publié de nouvelles éditions. J'ignore si celle que M. Warburton avait projetée, a eu lieu. Il devait y donner dans un discours préliminaire, outre le caractère de Shakespeare et de ses écrits, les règles qu'il a observées pour corriger son auteur, avec un ample glossaire, non de termes d'art, ni de vieux mots, mais des termes auxquels le poète a donné un sens particulier de sa propre autorité, et qui faute d'être entendus, répandent une grande obscurité dans ses pièces. Voyons maintenant ce qu'on pense du génie de Shakespeare, de son esprit, de son style, de son imagination, et de ce qui peut excuser ses défauts. Qu'on ne s'étonne pas si nous entrons dans ces détails, puisqu'il s'agit du premier auteur dramatique d'entre les modernes.

A l'égard de son génie, tout le monde convient qu'il l'avait très beau, et qu'il devait principalement à lui-même ce qu'il était. On peut comparer Shakespeare, selon Addison, à la pierre enchâssée dans l'anneau de Pyrrhus, qui représentait la figure d'Apollon avec les neuf muses dans les veines, que la nature y avait tracées elle-même, sans aucun secours de l'art, Shakespeare est de tous les auteurs, le plus original, et qui ne doit rien à l'imitation des anciens ; il n'eut ni modèles ni rivaux, les deux sources de l'émulation, les deux principaux aiguillons du génie. Il est un exemple bien remarquable de ces sortes de grands génies, qui par la force de leurs talents naturels, ont produit au milieu de l'irrégularité, des ouvrages qui faisaient les délices de leurs contemporains, et qui font l'admiration de la postérité.

. . . .
Comme je goûte le jugement plein de délicatesse et de vérité que M. Hume porte de Shakespeare, je le joins ici pour clôture. Si dans Shakespeare, dit-il, on considère un homme né dans un siècle grossier, qui a reçu l'éducation la plus basse, sans instruction du monde ni des livres, il doit être regardé comme un prodige ; s'il est représenté comme un poète qui doit plaire aux spectateurs raffinés et intelligents, il faut rabattre quelque chose de cet éloge. Dans ses compositions, on regrette que des scènes remplies de chaleur et de passion soient souvent défigurées par un mélange d'irrégularités insupportables, et quelquefois même d'absurdités, peut-être aussi ces difformités servent-elles à donner plus d'admiration pour les beautés qu'elles environnent.

Expressions, descriptions nerveuses et pittoresques, il les offre en abondance, mais en vain chercherait-on chez lui la pureté ou la simplicité du langage. Quoique son ignorance totale de l'art et de la conduite du théâtre soit révoltante, comme ce défaut affecte plus dans la représentation que dans la lecture, on l'excuse plus facilement que ce manque de goût, qui prévaut dans toutes ses productions, parce qu'il est réparé par des beautés saillantes et des traits lumineux.

En un mot, Shakespeare avait un génie élevé et fertile, et d'une grande richesse pour les deux genres du théâtre ; mais il doit être cité pour exemple du danger qu'il y aura toujours à se reposer uniquement sur ces avantages, pour atteindre à l'excellence dans les beaux-arts ; peut-être doit-il rester quelque soupçon, qu'on relève trop la grandeur de son génie, à peu près comme le défaut de proportion et la mauvaise taille donnent quelquefois aux corps une apparence plus gigantesque.

(De Jaucourt)

SUISSE, *la* (*Géog. mod.*).

. . . .

Je me suis étendu sur la *Suisse*, et je n'ai dit que deux mots des plus grands royaumes d'Asie, d'Afrique et d'Amérique ; c'est que tous ces royaumes ne mettent au monde que des esclaves, et que la Suisse produit des hommes libres. Je sais que la nature si libérale ailleurs, n'a rien fait pour cette contrée, mais les habitants y vivent heureux ; les solides richesses qui consistent dans la culture de la terre, y sont recueillies par des mains sages et laborieuses. Les douceurs de la société, et la saine philosophie, sans laquelle la société n'a point de charmes durables, ont pénétré dans les parties de la *Suisse* où le climat est le plus tempéré et où règne l'abondance. Les sectes de la religion y sont tolérantes. Les arts et les sciences y ont fait des progrès admirables. Enfin dans ces pays, autrefois agrestes, on est parvenu en plusieurs endroits à joindre la politesse d'Athènes à la simplicité de Lacédémone. Que ces pays se gardent bien aujourd'hui d'adopter le luxe étranger, et de laisser dormir les lois somptuaires qui le prohibent !

. . . .

(De Jaucourt)

SUPERSTITION (*Métaphys. et Philos.*). Tout excès de la religion en général, suivant l'ancien mot du paganisme : il faut être pieux, et se bien garder de tomber dans la *superstition*.

Religentem esse oportet, religiosum nefas.
Aul. Gell. liv. IV. chap. IX.

En effet, la *superstition* est un culte de religion, faux, mal dirigé, plein de vaines terreurs, contraire à la raison et aux saines idées qu'on doit avoir de l'être suprême. Ou si vous l'aimez mieux, la *superstition* est cette espèce d'enchantement ou de pouvoir magique, que la crainte exerce sur notre âme ; fille malheureuse de l'imagination, elle emploie pour la frapper les spectres, les songes et les visions ; c'est elle, dit Bacon, qui a forgé ces idoles du vulgaire, les génies invisibles, les jours de bonheur ou de malheur, les traits invincibles de l'amour et de la haine. Elle accable l'esprit, principalement dans la maladie ou dans l'adversité ; elle change la bonne discipline, et les coutumes vénérables en momeries et en cérémonies superficielles. Dès qu'elle a jeté de profondes racines dans quelque religion que ce soit, bonne ou mauvaise, elle est capable d'éteindre les lumières naturelles, et de troubler les têtes les plus saines. Enfin, c'est le plus terrible fléau de l'humanité. L'athéisme même (c'est tout dire) ne détruit point cependant les sentiments naturels, ne porte aucune atteinte aux lois, ni aux mœurs du peuple; mais la *superstition* est un tyran despotique qui fait tout céder à ses chimères. Ses préjugés sont supérieurs à tous les autres préjugés. Un athée est intéressé à la tranquillité publique, par l'amour de son propre repos; mais la *superstition* fanatique, née du trouble de l'imagination, renverse les empires.

. . . .

L'ignorance et la barbarie introduisent la *superstition*, l'hypocrisie l'entretient de vaines cérémonies, le faux zèle la répand, et l'intérêt la perpétue.

La main du monarque ne saurait trop enchaîner le monstre de *superstition*; et c'est de ce monstre, bien plus que de l'irréligion (toujours inexcusable) que le trône doit craindre pour son autorité et la patrie pour son bonheur. La *superstition* mise en action, constitue proprement le fanatisme.

. . . .

(De Jaucourt)

SYNCRÉTISTES, HÉNOTIQUES, ou CONCILIATEURS, s. m. (*Hist. de la philos.*). Ceux-ci connurent bien les défauts de la philosophie sectaire; ils virent toutes les écoles soulevées les unes contre les autres; ils s'établirent entre elles en qualité de pacificateurs; et empruntant de tous les systèmes les principes qui leur convenaient, les adoptant sans examen, et compilant ensemble les propositions les plus opposées, ils appelèrent cela *former un corps de doctrine,* où l'on n'apercevait qu'une chose : c'est que dans le dessein de rapprocher des opinions contradictoires, ils les avaient défigurées et obscurcies; et qu'au lieu d'établir la paix entre les philosophes, il n'y en avait aucun qui pût s'accommoder de leur tempérament, et qui ne dût s'élever contre eux.

Il ne faut pas confondre les *syncrétistes* avec les éclectiques : ceux-ci, sans s'attacher à personne, ramenant les opinions à la discussion la plus rigoureuse, ne recevaient d'un système que les propositions qui leur semblaient réductibles à des notions évidentes par elles-mêmes. Les *syncrétistes* au contraire ne discutaient rien en soi-même ; ils ne cherchaient point à découvrir si une assertion était vraie ou fausse, mais ils s'occupaient seulement des moyens de concilier des assertions diverses, sans aucun égard ou à leur fausseté, ou à leur vérité.

. . . .

Il paraît par ce que nous avons dit de cette secte, qu'elle a peu fait pour le progrès de la philosophie, qu'on lui doit peu de vérités, et qu'il ne s'en est fallu de rien qu'elle ne nous ait engagés dans dcs disputes sans fin.

Il s'agit bien de concilier un philosophe avec un autre philosophe ; et qu'est-ce que cela nous importe ? Ce qu'il faut savoir, c'est qui est-ce qui a tort ou raison.

Il s'agit bien de savoir si un système de philosophie s'accorde avec l'Ecriture ou non ; et qu'est-ce que cela nous importe ? Ce qu'il faut savoir, c'est s'il est conforme à l'expérience ou non.

Quelle est l'autorité que le philosophe doit avoir pour soi ? celle de la nature, de la raison, de l'observation et de l'expérience.

Il ne doit le sacrifice de ses lumières à personne, pas même à Dieu, puisque Dieu même nous conduit par l'intelligence des choses qui nous sont connues à la croyance de celles que nous ne concevons pas.

Tandis que tant d'esprits s'occupaient à concilier Platon avec Aristote, Aristote avec Zénon, les uns et les autres avec Jésus-Christ ou avec Moïse, le temps se passait, et la vérité s'arrêtait.

Depuis que l'éclectisme a prévalu, que sont devenus tous les ouvrages des *syncrétistes* ? ils sont oubliés.

(Diderot)

T

THÉOCRATIE, s. f. (*Hist. anc. et politique*), c'est ainsi que l'on nomme un gouvernement dans lequel une nation est soumise immédiatement à Dieu, qui exerce sa souveraineté sur elle, et lui fait connaître ses volontés par l'organe des prophètes et des ministres à qui il lui plaît de se manifester.

La nation des Hébreux nous fournit le seul exemple d'une vraie *théocratie*. Ce peuple dont Dieu avait fait son héritage, gémissait depuis longtemps sous la tyrannie des Egyptiens, lorsque l'Eternel se souvenant de ses promesses, résolut de briser ses liens, et de le mettre en possession de la terre qu'il lui avait destinée. Il suscita pour sa délivrance un prophète, à qui il communiqua ses volontés ; ce fut Moïse, Dieu le choisit pour être le libérateur de son peuple, et pour lui prescrire des lois dont lui-même était l'auteur. Moïse ne fut que l'organe et l'interprète des volontés du ciel, il était le ministre de Dieu, qui s'était réservé la souveraineté sur les Israélites ; ce prophète leur prescrit en son nom, le culte qu'ils devaient suivre, et les lois qu'ils devaient observer.

. . . .

Quoique les Israélites soient le seul peuple qui nous fournisse l'exemple d'une vraie *théocratie,* on a vu cependant des imposteurs, qui, sans avoir la mission de

Moïse, ont établi sur des peuples ignorants et séduits, un empire qu'ils leur persuadaient être celui de la Divinité. Ainsi, chez les Arabes, Mahomet s'est rendu le prophète, le législateur, le pontife, et le souverain d'une nation grossière et subjuguée ; l'alcoran renferme à la fois les dogmes, la morale, et les lois civiles des Musulmans ; on sait que Mahomet prétendait avoir reçu ces lois de la bouche de Dieu même ; cette prétendue *théocratie* dura pendant plusieurs siècles sous les califes, qui furent les souverains, et les pontifes des Arabes. Chez les Japonais, la puissance du dairi ou de l'empereur ecclésiastique, ressemblait à une *théocratie*, avant que le cubo ou empereur séculier, eût mis des bornes à son autorité. On trouve des vestiges d'un empire pareil chez les anciens gaulois ; les druides exerçaient les fonctions de prêtres et de juges des peuples. Chez les Ethiopiens et les Egyptiens les prêtres ordonnaient aux rois de se donner la mort, lorsqu'ils avaient déplu à la Divinité ; en un mot il n'est guère de pays où le sacerdoce n'ait fait des efforts pour établir son autorité sur les âmes et sur les corps des hommes.

Quoique Jésus-Christ ait déclaré que son royaume n'est pas de ce monde, dans des siècles d'ignorance, on a vu des pontifes chrétiens s'efforcer d'établir leur puissance sur les ruines de celles des rois ; ils prétendaient disposer des couronnes avec une autorité qui n'appartient qu'au souverain de l'univers.

Telles ont été les prétentions et les maximes des Grégoire VII, des Boniface VIII, et de tant d'autres pontifes romains, qui profitant de l'imbécillité superstitieuse des peuples, les ont armés contre leurs souverains naturels, et ont couvert l'Europe de carnage et d'horreurs ; c'est sur les cadavres sanglants de plusieurs millions de chrétiens que les représentants du Dieu de paix ont élevé l'édifice d'une puissance chimérique, dont les hommes ont été longtemps les tristes jouets et les malheureuses victimes. En général l'histoire et l'expérience nous prouvent que le sacerdoce s'est toujours efforcé d'introduire sur la terre une espèce de *théocratie ;* les prêtres n'ont voulu se soumettre qu'à Dieu, ce souverain invisible de la nature, ou à l'un d'entre eux, qu'ils avaient choisi pour représenter la divinité ; ils ont voulu former dans les états un état séparé indépendant de la puissance civile ; ils ont prétendu ne tenir que de la Divinité les biens dont les hommes les avaient visiblement mis en possession. C'est à la sagesse des souverains à réprimer ces prétentions ambitieuses et idéales, et à contenir tous les membres de la société dans les justes bornes que prescrivent la raison et la tranquillité des états.

Un auteur moderne a regardé la *théocratie* comme le premier des gouvernements que toutes les nations aient adoptés, il prétend qu'à l'exemple de l'univers qui est gouverné par un seul Dieu, les hommes réunis en société ne voulurent d'autre monarque que l'Etre suprême. Comme l'homme n'avait que des idées imparfaites et humaines de ce monarque céleste, on lui éleva un palais, un temple, un sanctuaire, et un trône, on lui donna des officiers et des ministres. On ne tarda point à représenter le roi invisible de la société par des emblèmes et des symboles qui indiquaient quelques-uns de ses attributs ; peu à peu l'on oublia ce que le symbole désignait, et l'on rendit à ce symbole ce qui n'était dû qu'à la Divinité qu'il représentait ; ce fut là l'origine de l'idolâtrie à laquelle les prêtres, faute d'instruire les peuples, ou par intérêt, donnèrent eux-mêmes lieu. Ces prêtres n'eurent point de peine à gouverner les hommes au nom des idoles muettes et inanimées dont ils étaient les ministres ; une affreuse superstition couvrit la face de la terre sous ce gouvernement sacerdotal, il multiplia à l'infini les sacrifices, les offrandes, en un mot toutes les pratiques utiles aux ministres visibles de la Divinité cachée. Les prêtres enorgueillis de leur pouvoir en abusèrent étrangement ; ce fut leur incontinence, qui, suivant l'auteur, donna naissance à cette race d'hommes qui prétendaient descendre des dieux, et qui sont connus dans la

Mythologie sous le nom de *demi-dieux*. Les hommes fatigués du joug insupportable des ministres de la *théocratie,* voulurent avoir au milieu d'eux des symboles vivants de la Divinité, ils choisirent donc des rois, qui furent pour eux les représentants du monarque invisible. Bientôt on leur rendit les mêmes honneurs qu'on avait rendus avant eux aux symboles de la *théocratie ;* ils furent traités en dieux, et ils traitèrent en esclaves les hommes, qui, croyant être toujours soumis à l'Etre suprême, oublièrent de restreindre par des lois salutaires le pouvoir dont pouvaient abuser ces faibles images. C'est là, suivant l'auteur, la vraie source du despotisme, c'est-à-dire de ce gouvernement arbitraire et tyrannique sous lequel gémissent encore aujourd'hui les peuples de l'Asie, sans oser réclamer les droits de la nature et de la raison, qui veulent que l'homme soit gouverné pour son bonheur. *Voyez* PRÊTRES.

(D'Holbach)

THÉOSOPHES, *les (Hist. de la philosophie)*. Voici peut-être l'espèce de philosophie la plus singulière. Ceux qui l'ont professée regardaient en pitié la raison humaine ; ils n'avaient nulle confiance dans sa lueur ténébreuse et trompeuse ; ils se prétendirent éclairés par un principe intérieur, surnaturel et divin, qui brillait en eux et s'y éteignait par intervalles, qui les élevait aux connaissances les plus sublimes lorsqu'il agissait, ou qui les laissait tomber dans l'état d'imbécillité naturelle lorsqu'il cessait d'agir ; qui s'emparait violemment de leur imagination, qui les agitait, qu'ils ne maîtrisaient pas, mais dont ils étaient maîtrisés, et qui les conduisait aux découvertes les plus importantes et les plus cachées sur Dieu et sur la nature : c'est ce qu'ils ont appelé la *théosophie.*

. . . .

Il y a encore quelques *théosophes* parmi nous. Ce sont des gens à demi instruits, entêtés de rapporter aux saintes Ecritures toute l'érudition ancienne et toute la philosophie nouvelle ; qui déshonorent la Révélation par la stupide jalousie avec laquelle ils défendent ses droits ; qui rétrécissent autant qu'il est en eux l'empire de la raison, dont ils nous interdiraient volontiers l'usage ; qui sont toujours tout prêts à attacher l'épithète d'hérésie à toute hypothèse nouvelle ; qui réduiraient volontiers toute connaissance à celle de la religion, et toute lecture aux livres de l'Ancien et du Nouveau Testament, où ils voient tout ce qui n'y est pas et rien de ce qui y est ; qui ont pris en aversion la philosophie et les philosophes, et qui réussiraient à éteindre parmi nous l'esprit de découvertes et de recherches, et à nous replonger dans la barbarie, si le gouvernement les appuyait, comme ils le demandent.

(Diderot)

TOLÉRANCE (*Ordre encyclop. Théolog. Morale, Politiq.*).

La *tolérance* est en général la vertu de tout être faible, destiné à vivre avec des êtres qui lui ressemblent. L'homme, si grand par son intelligence, est en même temps si borné par ses erreurs et par ses passions qu'on ne saurait trop lui inspirer pour les autres, cette *tolérance* et ce support dont il a tant besoin pour lui-même, et sans lesquels on ne verrait sur la terre que troubles et dissensions. C'est en effet, pour les avoir proscrites, ces douces et conciliantes vertus, que tant de siècles ont fait plus ou moins l'opprobre et le malheur des hommes ; et n'espérons pas que sans elles nous rétablissions jamais parmi nous le repos et la prospérité.

. . . .

On peut tirer de ces paroles ces conséquences légitimes. La première, c'est que les souverains ne doivent point tolérer les dogmes qui sont opposés à la société civile ; ils n'ont point, il est vrai, d'inspection sur les consciences, mais ils doivent réprimer ces discours téméraires qui pourraient porter dans les cœurs la licence et le dégoût des devoirs. Les athées en particulier, qui enlèvent aux puissants le seul frein qui les retienne, et aux faibles leur unique espoir, qui énervent toutes les lois humaines en leur ôtant la force qu'elles tirent d'une sanction divine, qui ne laissent entre le juste et l'injuste qu'une distinction politique et frivole, qui ne voient l'opprobre du crime que dans la peine du criminel : les athées, dis-je, ne doivent pas réclamer la tolérance en leur faveur ; qu'on les instruise d'abord, qu'on les exhorte avec bonté ; s'ils persistent, qu'on les réprime ; enfin rompez avec eux, bannissez-les de la société, eux-mêmes en ont brisé les liens. Les souverains doivent s'opposer avec rigueur aux entreprises de ceux qui couvrant leur avidité du prétexte de la religion voudraient attenter aux biens ou des particuliers, ou des princes mêmes. Surtout qu'ils proscrivent avec soin ces sociétés dangereuses, qui soumettant leurs membres à une double autorité, forment un état dans l'état, rompent l'union politique, relâchent, dissolvent les liens de la patrie pour concentrer dans leur corps, leurs affections et leurs intérêts, et sont ainsi disposés à sacrifier la société générale à leur société particulière. En un mot, que l'état soit *un*, que le prêtre soit avant tout citoyen ; qu'il soit soumis, comme tout autre, à la puissance du souverain, aux lois de sa patrie ; que son autorité purement spirituelle se borne à instruire, à exhorter, à prêcher la vertu ; qu'il apprenne de son divin maître que son règne n'est pas de ce monde ; car tout est perdu si vous laissez un instant dans la même main le glaive et l'encensoir.

Règle générale. Respectez inviolablement les droits de la conscience dans tout ce qui ne trouble point la société. Les erreurs spéculatives sont indifférentes à l'état ; la diversité des opinions régnera toujours parmi des êtres aussi imparfaits que l'homme ; la vérité produit des hérésies, comme le soleil des impuretés et des taches : n'allez donc pas aggraver un mal inévitable, en employant le fer et le feu pour le déraciner ; punissez les crimes ; ayez pitié de l'erreur, et ne donnez jamais à la vérité d'autres armes que la douceur, l'exemple, et la persuasion. *En fait de changement de croyance, les invitations sont plus fortes que les peines ; celles-ci n'ont jamais eu d'effet que comme destruction.*

. . . .

(Romilly)

TRAITE DES NÈGRES *(Commerce d'Afrique),* c'est l'achat des nègres que font les Européens sur les côtes d'Afrique, pour employer ces malheureux dans leurs colonies en qualité d'esclaves. Cet achat de nègres, pour les réduire en esclavage, est un négoce qui viole la religion, la morale, les lois naturelles, et tous les droits de la nature humaine.

Les nègres, dit un Anglais moderne, plein de lumières et d'humanité, ne sont point devenus esclaves par le droit de la guerre ; ils ne se dévouent pas non plus volontairement eux-mêmes à la servitude, et par conséquent leurs enfants ne naissent point esclaves. Personne n'ignore qu'on les achète de leurs princes, qui prétendent avoir droit de disposer de leur liberté, et que les négociants les font transporter de la même manière que leurs autres marchandises, soit dans leurs colonies, soit en Amérique où ils les exposent en vente.

Si un commerce de ce genre peut être justifié par un principe de morale, il n'y a point de crime, quelque atroce qu'il soit, qu'on ne puisse légitimer. Les rois, les princes, les magistrats ne sont point les propriétaires de leurs sujets, ils ne sont donc pas en droit de disposer de leur liberté et de les vendre pour esclaves.

D'un autre côté, aucun homme n'a droit de les acheter ou de s'en rendre le maître ; les hommes et leur liberté ne sont point un objet de commerce ; ils ne peuvent être ni vendus, ni achetés, ni payés à aucun prix. Il faut conclure de là qu'un homme dont l'esclave prend la fuite, ne doit s'en prendre qu'à lui-même, puisqu'il avait acquis à prix d'argent une marchandise illicite, et dont l'acquisition lui était interdite par toutes les lois de l'humanité et de l'équité.

Il n'y a donc pas un seul de ces infortunés que l'on prétend n'être que des esclaves, qui n'ait droit d'être déclaré libre, puisqu'il n'a jamais perdu la liberté; qu'il ne pouvait pas la perdre; et que son prince, son père, et qui que ce soit dans le monde n'avait le pouvoir d'en disposer; par conséquent la vente qui en a été faite est nulle en elle-même; ce nègre ne se dépouille, et ne peut pas même se dépouiller jamais de son droit naturel; il le porte partout avec lui, et il peut exiger partout qu'on l'en laisse jouir. C'est donc une inhumanité manifeste de la part des juges des pays libres où il est transporté, de ne pas l'affranchir à l'instant en le déclarant libre, puisque c'est leur semblable, ayant une âme comme eux.

. . . .

On dira peut-être qu'elles seraient bientôt ruinées, ces colonies, si l'on y abolissait l'esclavage des nègres. Mais quand cela serait, faut-il conclure de là que le genre humain doit être horriblement lésé, pour nous enrichir ou fournir à notre luxe? Il est vrai que les bourses des voleurs des grands chemins seraient vides, si le vol était absolument supprimé: mais les hommes ont-ils le droit de s'enrichir par des voies cruelles et criminelles? Quel droit a un brigand de dévaliser les passants? A qui est-il permis de devenir opulent, en rendant malheureux ses semblables? Peut-il être légitime de dépouiller l'espèce humaine de ses droits les plus sacrés, uniquement pour satisfaire son avarice, sa vanité, ou ses passions particulières? Non... Que les colonies européennes soient donc plutôt détruites, que de faire tant de malheureux!

Mais je crois qu'il est faux que la suppression de l'esclavage entraînerait leur ruine. Le commerce en souffrirait pendant quelque temps: je le veux, c'est là l'effet de tous les nouveaux arrangements, parce qu'en ce cas on ne pourrait trouver sur-le-champ les moyens de suivre un autre système ; mais il résulterait de cette suppression beaucoup d'autres avantages.

C'est cette *traite des nègres,* c'est l'usage de la servitude qui a empêché l'Amérique de se peupler aussi promptement qu'elle l'aurait fait sans cela. Que l'on mette les nègres en liberté, et dans peu de générations ce pays vaste et fertile comptera des habitants sans nombre. Les arts, les talents y fleuriront ; et au lieu qu'il n'est presque peuplé que de sauvages et de bêtes féroces, il ne le sera bientôt que par des hommes industrieux. C'est la liberté, c'est l'industrie qui sont les sources réelles de l'abondance. Tant qu'un peuple conservera cette industrie, et cette liberté, il ne doit rien redouter. L'industrie, ainsi que le besoin, est ingénieuse et inventive ; elle trouve mille moyens différents de se procurer des richesses ; et si l'un des canaux de l'opulence se bouche, cent autres s'ouvrent à l'instant. Les âmes sensibles et généreuses applaudiront sans doute à ces raisons en faveur de l'humanité ; mais l'avarice et la cupidité qui dominent la terre, ne voudront jamais les entendre.

(De Jaucourt)

TRAPPE, *abbaye de la (Hist. ecclés.).*

. . . .

[...] en 1662, l'abbé Jean le Bouthillier de Rancé, converti, non par la mort subite, je crois, de la belle madame de Montbazon, dont il était amant favorisé, mais par une circonstance extraordinaire qui l'a suivie, porta la réforme la plus austère à la *Trappe.* C'est là que se retirent ceux qui ont commis quelques crimes secrets dont les remords les poursuivent ; ceux qui sont tourmentés de vapeurs mélancoliques et religieuses ; ceux qui ont oublié que Dieu est le plus miséricordieux des pères, et qui ne voient en lui que le plus cruel des tyrans ; ceux qui réduisent à rien les souffrances, la mort, et la passion de Jésus-Christ, et qui ne voient la religion que du côté effrayant et terrible. C'est de là que partent des cris, et là que sont pratiquées des austérités qui abrègent la vie, et qui font injure à la divinité.

U

UNITAIRES (*Théol. et Métaph.*).

. . . .

II. *Sur le péché originel, la grâce, et la prédestination.*
Le second pas de nos sectaires n'a pas été un acte de
rébellion moins éclatant ; ne voulant point par un
aveuglement qu'on ne peut trop déplorer, s'en tenir
aux sages décisions de l'église, ils ont osé examiner ce
qu'elle avait prononcé sur le péché originel, la grâce, et
la prédestination, et porter un œil curieux sur ces
mystères inaccessibles à la raison. On peut bien croire
qu'ils se sont débattus longtemps dans ces ténèbres,
sans avoir pu les dissiper ; mais pour eux ils prétendent
avoir trouvé dans le pélagianisme, et le semi-pélagia-
nisme le plus outré, le point le plus près de la vérité ; et
renouvelant hautement ces anciennes hérésies, ils
disent :

Que la doctrine du péché originel imputé et inhé-
rent, est évidemment impie.

Que Moïse n'a jamais enseigné ce dogme, qui fait
Dieu injuste et cruel, et qu'on le cherche en vain dans
ses livres.

Que c'est à S. Augustin que l'on doit cette doctrine
qu'ils traitent de désolante et de préjudiciable à la
religion.

Que c'est lui qui l'a introduite dans le monde où elle
avait été inconnue pendant l'espace de 4 400 ans ; mais
que son autorité ne doit pas être préférée à celle de

l'Ecriture, qui ne dit pas un mot de cette prétendue corruption originelle ni de ses fuites.

Que d'ailleurs quand on pourrait trouver dans la bible quelques passages obscurs qui favorisassent ce système, ce qui, selon eux, est certainement impossible, quelque violence que l'on fasse au texte sacré, il faudrait nécessairement croire que ces passages ont été corrompus, interpolés, ou mal traduits : « car, disent-ils, il ne peut rien y avoir dans les Ecritures que ce qui s'accorde avec la raison : toute interprétation, tout dogme qui ne lui est pas conforme, ne saurait dès lors avoir place dans la théologie, puisqu'on n'est pas obligé de croire ce que la raison assure être faux ».

Ils concluent de là :

Qu'il n'y a point de corruption morale, ni d'inclinations perverses, dont nous héritions de nos ancêtres.

Que l'homme est naturellement bon.

Que dire comme quelques théologiens, qu'il est incapable de faire le bien dans une grâce particulière du S. Esprit, c'est briser les liens les plus forts qui l'attachent à la vertu, et lui arracher, pour ainsi dire, cette estime et cet amour de foi ; deux principes également utiles, qui ont leur source dans la nature de l'homme, et qu'il ne faut que bien diriger pour en voir naître dans tous les temps, et chez tous les peuples, une multitude d'actions sublimes, éclatantes et qui exigent le plus grand sacrifice de soi-même.

Qu'en un mot c'est avancer une maxime fausse, dangereuse, et avec laquelle on ne fera jamais de bonne morale.

Ils demandent pourquoi les Chrétiens auraient besoin de ce secours surnaturel pour ordonner leur conduite selon la droite raison, puisque les Païens par leurs propres forces, et sans autre règle que la voix de la nature qui se fait entendre à tous les hommes, ont pu être justes, honnêtes, vertueux, et s'avancer dans le chemin du ciel ?

Ils disent que s'il n'y a point dans l'entendement, des ténèbres si épaisses que l'éducation, l'étude et l'application ne puissent dissiper, point de penchants vicieux ni de mauvaises habitudes que l'on ne puisse rectifier avec le temps, la volonté et la sanction des lois, il s'ensuit que tout homme peut sans une grâce interne atteindre dès ici-bas une sainteté parfaite.

Qu'un tel secours détruirait le mérite animal de ses œuvres, et anéantirait non pas sa liberté, car ils prétendent que cette liberté est une chimère, mais la spontanéité de ses actions.

Que bien loin donc que l'homme sage puisse raisonnablement s'attendre à une telle grâce, il doit travailler lui-même à se rendre bon, s'appuyer sur ses propres forces, vaincre les difficultés et les tentations par les efforts continuels vers le bien, dompter ses passions par sa raison, et arrêter leurs emportements par l'étude ; mais que s'il s'attend à un secours surnaturel, il périra dans sa sécurité.

Qu'il est certain que Dieu n'intervient point dans les volontés des hommes par un concours secret qui les fasse agir.

Qu'ils n'ont pas plus besoin de son secours *ad hoc* que de son concours pour se mouvoir, et de ses inspirations pour se déterminer.

Que leurs actions sont les résultats nécessaires des différentes impressions que les objets extérieurs font sur leurs organes et de l'assemblage fortuit d'une suite infinie des causes, *etc. Voyez* PÉCHÉ ORIGINEL, GRÂCE, *etc.*

A l'égard de la *prédestination*, ils prétendent :

Qu'il n'y a point en Dieu de décret par lequel il ait prédestiné de toute éternité ceux qui seront sauvés et ceux qui ne le seront pas.

Qu'un tel décret, s'il existait, serait digne du mauvais principe des Manichéens.

Ils ne peuvent concevoir qu'un dogme, selon eux, si barbare, si injurieux à la divinité, si révoltant pour la raison, de quelque manière qu'on l'explique, soit admis dans presque toutes les communions chrétiennes, et qu'on y traite hardiment d'impies ceux qui le rejettent, et qui s'en tiennent fermement à ce que la raison et l'Ecriture sainement interprétée leur enseignent à cet égard. *Voyez* Prédestination et Décret, où l'on examine ce que S. Paul enseigne sur cette matière obscure et difficile.

III. *Touchant l'homme et les sacrements*. En voyant les *Unitaires* rejeter aussi hardiment les dogmes ineffables du péché originel, de la grâce et de la prédestination, on peut bien penser qu'ils n'ont pas eu plus de respect pour ce que l'Eglise et les saints conciles ont très sagement déterminé touchant *l'homme et les sacrements*. L'opinion de nos sectaires à cet égard peut être regardée comme le troisième pas qu'ils ont fait dans la voie de l'égarement ; mais ils n'ont fait en cela que suivre le sentiment de Socin qui leur a servi de guide. Je fais cette remarque, parce qu'ils n'ont pas adopté sans exception les sentiments de leur chef, nulle secte ne poussant plus loin la liberté de penser, et l'indépendance de toute autorité. Socin dit donc :

Que c'est une erreur grossière de s'imaginer que Dieu ait fait le premier homme revêtu de tous ces grands avantages que les Catholiques, ainsi que le gros des Réformés, lui attribuent dans son état d'innocence, comme sont la justice originelle, l'immortalité, la droiture dans la volonté, la lumière dans l'entendement, *etc.* et de penser que la mort naturelle et la mortalité sont entrées dans le monde par la voie du péché.

Que non seulement l'homme avant sa chute n'était pas plus immortel qu'il ne l'est aujourd'hui, mais qu'il n'était pas même véritablement juste, puisqu'il n'était pas impeccable.

Que s'il n'avait pas encore péché, c'est qu'il n'en avait pas eu d'occasion.

Qu'on ne peut donc pas affirmer qu'il fût juste, puisqu'on ne saurait prouver qu'il se serait abstenu de pécher, s'il en eût eu l'occasion, *etc.*

. . . .

(Naigeon)

USURE, s. f. (*Morale*). Usure légale ou intérêt légitime.

. . . .

Qu'on vienne à présent nous objecter les prophètes et les pères, les constitutions des papes et les ordonnances des rois. On les lit sans principe, on n'en voit que des lambeaux, et on les cite tous les jours sans les entendre et sans en pénétrer ni l'objet, ni les motifs ; ils n'envisagent tous que l'accomplissement de la loi ou, ce qui est ici la même chose, que le vrai bien de l'humanité ; or, que dit la loi sur ce sujet, et que demande le bien de l'humanité ? Que nous secourions les nécessiteux et par l'aumône, et par le prêt gratuit, ce qui est d'autant plus facile, qu'il ne leur faut que des secours modiques. Voilà dans notre espèce à quoi se réduisent nos devoirs indispensables, et la loi ne dit rien qui nous oblige au-delà [...].

Revenons donc enfin à la diversité des temps, à la diversité des usages et des lois. Autrefois l'*usure* était exorbitante, on l'exigeait des plus pauvres, et avec une dureté capable de troubler la paix des états ; ce qui la rendait justement odieuse. Les choses ont bien changé ; les intérêts sont devenus modiques, et nullement ruineux. D'ailleurs, grâce à notre heureuse législation, comme on n'a guère de prise aujourd'hui sur la personne, les barbaries qui accompagnaient jadis l'*usure*, sont inconnues de nos jours. Aussi ne prête-t-on plus qu'à des gens réputés solvables ; et, comme nous l'avons déjà remarqué, les pauvres sont presque toujours de trop dans la question présente. Si l'on est donc de bonne foi, on reconnaîtra que les prêts de lucre ne regardent que les gens aisés, ou ceux qui ont des ressources et des talents. On avouera que ces prêts ne leur sont point onéreux, et que bien différents de ceux qui avaient cours dans l'antiquité, jamais ils n'ont excité les clameurs du peuple contre les créanciers. On reconnaîtra même que ces prêts sont très utiles au

corps politique, en ce que les riches fuyant presque
toujours le travail et la peine, et par malheur les
hommes entreprenants étant rarement pécunieux, les
talents de ces derniers sont le plus souvent perdus pour
la société, si le prêt de lucre ne les met en œuvre.
Conséquemment on sentira que si la législation prenait
là-dessus un parti conséquent, et qu'elle approuvât
nettement le prêt de lucre au taux légal, elle ferait,
comme on l'a dit, le vrai bien, le bien général de la
société, elle nous épargnerait des formalités obliques et
ruineuses; et nous délivrerait tout d'un coup de ces
vaines perplexités qui ralentissent nécessairement le
commerce national.

· ·

(Faiguet)

V

VAUCOULEURS (*Géog. mod.*).
. . . .
Le pays de *Vaucouleurs* est connu pour avoir donné
naissance dans le village de Domrémy, à cette fameuse
fille appelée *Jeanne d'Arc* et surnommée *la pucelle
d'Orléans*. C'était une servante d'hôtellerie, née au
commencement du XVe siècle, « robuste, montant
chevaux à poil, comme dit Monstrelet, et faisant autres
apertises que filles n'ont point accoutumé de faire ».
On la fit passer pour une bergère de 18 ans en 1429, et
cependant par sa propre confession elle avait alors
27 ans. On la mena à Chinon auprès de Charles VII
dont les affaires étaient réduites à un état déplorable,
outre que les Anglais assiégeaient alors la ville
d'Orléans. Jeanne dit au roi qu'elle est envoyée de
Dieu pour faire lever le siège de cette ville, et ensuite le
faire sacrer à Reims. Un gentilhomme nommé *Baudri-
court* avait proposé au duc de Dunois d'employer cet
expédient pour relever le courage de Charles VII et
Jeanne d'Arc se chargea de bien jouer son rôle de
guerrière et d'inspirée.

Elle fut examinée par des femmes qui la trouvèrent
vierge et sans tache.

Les docteurs de l'université et quelques conseillers
du parlement ne balancèrent pas à déclarer qu'elle
avait toutes les qualités qu'elle se donnait ; soit qu'elle

les trompât, soit qu'ils crussent eux-mêmes devoir entrer dans cet artifice politique : quoi qu'il en soit, cette fille guerrière conduite par des capitaines qui ont l'air d'être à ses ordres, parle aux soldats de la part de Dieu, se met à leur tête, leur inspire son courage, et bientôt après entre dans Orléans, dont elle fait lever le siège.

. . . .

L'année suivante elle se jette dans Compiègne que les Anglais assiégeaient ; elle est prise dans une sortie, et conduite à Rouen. Le duc de Bedfort crut nécessaire de la flétrir pour ranimer ses Anglais. Elle avait feint un miracle, le régent feignit de la croire sorcière ; on l'accusa d'hérésie, de magie, et on condamna en 1431 à périr par le feu, celle qui ayant sauvé son roi, aurait eu des autels dans les temps héroïques. Charles VII en 1454 réhabilita sa mémoire assez honorée par son supplice même.

On sait qu'étant en prison elle fit à ses juges une réponse admirable. Interrogée pourquoi elle avait osé assister au sacre de Charles avec son étendard, elle répondit : « il est juste que qui a eu part au travail, en ait à l'honneur ». Les magistrats n'étaient pas en droit de la juger, puisqu'elle était prisonnière de guerre ; mais en la condamnant à être brûlée comme hérétique et sorcière, ils commettaient une horrible barbarie, et étaient coupables de fanatisme, de superstition et d'ignorance. D'autres magistrats du dernier siècle ne furent pas moins coupables en condamnant en 1617 Léonora Galigaï, maréchale d'Ancre, à être décapitée et brûlée comme magicienne et sorcière, et elle fit à ses juges une aussi bonne réponse que Jeanne d'Arc.

(De Jaucourt)

VICE, s. m. (*Droit naturel, Morale, etc.*).

. . . .

L'usage a mis de la différence entre un *défaut* et un *vice* ; tout *vice* est un *défaut*, mais tout *défaut* n'est pas *vice.* On suppose à l'homme qui a un *vice,* une liberté qui le rend coupable à nos yeux ; le défaut tombe communément sur le compte de la nature ; on excuse l'homme, on accuse la nature. Lorsque la philosophie discute ces distinctions avec une exactitude bien scrupuleuse, elle les trouve souvent vides de sens. Un homme est-il plus maître d'être pusillanime, voluptueux, colère, vicieux en un mot, què louche, bossu ou boiteux ? Plus on accorde à l'organisation, à l'éducation, aux mœurs nationales, au climat, aux circonstances qui ont disposé de notre vie, depuis l'instant où nous sommes tombés du sein de la nature, jusqu'à celui où nous existons, moins on est vain des bonnes qualités qu'on possède, et qu'on se doit si peu à soi-même, plus on est indulgent pour les défauts et les *vices* des autres, plus on est circonspect dans l'emploi des mots *vicieux* et *vertueux,* qu'on ne prononce jamais sans amour ou sans haine, plus on a de penchant à leur substituer ceux de *malheureusement* et d'*heureusement nés,* qu'un sentiment de commisération accompagne toujours. Vous avez pitié d'un aveugle ; et qu'est-ce qu'un méchant, sinon un homme qui a la vue courte, et qui ne voit pas au-delà du moment où il agit ?

(Diderot)

VIE, *durée de la vie (Arithm. polit.).*

. . . .

M. de Parcieux ayant fait un recueil de plus de 3 700 enfants nés à Paris, a trouvé que leur vie moyenne n'est que de 21 ans et 4 mois, en y comprenant les fausses couches, et de 23 ans et 6 mois, si on ne les compte pas ; c'est vraisemblablement de toute la France l'endroit où la *vie* moyenne est la plus courte.

J'ai remarqué, dit M. de Parcieux, et l'on pourra le remarquer comme moi lorsqu'on voudra y faire attention, qu'à Paris les enfants des gens riches ou aisés y meurent moins en général que ceux du bas peuple. Les premiers prennent des nourrices dans Paris ou dans les villages voisins, et sont tous les jours à portée de voir leurs enfants, et les soins que la nourrice en prend ; au lieu que le bas peuple qui n'a pas le moyen de payer cher, ne peut prendre que des nourrices éloignées ; les pères et mères ne voient leurs enfants que quand on les rapporte ; et en général il en meurt un peu plus de la moitié entre les mains des nourrices, ce qui vient en grande partie du manque de soins de la part de ces femmes.

. . . .

VINGTIÈME, *Imposition,* s. m. *(Econ. pol.).*

. . . .

Tous les tributs, de quelque nature qu'ils soient et sous quelque point de vue qu'on les considère, se divisent en trois classes ; en taxes sur les terres, sur les personnes, et sur les marchandises ou denrées de consommation.

J'appelle *impôt* les taxes sur les terres, parce que fournir à l'état une portion de leur produit pour la conservation commune, est une condition imposée à leur possession.

Je nomme *contributions* les taxes personnelles, parce qu'elles sont sans échanges, c'est-à-dire que le citoyen ne reçoit rien en retour de ce qu'il paye pour ces taxes ; et encore, parce que n'ayant pour principe que la volonté de ceux qui les ordonnent, elles ont de l'analogie avec ce qu'exige un général des habitants d'un pays ennemi où il a pénétré, et qu'il fait contribuer.

Enfin j'appelle *droits* les taxes sur les marchandises et denrées de consommation, parce qu'en effet il semble que ce soit le droit de les vendre, et d'en faire usage que l'on fait payer au public.

. . . .

Les impôts quels qu'ils soient, à quelque endroit et sous quelque qualification qu'on les perçoive, ne peuvent porter que sur les richesses, et les richesses n'ont qu'une source. Dans les états dont le sol est fertile, c'est la terre : dans ceux où il ne produit rien, c'est le commerce.

L'impôt sur les marchandises est donc celui qui convient dans les derniers, car il n'y a rien autre chose sur quoi l'asseoir.

L'impôt sur la terre est le plus naturel et le seul qui convienne aux autres : car, pour ceux-ci, c'est elle qui produit toutes les richesses.

Me voilà déjà en contradiction avec Montesquieu, pas tant qu'on le croit. On établira des droits tant qu'on voudra, et sur tout ce qu'on voudra, ce sera toujours à ces deux principes originaires de tous les produits qu'ils se rapporteront, on n'aura fait que multiplier les recettes, les frais et les difficultés.

Je ne parle pas des états despotiques, les taxes par tête conviennent à la tyrannie et à des esclaves. Puisqu'on les vend, on peut bien les taxer ; c'est aussi ce qu'on fait en Turquie. Ainsi celui qui a cru trouver les richesses de l'état dans un seul impôt capital, proposait pour la nation les taxes de la servitude.

C'est donc un impôt unique et territorial que je propose pour les états agricoles, et un seul sur les marchandises à l'entrée et à la sortie, pour ceux qui ne sont que commerçants. Je ne parlerai que des premiers, parce que tout ce que j'en dirai pourra s'appliquer aux autres en substituant un droit unique sur les marchandises à la place de celui sur le sol.

Ces idées sont si loin des idées communes, que ceux qui jugent des choses sans les approfondir, ne manqueront pas de les regarder comme des paradoxes. Faire supporter toutes les charges publiques par les terres ! On ne parle que de la nécessité d'en soulager les propriétaires et les cultivateurs. Personne n'est plus convaincu que moi de cette nécessité ; mais une chimère, c'est de croire les soulager par des taxes et des augmentations sur d'autres objets.

Tout se tient dans la société civile comme dans la

nature, et mes idées aussi se tiennent, mais il faut me donner le temps de les développer.

Parce qu'une des parties qui constituent le corps politique est extrêmement éloignée d'un autre, on croit qu'il n'existe entre elles aucun rapport ; j'aimerais autant dire qu'une ligne en géométrie peut exister sans les points intermédiaires, qui correspondent à ceux qui la terminent.

. . . .

1° Il n'est pas vrai que la consommation du gouvernement, ou de ceux qui profitent des déprédations qui se commettent dans sa recette et dans sa dépense, supplée à celle que les impôts insupportables forcent les particuliers de retrancher sur la leur. Une grande consommation générale ne résulte que de la multiplicité des petites ; le superflu de plusieurs, quelque fastueux qu'on le suppose, ne remplace jamais ce qu'il absorbe du nécessaire de tous, dont il est la ruine. Deux cents particuliers avec 400 mille livres de rentes chacun, et 100 domestiques qu'ils n'ont pas, ne consomment pas autant que 80 mille personnes, entre lesquelles leurs revenus seraient divisés à raison de 1 000 liv. chacun ; en un mot donnez à un seul le revenu de 100 citoyens, il ne peut consommer que pour lui et pour quelques-uns qu'il emploie à son service. Le nombre des consommateurs, ou la quantité de consommation sera toujours moindre de quatre cinquièmes au moins ; d'où l'on voit pour le dire en passant, que tout étant égal d'ailleurs, et la somme des richesses étant la même, le pays où elles seront le plus divisées sera le plus riche et le plus peuplé, ce qui montre les avantages que donnait l'égalité des fortunes aux gouvernements anciens sur les modernes.

Il ne faut pas m'objecter la dissipation des riches qui absorbe non seulement leurs revenus et leurs capitaux, mais même le salaire des pauvres dont la vanité exige encore le travail, lorsqu'elle n'est plus en état de le payer.

Le luxe qui produit cette dissipation, qui élève les

fortunes, les renverse, et finit par les engloutir, ne favorise point la consommation dont je parle, qui est celle des choses de nécessité, et que l'état produit ; au contraire il la restreint à proportion de la profusion qu'il fait des autres.

Il faut bien qu'il en soit ainsi, car en aucun temps les hommes n'ont usé avec tant d'abondance de tout ce qui leur est utile ou agréable, et jamais les productions nationales n'ont été moins cultivées, d'où l'on peut inférer que plus on dépense dans un état, moins on y fait usage des denrées de son cru.

Et il en résulte deux grands inconvénients : le premier que les charges publiques étant les mêmes, souvent plus fortes, sont réparties sur moins de produits, le second que ceux qui y contribuent le plus ont moins de facultés pour les supporter, d'où il suit qu'ils en sont accablés.

2° Plus le gouvernement dépense, moins il restitue aux peuples ; cette proposition est en partie une suite de la précédente : quelques suppositions que fassent les gens intéressés à persuader le contraire ; on calculera toujours juste quand on prendra pour la valeur d'un de ces termes, la raison inverse de l'autre.

La dissipation des revenus publics provient des guerres que l'on fait au-dehors, des alliances qu'on y achète, des récompenses démesurées qui s'accordent, et qui sont toujours plus excessives à proportion qu'elles sont moins méritées, enfin du désordre et des prévarications de toutes natures qui se pratiquent dans l'administration de ces revenus.

De tout cela il ne résulte aucune consommation des denrées du pays, par conséquent aucun retour dans l'état des sommes qui y ont été levées.

Celles que la guerre et les traités en font sortir ne rentrent point. Le luxe est la cause ou l'effet de la déperdition des autres qui n'y rentrent pas davantage.

Il en est la cause pour toutes les dépenses qui sont personnelles ou relatives au souverain et à l'éclat qui l'environne : l'effet, parce que la prodigalité de ses dons et le pillage des finances, le font naître ou l'accroissent avec énormité dans ceux qui en profitent.

Or le luxe pour tous les pays du monde n'est que l'usage des matières étrangères, il ne consomme donc point au profit de l'état, mais à sa ruine, il cause sans remplacement l'extraction continuelle de ses richesses numéraires ; ce qui fait voir que loin d'avoir l'avantage qu'on lui prête de réparer par la circulation, les inconvénients de l'extrême disproportion des fortunes inévitables, dit-on, dans les gouvernements modernes, principalement dans les monarchies ; il appauvrit réellement la république, et diminue les moyens de subsistance pour les indigents, en même raison que les richesses des opulents.

Je sais bien que si ceux qui possèdent tout, ne dépensent que le nécessaire, ceux qui ne possèdent rien, ne l'auront point ; mais ce que je sais encore mieux, c'est qu'il leur manque en effet.

Ce n'est pas encore une fois que les riches ne dépensent, et même comme je l'ai dit, beaucoup au-delà de leurs moyens, quoiqu'ils soient immenses, mais les pauvres ni l'état n'y gagnent rien ; c'est l'étranger qui bénéficie de toute cette dépense. Chacun en calculant la sienne peut aisément reconnaître que la consommation des matières nationales en fait la plus petite partie. Le goût des autres est tellement extravagant, que pour les besoins réels, et les choses même de l'usage le plus ordinaire, on les emploie à l'exclusion de celles du pays, dont on ne se sert plus, quoique peut-être elles fussent plus utiles et plus commodes, tant les hommes se sont plu à accroître leur misère par ces besoins imaginaires de tout ce qu'ils n'ont pas.

Je ne dis rien de vague, tout ce qui nous environne l'atteste. Qui est-ce qui n'est pas habillé et meublé de soie, où la soie ne croît point ? il n'y a que celui qui l'est autrement que l'on trouve extraordinaire ; c'est-à-dire que la perversion est si générale, qu'il n'y a plus que celui qui est honnête, modeste et utile à la société, qui soit remarqué comme autrefois le fut à Rome l'intégrité de Caton.

Combien de gens dont la seule parure de chacun suffirait pour assurer la subsistance de toute une famille, et sur qui on aurait peine à trouver une seule chose que le sol ait produite ; on n'en trouverait peut-être pas la moitié sur les moins fastueux.

En considérant la nature et le prix de tout ce qui compose ces parures, je me suis souvent étonné de ce qu'il en coûte à l'état pour décorer un fat qui le surcharge encore de son inutilité. Il y a de quoi l'être en effet ; mais on ne s'avise guère de l'observer. Est-ce qu'on a des yeux pour voir, et des têtes pour penser ? D'ailleurs l'universalité du mal empêche qu'il ne soit aperçu.

Encore si ce goût effréné du faste existait aussi fortement dans toutes les nations, celui des choses étrangères se ruinant également pour se les procurer, leurs richesses relatives resteraient les mêmes, et leur puissance politique ne changerait point de rapport ; mais la folie des uns est un moyen de plus pour les autres d'augmenter leur fortune et leur force, en sorte que la perte des premiers est du double. La prospérité des Anglais en est une preuve ; éclairés sur leurs véritables intérêts, par la liberté de penser et d'écrire, ils n'ont point coupé les ailes du génie qui les instruisait ; au lieu de menacer ceux qui pouvaient leur donner des leçons utiles, ils les ont invités à s'occuper de la chose publique ; celui qui fait le bien ne craint ni l'examen, ni le blâme de ceux qui sont faits pour le juger. Des ouvriers offraient à Drusus d'empêcher que ses voisins ne pussent voir ce qui se passait chez lui, s'il voulait leur donner trois mille écus ; je vous en donnerai six, répondit-il, si vous pouvez faire en sorte qu'on y voie de tous côtés.

C'est au bon esprit que les Anglais doivent la supériorité qu'ils ont acquise dans tous les genres, mais surtout la sagesse qu'ils ont de ne faire le commerce de luxe que pour leurs voisins, dont ils cherchent sans cesse à augmenter les besoins, tandis qu'ils s'efforcent de diminuer les leurs ; ils sont économes des matières et prodigues de l'argent qu'elles procurent. Leur luxe est de répandre sur l'indigence les gains immenses qu'ils font. Plus utile à l'humanité et moins dangereux pour l'état, il ne les appauvrira jamais, ne consommant point, ou que fort peu, et seulement pour leur plus grande commodité, les marchandises dont le trafic fait leurs richesses ; ils en conservent la source, et n'usent que du produit ; les autres au contraire les épuisent, et s'interdisent les moyens de les renouveler ; tout notre commerce consiste à faciliter l'entrée des marchandises étrangères, et la sortie de notre argent.

Mais, dira-t-on, la fabrication de ces matières dans le pays, occupe un grand nombre d'ouvriers à qui elle donne les moyens d'en consommer les denrées ; c'est encore là une objection frivole.

1° La plupart y parviennent toutes fabriquées ; indépendamment des étoffes et des choses comestibles, est-ce que les colifichets qui sont les plus précieux et les plus chers ne viennent point tout ouvrés de la Chine, du Japon, des Indes, *etc.*

Le luxe qui corrompt tout ce qui le touche, consume lui-même les bénéfices qu'il procure. L'ouvrier qui met en œuvre les matières qui y servent, en fait bientôt usage pour lui-même, sa dépense excède la proportion du gain, ainsi sans rendre sa condition meilleure, il empire celle de l'état, en augmentant la consommation des marchandises étrangères, et l'extraction des valeurs numéraires.

2° Mais quand il serait vrai que ce travail serait profitable à quelques individus, ce profit des citoyens sur des citoyens mêmes, loin d'enrichir l'état, serait à son préjudice, puisque sans y faire aucun bénéfice, il y perdrait toujours la valeur des matières, sans compter celles des denrées nationales qui auraient été employées à la place, et de plus le profit de la circulation de ces valeurs qui en aurait résulté. C'est à une pareille erreur sur ce prétendu bénéfice, que le

président de Montesquieu attribue en partie les premières augmentations qui se firent à Rome sur les
monnaies.

Tels sont les véritables effets du luxe, quant à la
consommation, à l'industrie, et au travail intérieur
qu'il produit.

. . . .

(Damilaville, Diderot)

VOLUPTUEUX, adj. *(Gram.)*, qui aime les plaisirs
sensuels : en ce sens, tout homme est plus ou moins
voluptueux. Ceux qui enseignent jc ne sais quelle
doctrine austère qui nous affligerait sur la sensibilité
d'organes que nous avons reçue de la nature qui voulait
que la conservation de l'espèce et la nôtre fussent
encore un objet de plaisirs, et sur cette foule d'objets
qui nous entourent et qui sont destinés à émouvoir
cette sensibilité en cent manières agréables, sont des
atrabilaires à enfermer aux petites-maisons. Ils remer-
cieraient volontiers l'Etre tout-puissant d'avoir fait des
ronces, des venins, des tigres, des serpents, en un mot
tout ce qu'il y a de nuisible et de malfaisant ; et ils sont
tout prêts à lui reprocher l'ombre, les eaux fraîches, les
fruits exquis, les vins délicieux, en un mot, les
marques de bonté et de bienfaisance qu'il a semées
entre les choses que nous appelons *mauvaises* et
nuisibles. A leur gré, la peine, la douleur ne se
rencontrent pas assez souvent sur notre route. Ils
voudraient que la souffrance précédât, accompagnât et
suivît toujours le besoin ; ils croient honorer Dieu par
la privation des choses qu'il a créées. Ils ne s'aperçoivent pas que, s'ils font bien de s'en priver, il a mal fait
de les créer ; qu'ils sont plus sages que lui ; et qu'ils ont
reconnu et évité le piège qu'il leur a tendu.

(Diderot)

W

WHISK *le (Jeux)*, WHIST, jeu de cartes, mi-partie de hasard et de science. Il a été inventé par les Anglais, et continue depuis longtemps d'être en vogue dans la Grande-Bretagne.

C'est de tous les jeux de cartes, le plus judicieux dans ses principes, le plus convenable à la société, le plus difficile, le plus intéressant, le plus piquant, et celui qui est combiné avec le plus d'art.

Il est infiniment plus judicieux dans ses principes que le reversi, et plus convenable à la société, parce qu'on sait d'avance ce qu'on peut perdre dans une partie ; et qu'on ne vous immole point à chaque coup, en vous faisant des compliments que dicte le mensonge. On n'y donne point de prérogative despotique à une seule carte, et l'on n'y connaît point de dictateur perpétuel, comme le redoutable spadille ou le maudit quinola.

Le *whisk* est bien éloigné de tendre à aiguiser méchamment l'imagination, comme fait le reversi, par une allure contraire au bon sens. La marche du *whisk* est naturelle ; ceux qui y font le plus de points et de mains, emportent de droit, et avec raison la victoire. C'est la règle de tous les jeux sérieux, et en particulier celle du jeu des rois, trop connu de leurs sujets sous le nom de *guerre*.

. . . .   , .

En un mot, le *whisk* est un jeu très ingénieusement imaginé à tous égards ; un jeu constamment fait pour les têtes anglaises, qui réfléchissent, calculent et combinent dans le silence.

Dans ce jeu, comme à la guerre et à la cour, il faut arranger des batteries, suivre un dessein, parer celui de son adversaire, cacher ses marches, hasarder à propos. Quelquefois avec des cartes bien ménagées, on gagne des levées. Tantôt le plus savant l'emporte, et tantôt le plus heureux ; car les *honneurs* que donne ici la fortune, triomphent souvent de toute votre habileté, et vous arrachent la victoire, qui s'envole de vos mains sur les ailes de la capricieuse déesse.

Les Français ont reçu dernièrement tout ensemble de l'Angleterre victorieuse dans les quatre parties du monde, une généreuse paix, et la connaissance de ce beau jeu, qu'ils paraissent goûter extrêmement. Ils l'ont saisi avec transport, comme ils font toutes les nouveautés, hormis celles dont l'utilité est démontrée, et qui intéressent le bonheur ou la vie des hommes ; mais en revanche ils s'enthousiasment des modes frivoles, et des jeux spirituels propres à les amuser. Comme le *whisk* est de ce nombre, ils en ont adopté religieusement toutes les lois, et les suivent ponctuellement, excepté peut-être celle du silence, qui contrarie beaucoup leur vivacité, et le manque d'habitude où ils sont de tenir leur langue captive.

. . . .

Comme nous avons présentement dans notre langue, un traité du *whisk* traduit de l'anglais, et imprimé à Paris en 1764, in-12, sous le titre d'*Almanach du whisk*, je suis dispensé d'indiquer les termes de ce jeu, ses règles, sa conduite, et l'art de le bien jouer.

On croira sans peine que le petit livre dont je parle est connu de tout le monde ; qu'il a un grand débit, et se lit beaucoup dans un pays d'oisiveté complète pour les gens du bon air ; un pays où ils éprouvent que les voitures les plus douces brisent la tête, et ils se reposent en conséquence tout le jour sur des sièges

renversés, sans avoir eu la peine de se fatiguer ; un pays
où les hommes dissertent agréablement de pompons, et
font des *nœuds* comme les femmes, pour tuer le temps
qui passe si vite ; un pays d'ailleurs où le jeu égale
toutes les conditions, et où l'on n'est bon qu'à noyer, si
l'on ne joue pas le jeu qui est à la mode ; un pays enfin,
où les particuliers n'ayant rien à voir dans le gouvernement, ne désirent à l'exemple des anciens Romains
soumis aux Césars, que du pain, des cartes, et des
spectacles, *panem, aleam, et circenses.* Eh ! qui peut
condamner des mœurs si liantes, et des vœux si
modérés ?

(De Jaucourt)

Z

ZZUÉNÉ, ou ZZEUENE (*Géog. anc.*) Ville située sur la rive orientale du Nil, dans la Haute Egypte.

C'est ici le dernier mot géographique de cet ouvrage, et en même temps sans doute celui qui fera la clôture de l'Encyclopédie.

« Pour étendre l'empire des Sciences et des Arts, dit Bacon, il serait à souhaiter qu'il y eût une correspondance entre d'habiles gens de chaque classe ; et leur assemblage jetterait un jour lumineux sur le globe des Sciences et des Arts. O l'admirable conspiration ! Un temps viendra, que des philosophes animés d'un si beau projet oseront prendre cet essor ! Alors il s'élèvera de la basse région des sophistes et des jaloux un essaim nébuleux, qui, voyant ces aigles planer dans les airs, et ne pouvant ni suivre ni arrêter leur vol rapide, s'efforcera par de vains croassements de décrier leur entreprise et leur triomphe. »

(De Jaucourt)

INDEX DES ARTICLES

INDEX DES AUTEURS

TABLE

DERNIÈRES PARUTIONS

GF-CORPUS

GF-DOSSIER

GF Flammarion

981566/1-III-1998 — Imp. **Bussière Camedan Imprimeries**, St-Amand (Cher).
N° d'édition FG 044802. — Août 1986. — Printed in France.